DELIUS KLASING

TIMM KRUSE

SUP
RAUF AUFS BRETT

ALLES VON DEN ANFÄNGEN BIS IN DIE WELLE

DELIUS KLASING VERLAG

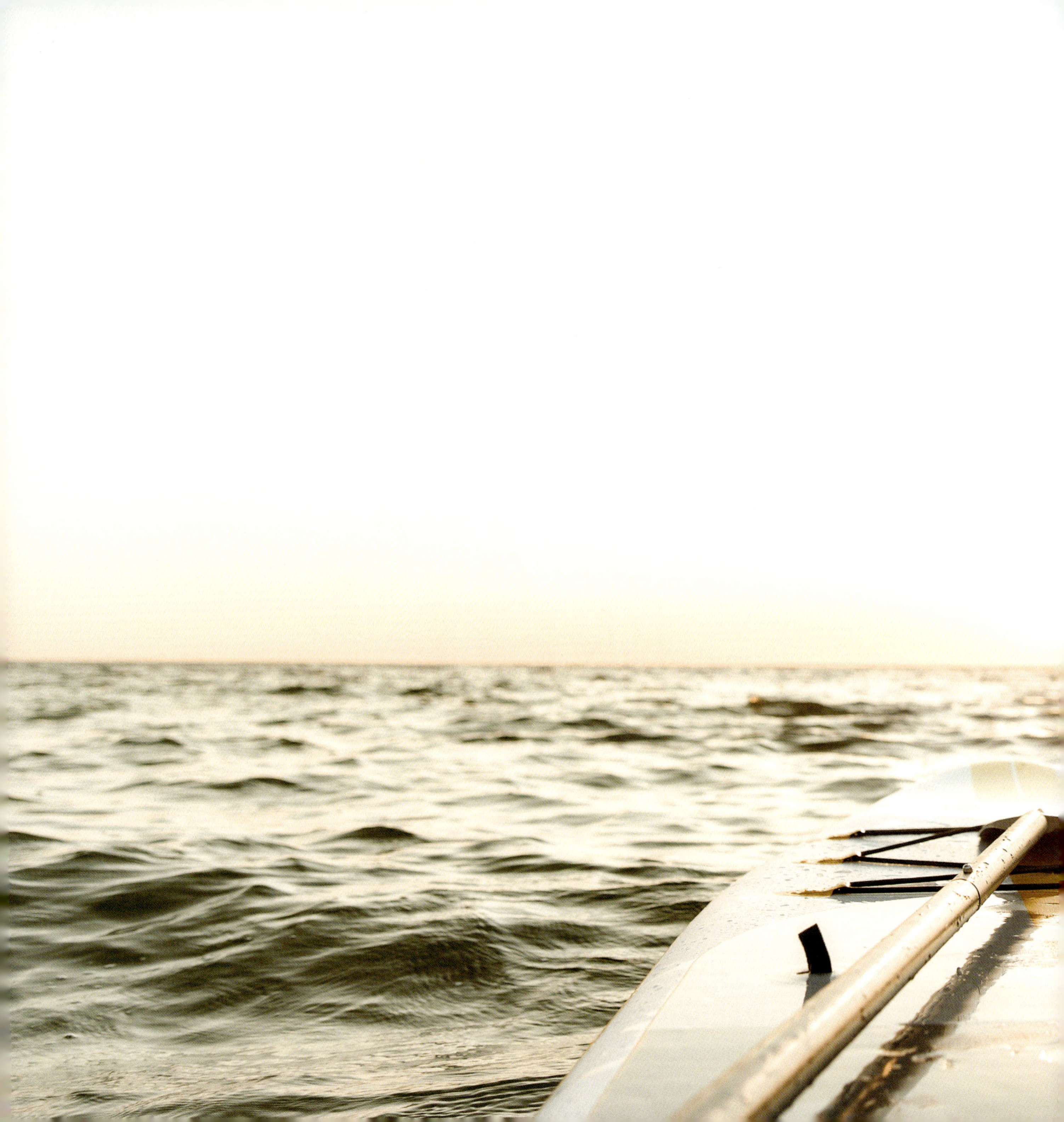

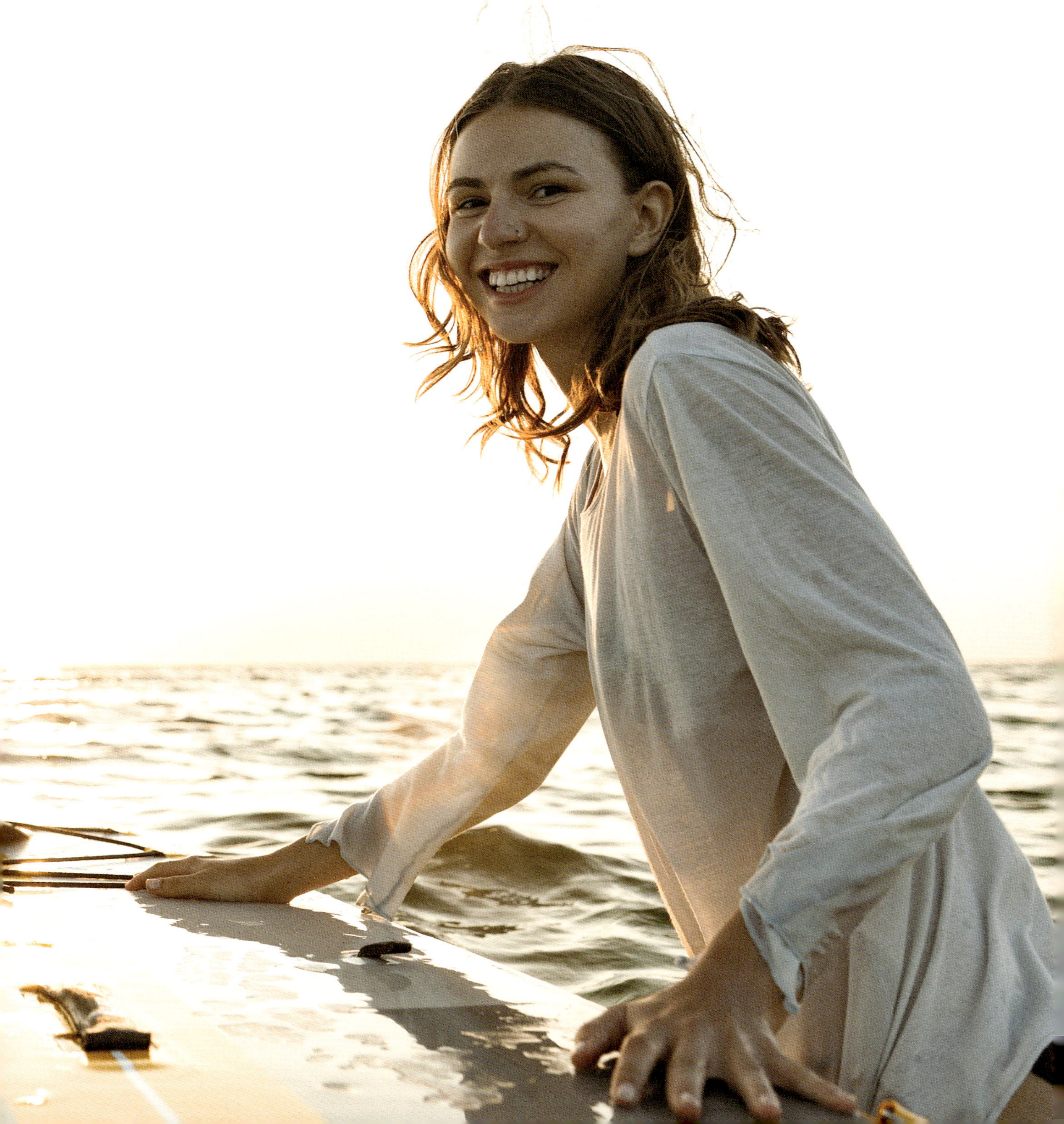

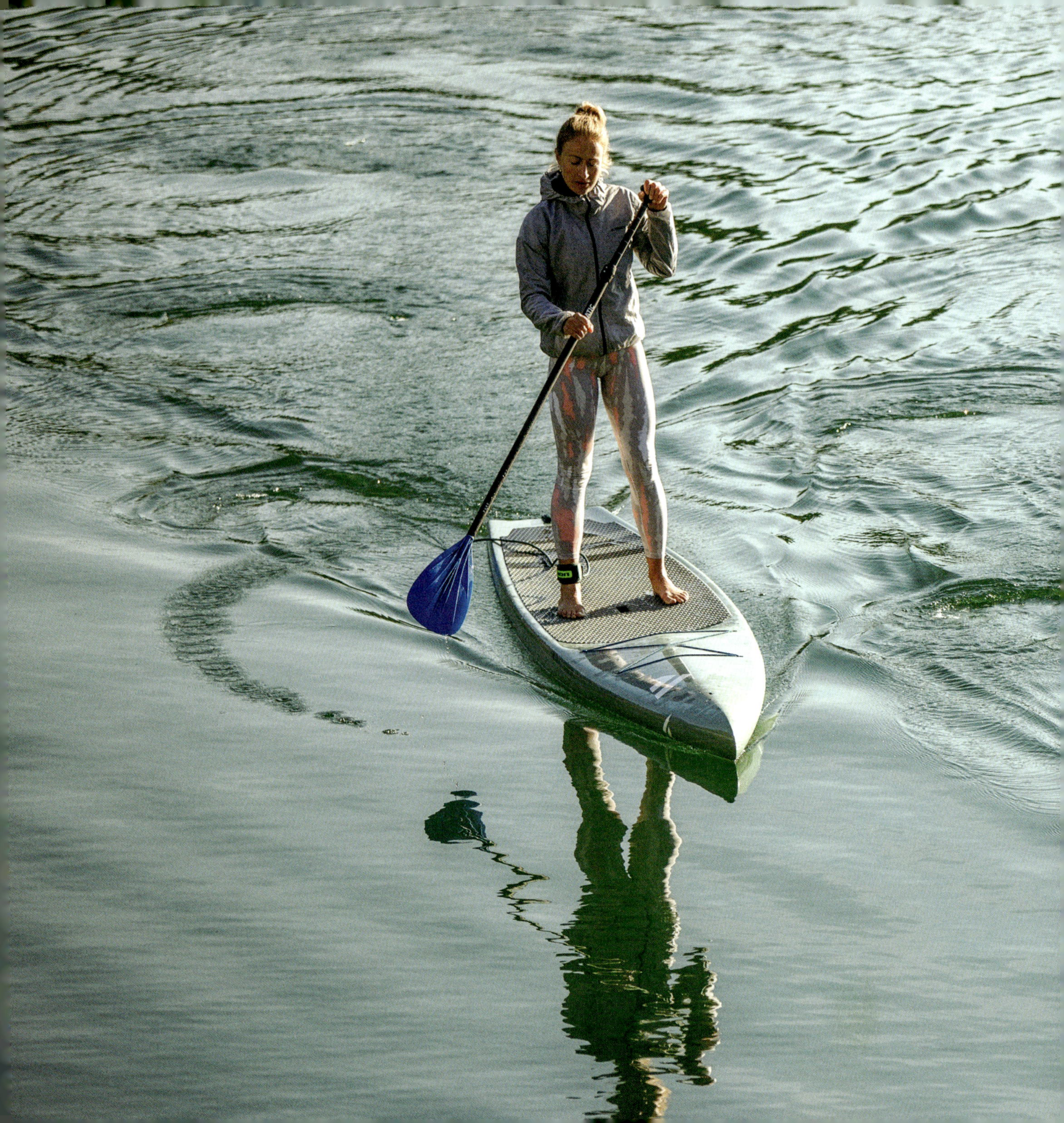

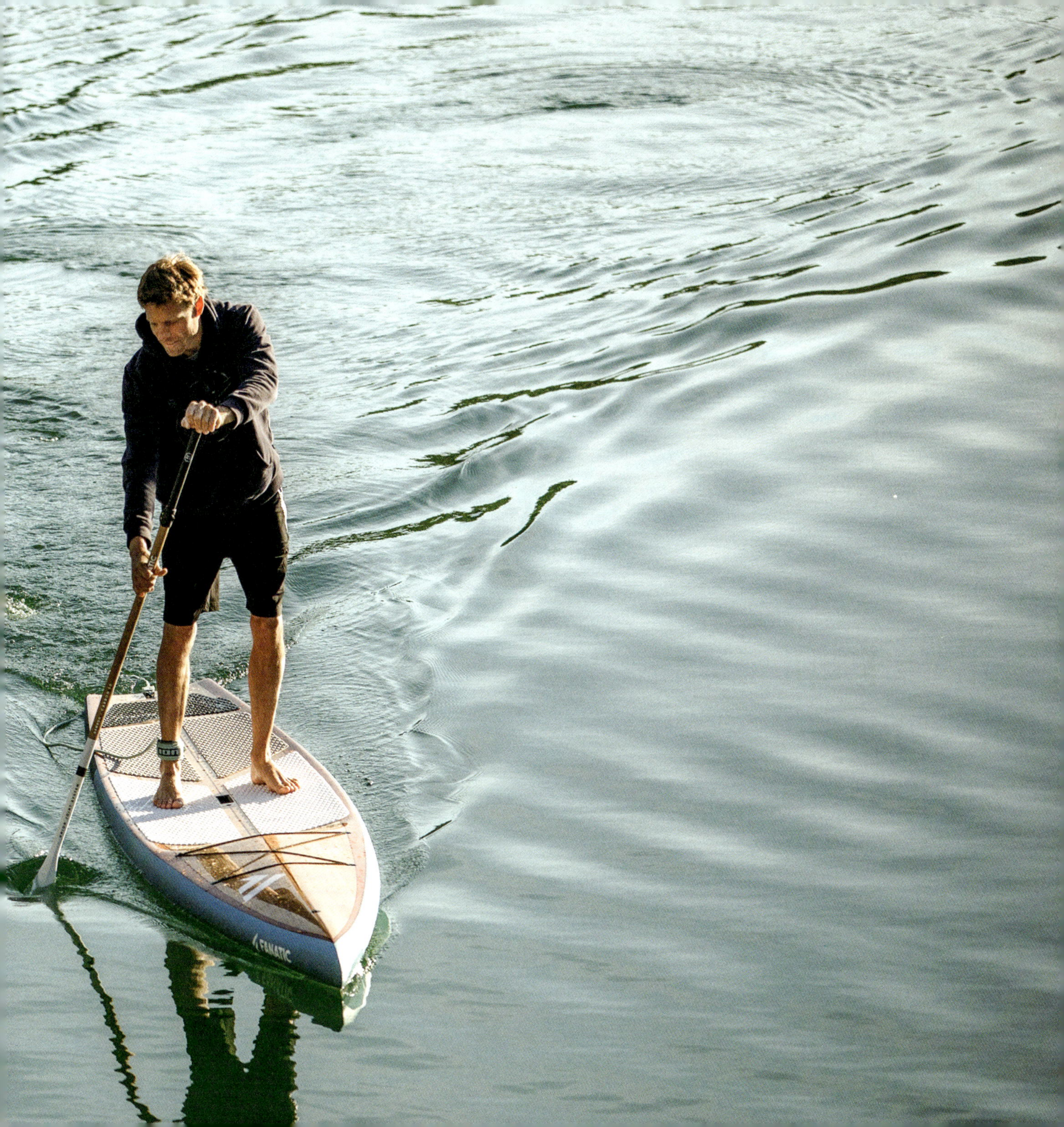

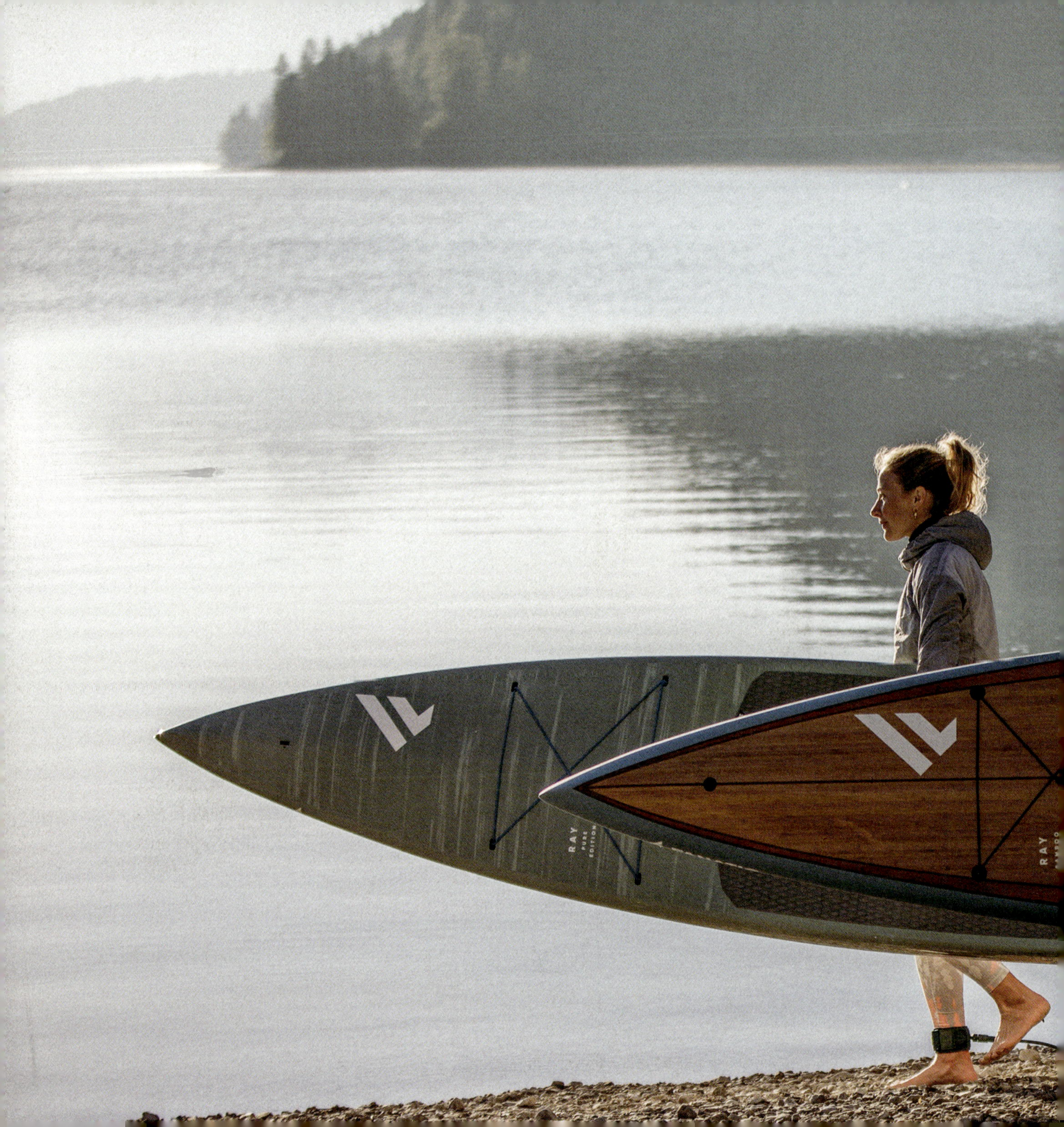
RAY
PURE
EDITION
RAY

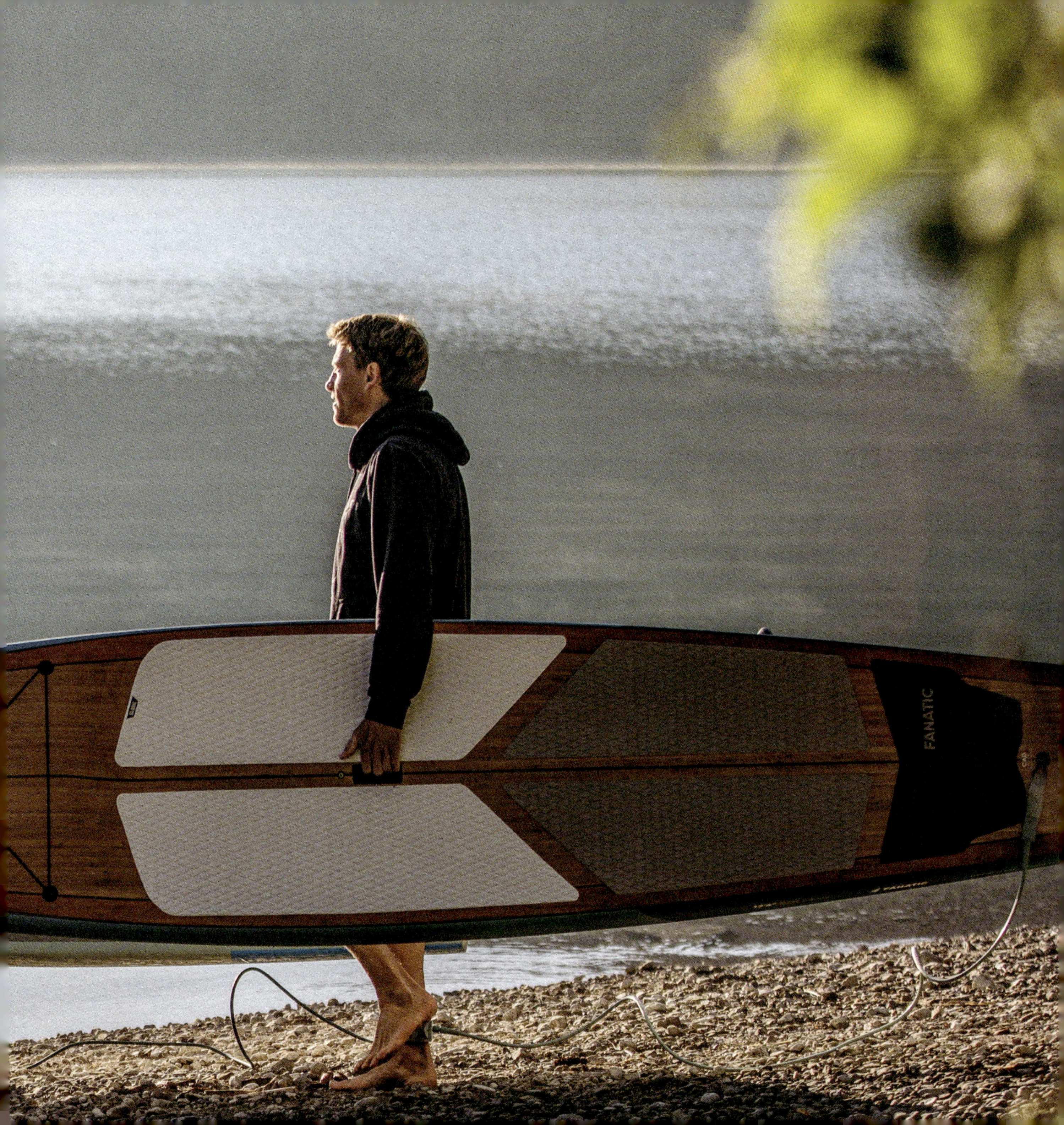
FANATIC

INHALT

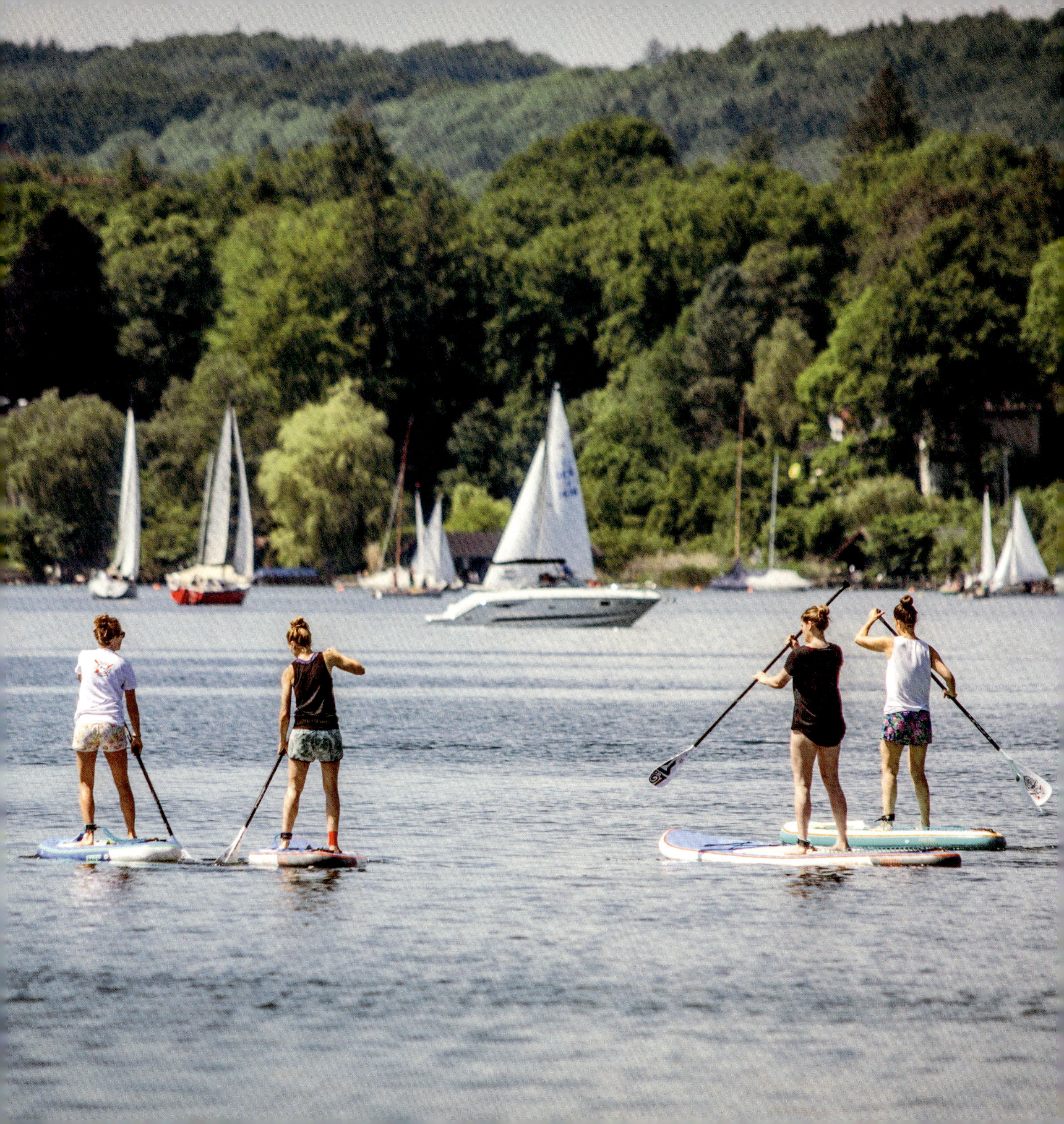

1 EINLEITUNG

AUTORENINFOS

TIMM KRUSE
ist als erster Mensch allein die gesamte Donau auf einem SUP, also einem Stand Up Paddelboard, heruntergepaddelt – vom Schwarzwald ins Schwarze Meer. 3.000 Kilometer durch zehn Länder in 50 Tagen. Außerdem ist er den gesamten Teil der deutschen Elbe gepaddelt – 800 Kilometer als Challenge gegen den Ultraläufer Philipp Jordan. Im September 2021 hat er den gesamten Rhein bezwungen – von den Alpen an die Nordsee – 1.200 Kilometer und sechs Länder.

Er ist außerdem als erster Mensch die gesamte spanische Küste geSUPt, von der französischen Grenze bis zum spanischen Kap, 650 Kilometer auf der berüchtigten Biskaya.

Auf seinen Reisen sind die Bücher *Ein Mann, ein Board, Laufschuh gegen SUP, Pilgern mit Paddel* und *Barfuß auf dem Rhein* entstanden. Über seine SUP-Tour auf dem ägyptischen Teil des Nils hat der SWR die 90-minütige Reportage *Reisehelden – barfuß auf dem Nil* produziert.

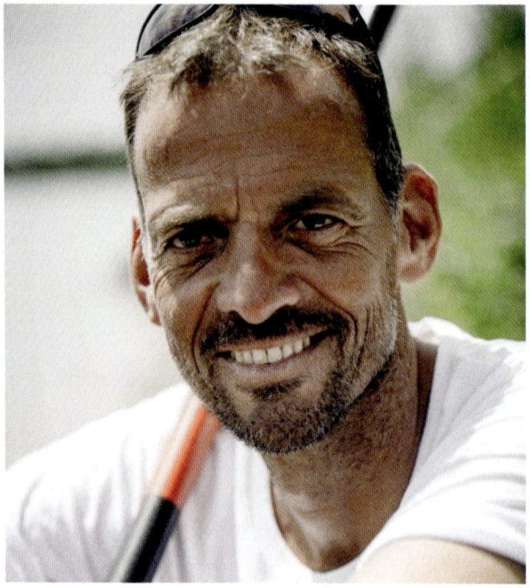

Timm Kruse stand in seinem Leben mehr als 100.000 Kilometer auf dem SUP und widmet den größten Teil seines Lebens dem SUP-Surfen.

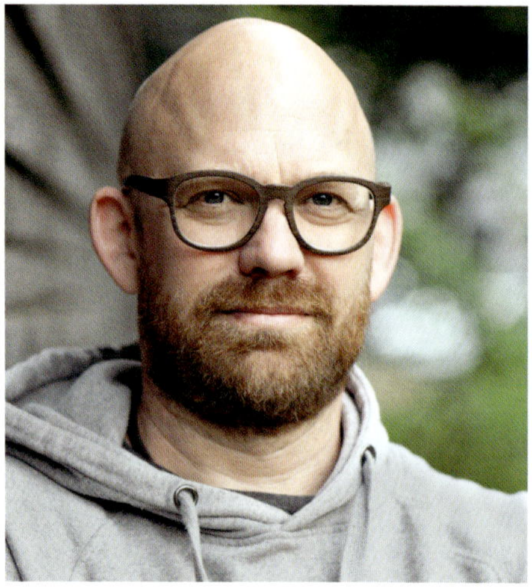

Peter Rochel ist seit über 30 Jahren aktiver Ausbilder im Paddel-, Segel- und Surfsport. Mit der SUP Online Academy hat er 2016 das erste Online Ausbildungssystem für SUP gelauncht.

PETER ROCHEL
von der SUP Online Academy hat Timm Kruse bei der Recherche und der Entstehung dieses Buchs mit seiner großartigen Expertise unterstützt. Ohne ihn hätte dieses Werk nicht entstehen können.

Mit *Rauf aufs Brett* möchten Timm Kruse und Peter Rochel dazu inspirieren, unsere Welt aus der Wasserperspektive zu entdecken. Vom Wasser aus lernen wir unser gewohntes Umfeld neu kennen: die Stadt, in der wir wohnen, den Fluss, den wir jeden Tag mit dem Auto überqueren oder die Küste, an der wir regelmäßig spazieren gehen.

SUPen holt uns aus dem Alltagstrott heraus, denn es sollte immer in Ruhe und ohne Hast stattfinden. Wir nehmen die Welt und unsere überwältigende Natur in uns auf, halten zwischendurch an und beobachten, setzen uns aufs Brett und lassen uns von Wind, Welle und Strömung treiben. Wir können das SUPen als unsere ganz persönliche Reaktion auf eine verrückt gewordene, überdrehte, viel zu schnelle und hektische Welt nutzen.

Immer wieder wird Timm Kruse gefragt, wo es denn am schönsten sei oder welche Wasserwege er am meisten liebe. Oder was denn so großartig daran sei, mit einem Paddel auf einem Brett zu stehen und übers Wasser zu gleiten. Welches Brett sollte man sich am besten kaufen? Und könnte man damit auch in die Welle gehen? Welche Technik ist die richtige? Was sagt er zum Thema Sicherheit? Tausend Fragen – ein Buch. Dieses Buch.

ZU DIESEM BUCH

Dieses Buch erhebt keine Ansprüche auf Vollständigkeit. Themen wie Boardshape, Sicherheit oder Paddeltechnik würden jeweils ein eigenes Buch verdienen. Das Werk ist so einfach wie möglich gehalten und soll trotzdem auch Profis für Neues begeistern und weiterbringen. Da dieser Sport recht jung ist, unterliegt er einer ständigen Veränderung der Methoden und Konzepte.

Um die Bewegungsabläufe und Manöver im Video anschauen zu können, gibt es auf der Website der SUP Online Academy, *www.sup-onlineacademy.com*, jede Menge Videos und weiterführende Infos.

Auch in dieser Sportart gibt es selbst ernannte Experten, die über Teile dieses Buchs anderer Meinung sind – sachliche Kritik ist herzlich willkommen. Allen anderen soll dieses Buch den schönsten Sport der Welt besser erklären, näherbringen und im Idealfall motivieren, raus aufs Brett zu gehen. Und zwar jetzt. Danach kannst du weiterlesen.

RAUF AUFS BRETT

Wenn wir an Sommerwochenenden auf größere Gewässer schauen, sieht es fast so aus, als hätte die Welt nur auf diesen Sport gewartet. Auf der Alster kann man teilweise vor lauter Gummi kein Wasser mehr sehen, auf der Isar vor Paddeln keine Bäume und auf Baggerseen vor paddelnden Menschen keine Bagger. Alle wollen aufs Wasser – und endlich kann es jeder. Denn jeder Mensch kann SUPen – es ist nur eine Frage des Trainings und der Zeit. Es ist mehr als eine Modeerscheinung, auf diesen Gummidingern übers Wasser zu gleiten, in der Natur zu sein, frei zu sein, mit sich zu sein.

Seit gut zehn Jahren stehen Menschen auf Gewässern und paddeln. SUP ist der evolutionäre Schritt auf dem Wasser. Menschen bewegen sich schließlich an Land auch aufrecht fort. Warum sollten wir das auf dem Wasser nicht auch machen?

WISSEN

SUP funktioniert rund ums Jahr. Vor allem an kalten, einsamen Wintertagen kann SUPen eine völlig neue Welt eröffnen – sie kann uns verzaubern. Außerdem hat man fast jedes Gewässer für sich.

Natürlich gibt es beim SUP talentierte und weniger talentierte Typen. Die eine steigt ohne jede Vorkenntnis aufs Brett und paddelt los – der Nächste schafft es einfach nicht, aufrecht zu stehen, ohne sofort wieder ins Wasser zu fallen. Jede und jeder besitzt Stärken und Schwächen. Lasst uns unsere Stärken stärken!

Nach der Lektüre wirst du hoffentlich besser paddeln, mehr Spaß haben und diesen Sport noch mehr lieben als zuvor.

Also: Rauf aufs Brett!

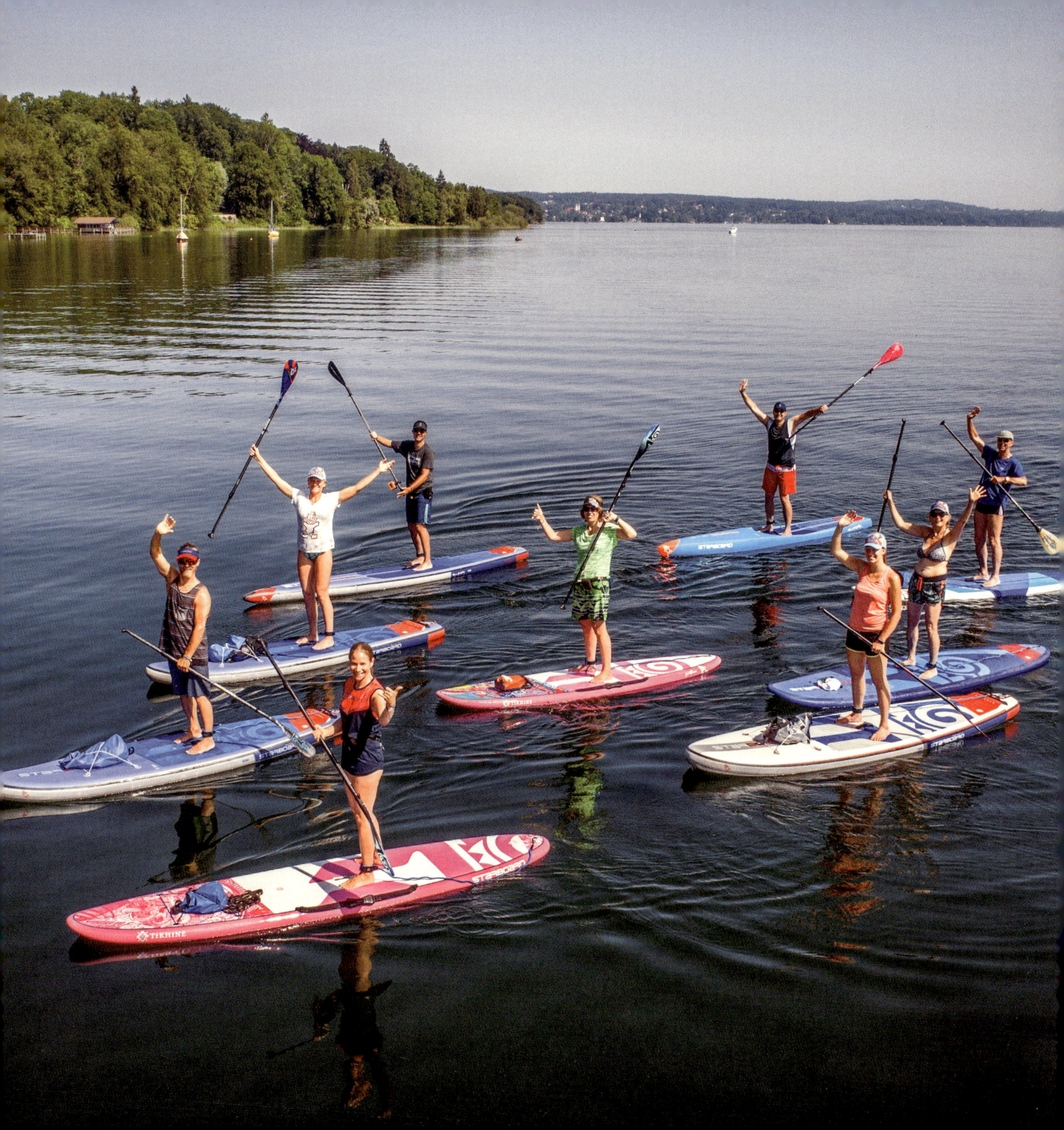

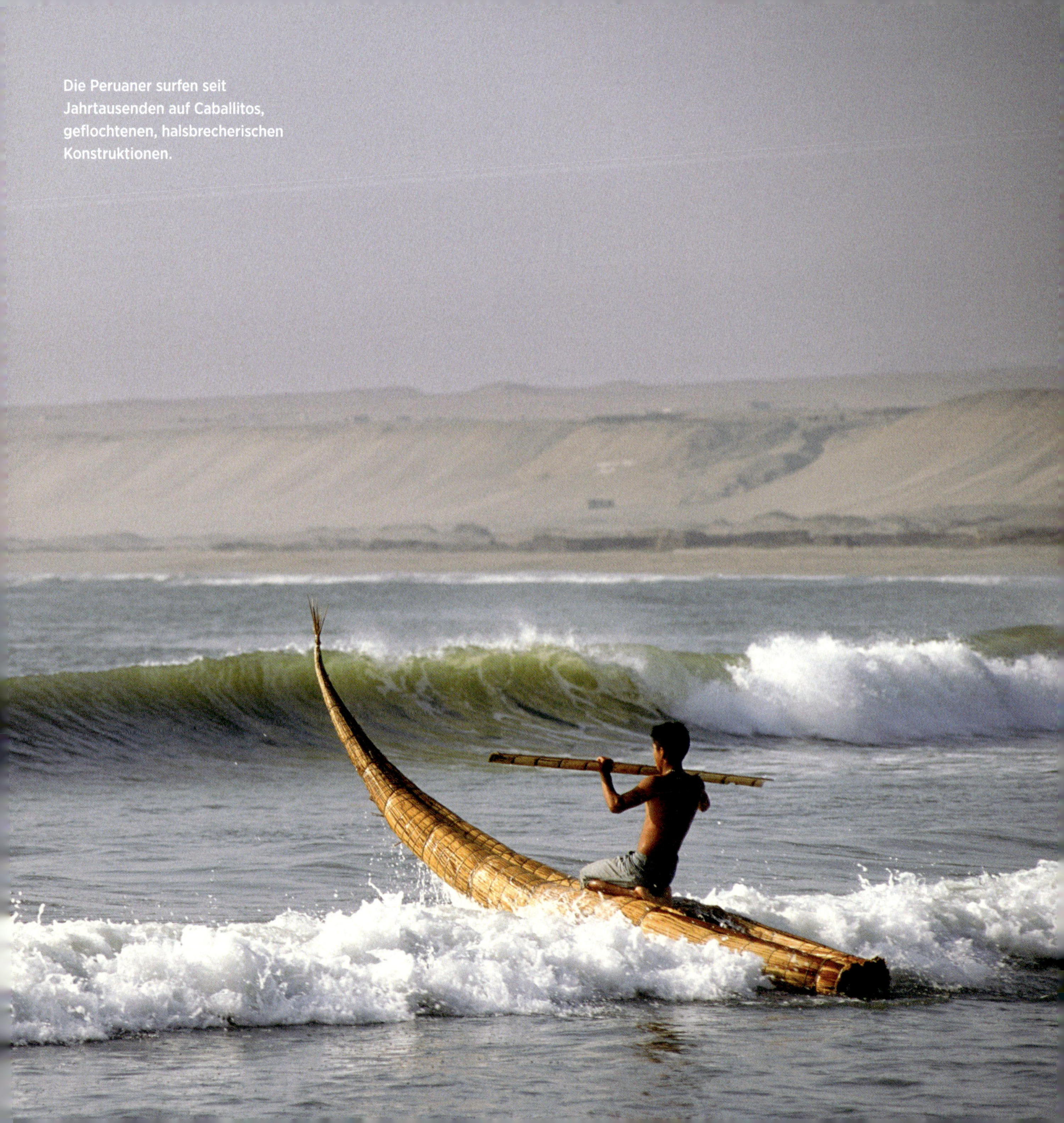

Die Peruaner surfen seit Jahrtausenden auf Caballitos, geflochtenen, halsbrecherischen Konstruktionen.

2
SUP-GESCHICHTE

Wahrscheinlich standen schon die Alten Ägypter auf dem Wasser und paddelten stehend über den Nil. Zumindest gibt es Hieroglyphen und Pergamentrollen, die dies vermuten lassen. Vermutlich waren damals Männer und Frauen auf wackeligen Holzstämmen unterwegs, deren Shape den Brettern von heute recht ähnlich gesehen haben muss. Damals war es vermutlich nur den höchsten Dienern der Pharaonen erlaubt, stehend den Nil zu queren oder den großen Schiffen als Geleit zu dienen.

Auf allen Kontinenten stehen Menschen seit Jahrtausenden auf dem Wasser und paddeln. In sämtlichen wassernahen Kulturen bewegten sich Fischer auf Brettern, Flößen, Baumstämmen oder sonstigen Konstruktionen mit einem Paddel durchs Wasser.

In Peru gibt es die vermutlich bekannteste SUP-Tradition: Bis heute steuern dort Fischer auf Schilfkanus, den sogenannten Caballitos, durch die Wellen des Pazifiks. Diese spitzen, aus Schilf geflochtenen Pferdchen (Caballito auf Spanisch) gehören zum nationalen Kulturgut Perus und werden bis heute zum Fischfang genutzt. Mittlerweile gibt es auch Rennen und sogar Surf-Wettbewerbe mit Caballitos.

Aber auch in Venezuela, im südostasiatischen Burma, im Libanon, auf dem gesamten Mittelmeer und natürlich auf Hawaii gibt es eine uralte Kultur des Stand Up Paddelns. Eingeborene auf dem Amazonas, Fischer auf dem Mississippi, französische und englische Weltreisende, Abenteurer, Handlungsreisende – sie alle bewegten sich stehend auf Brettern oder Kanus, um einen größeren Überblick und einen besseren Hebel für den Vortrieb und

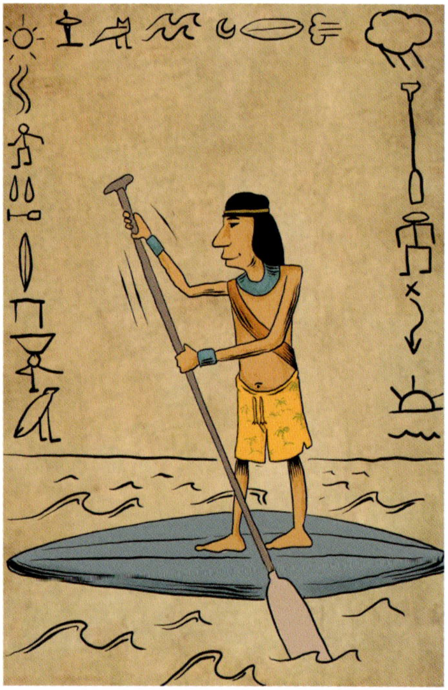

Schon die Alten Ägypter paddelten stehend über den Nil. Waren sie die ersten SUPer?

zum Steuern zu haben. Genau, wie die Flößer auf dem Rhein und anderen Flüssen, oder auch die Gondolieri in Venedig.

Den Anfang – überhaupt mit Brettern nicht nur aufs Wasser, sondern in die Welle zu gehen, machten die Hawaiianer. Sie erfanden das Wellenreiten – den Sport der Könige. Nur die gekrönten Herrscher der pazifischen Inselkette hatten hierzu das Recht und damit die Fähigkeit das Surfen zu erlernen. Als Captain James Cook 1778 auf Hawaii landete, sah er der Legende nach als einer der ersten Menschen der westlichen Welt Surfer. Die Inselbewohner hatten aus einer Art der Akazie Surfboards gebaut und rauschten damit die gigantischen hawaiianischen Wellen herunter. Auch Mark Twain oder Jack London berichteten auf ihren Reisen von surfenden Menschen auf lebensgefährlichen Wellenritten. Fast 200 Jahre später sollte sich hieraus das Surfen für jedermann entwickeln, wie wir es heute kennen und auf fast allen Wellen unseres Planeten beobachten.

Trotz intensiver Recherche in Magazinen und Fachliteratur, im Internet und in Diplomarbeiten lässt sich nicht abschließend klären, wie das SUPen entstanden ist. Warum Surfer irgendwann auf ihren Brettern standen und sich mit einem Paddel fortbewegen wollten, ist vielleicht der evolutionäre Schritt, den der Homo sapiens vor 100.000 Jahren vollzogen hat: aufrecht zu stehen – seit Neuestem auch auf den Wellen.

Eine andere Theorie ist, dass die hawaiianischen Surflehrer ihre Schüler in den Wellen sehen konnten, wenn sie aufrecht standen. Und die Windsurflehrer konnten auf SUPs bei wenig Wind besser manövrieren als mit ihren Windsurfboards.

Die schönste Geschichte über die Ursprünge des SUPens in der modernen Form geht auf den Hawaiianer John Ah Choy zurück, als dieser in den 60er-Jahren Knieprobleme bekam und sich deshalb nicht mehr in der Welle aufrichten konnte. Es blieb ihm nur übrig von Anfang an zu stehen und so in die Wellen zu reiten. Er verlängerte ein ausrangiertes Kanupaddel und war somit vielleicht der erste Mensch der Neuzeit, der stehend Wellen herunterritt. Die meisten »echten« Surfer fanden Stehpaddeln lächerlich und unwürdig – denn es wurde ja von einem alternden, gebrechlichen Mann erfunden.

Bis in die 90er-Jahre wurde Stehpaddeln belächelt und galt als Krücke für abgehalfterte Surfer.

Für viele ist 1995 die Geburtsstunde des SUPens: Die hawaiianischen Surflegenden Laird Hamilton und Dave Kalama sollten zu einem Fotoshooting auf Longboards surfen. Da die Wellen allerdings zu flach waren, holten sie ihre Kanu-Stechpaddel aus dem Kofferraum und gingen mit ihren Longboards in den Shorebreak, um für ein paar ungewöhnliche Bilder trotzdem Fun zu haben. Diese Session entpuppte sich als großartiges Workout und echte Alternative für Flautentage und schlappe Wellen.

Big-Wave-Surfer Laird Hamilton ließ sich sofort von einem Freund ein verlängertes Paddel bauen und war somit vermutlich als erster Mensch auch in größeren Wellen auf einem SUP unterwegs. Es gibt aber auch Menschen, die behaupten, dass Laird einfach nur die größere Klappe hatte, und sein Kumpel Dave Kalama eigentlich der erste SUP-Big-Waver war.

Das SUPen der Neuzeit war geboren und es überlebte die Legende, dass Laird Hamilton an allem schuld ist – was zumindest viele traditionelle Surfer so empfinden. Denn auf den Wellen bewegen sich jetzt Tausende von unerfahrenen SUP-Surfern mit ihren riesigen Brettern und stellen eine echte Gefahr für die Shortboarder dar. Sämtliche Gewässer sind in den Sommermonaten völlig überfüllt, und der Sport boomt so stark, dass die Industrie mit dem Herstellen von Brettern nicht mehr hinterherkommt. »Blame Laird« ist zum sinnbildlichen Spruch für die Explosion des SUP-Sports geworden.

»Thank you, Laird«, wäre allerdings angebrachter.

WISSEN

2008 wurden erstmals SUPs auf der Düsseldorfer BOOT gezeigt. Damals wurden die teuren »Luftmatratzen« noch belächelt. Doch schon ein Jahr später, 2009, wurden die ersten SUP-Meisterschaften ausgetragen. Auch in Deutschland, Österreich und der Schweiz gibt es mittlerweile Rennserien über verschiedene Distanzen, Staffeln und Sprints. SUPen ist seit Jahren die am stärksten wachsende Wassersportart.

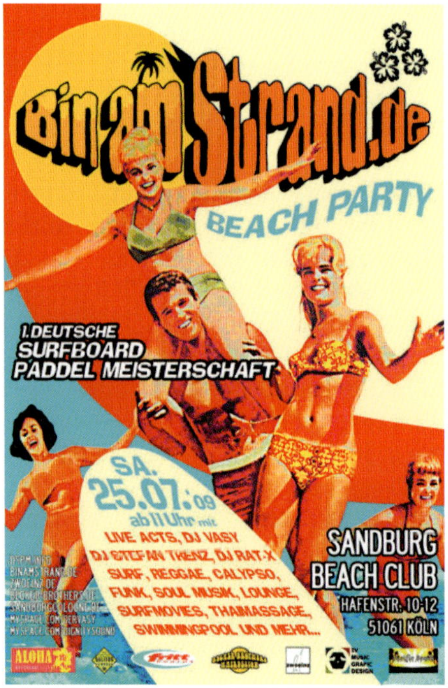

Veranstaltungsposter von der allerersten deutschen Meisterschaft im Stand Up Paddling.

Laird Hamilton in den Wellen mit SUP.

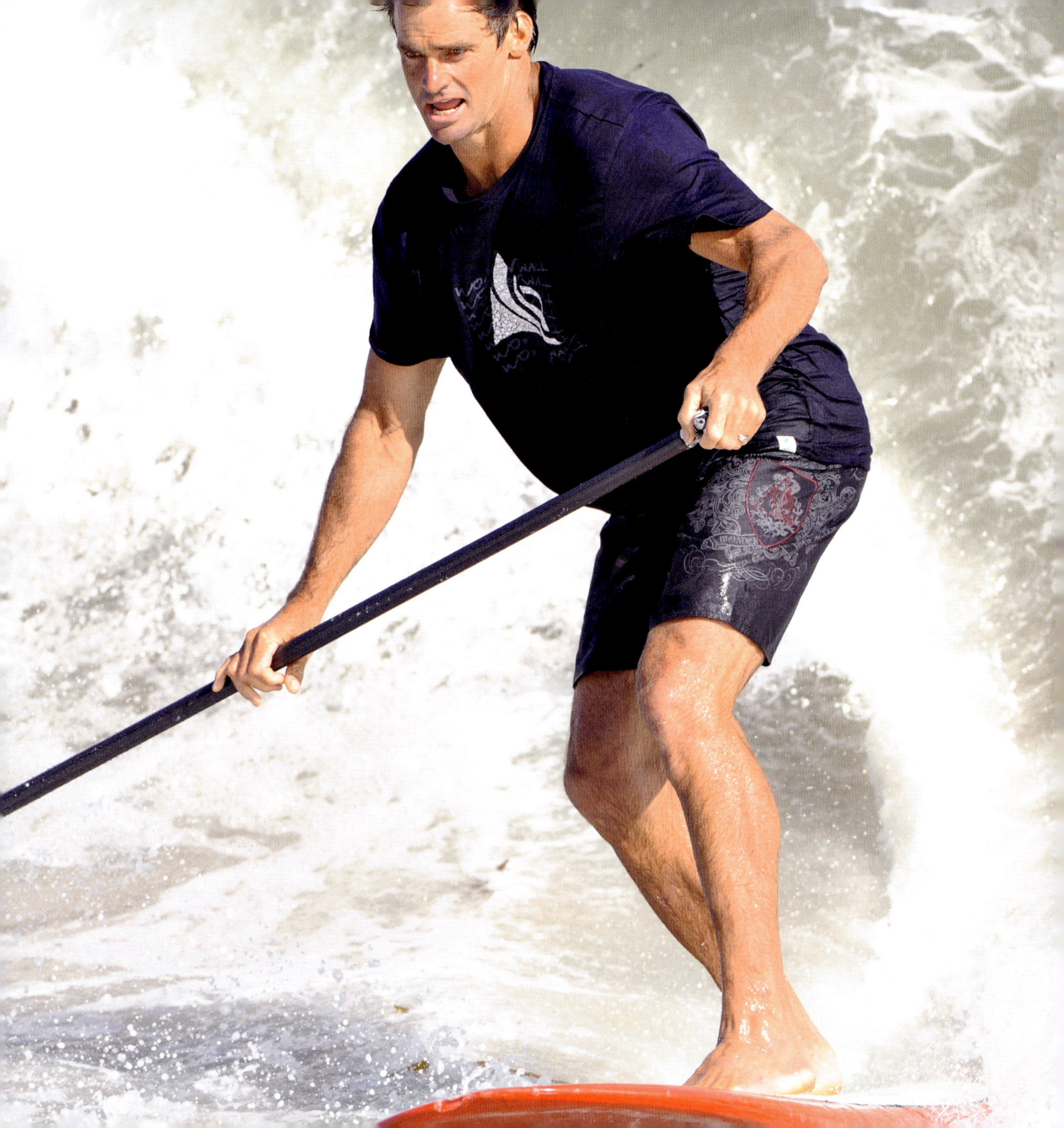

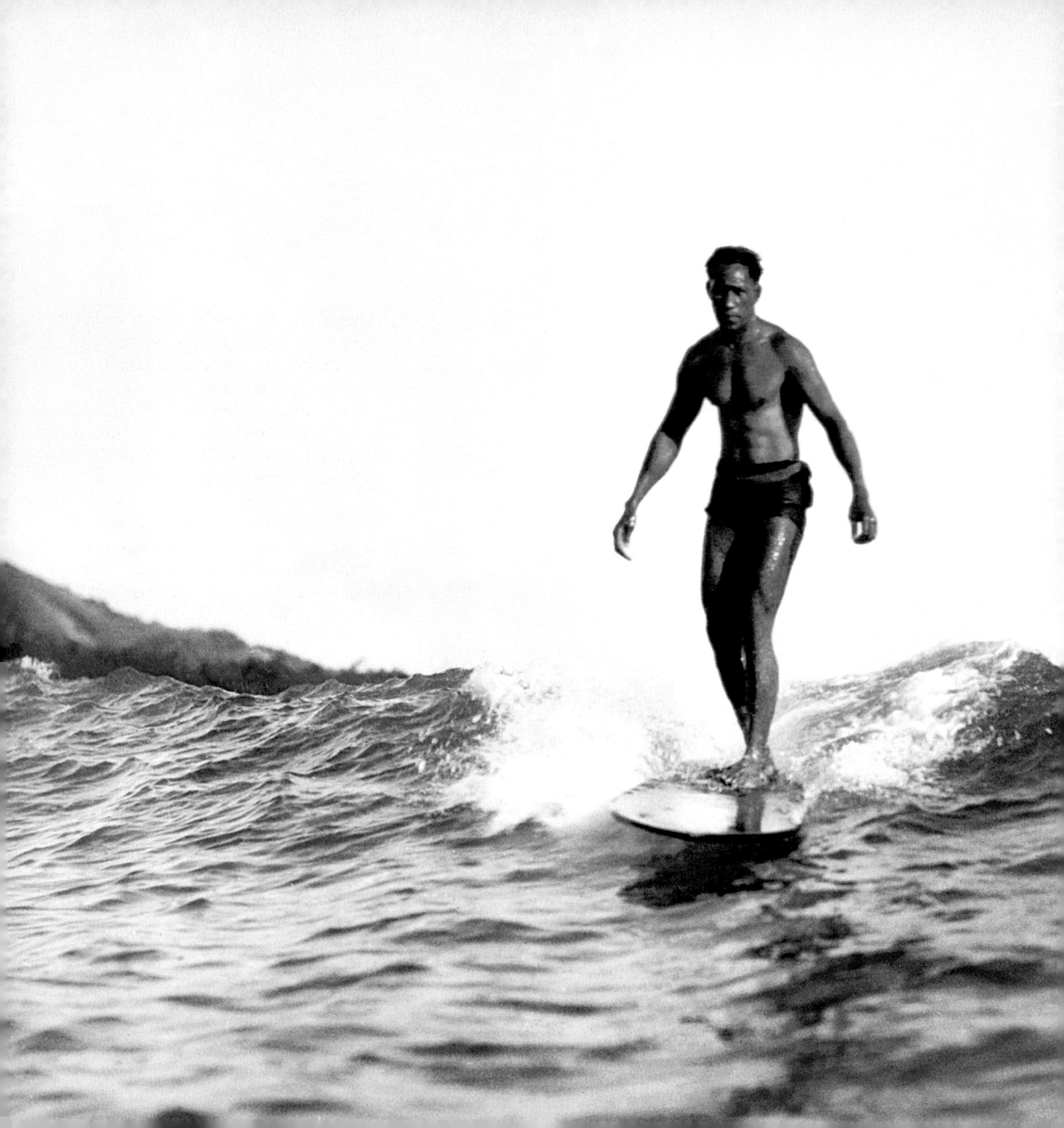

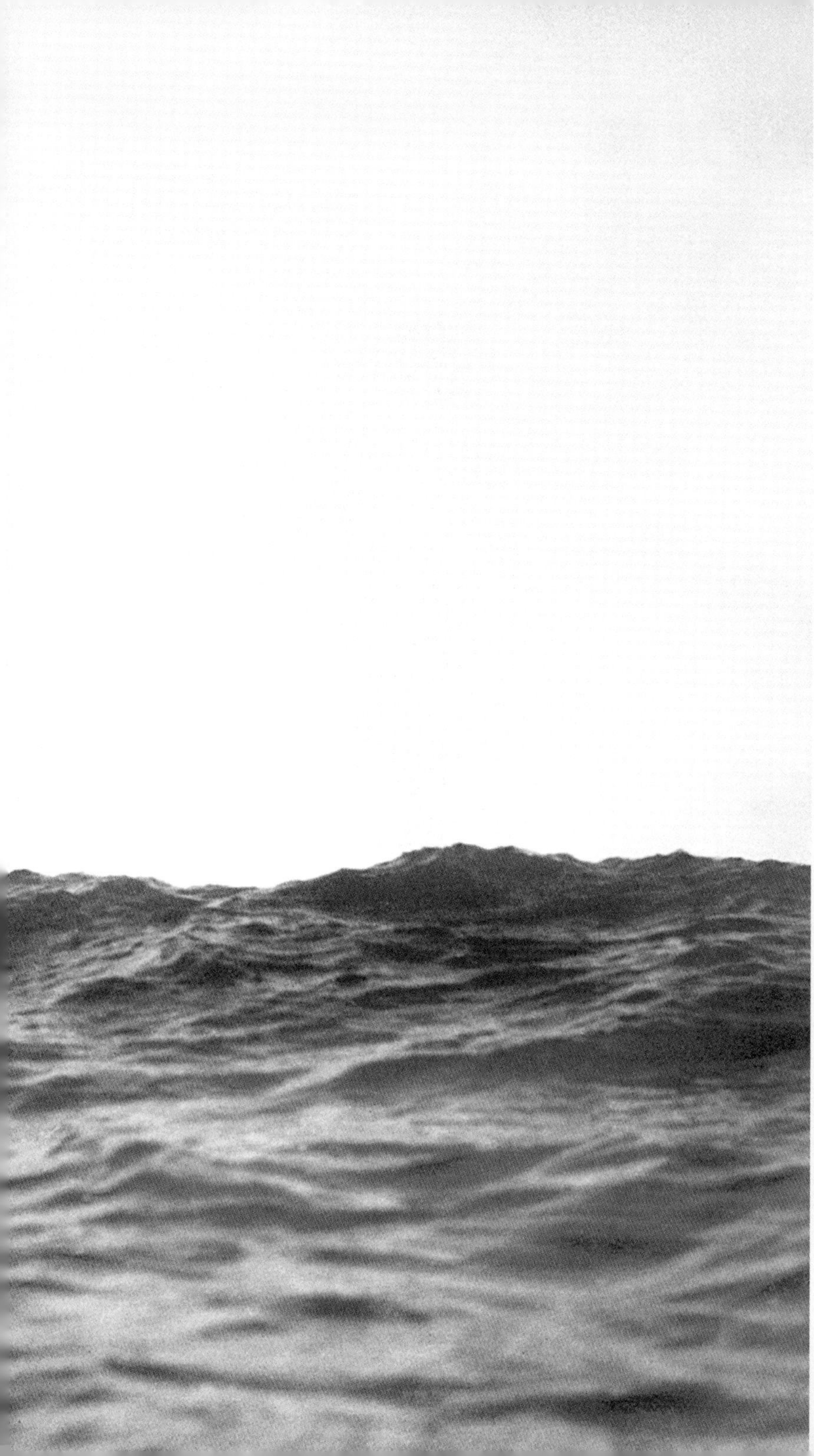

THE BIG KAHUNA

Eine der vielen Geschichten über den Ursprung des SUPens geht auf den Vollblut-Hawaiianer Duke Kahanamoku zurück. Für die westliche Welt war dieser fremd aussehende, zum Fisch gewordene Mensch eine Sensation. Er gewann 1912, 1920 und 1924 olympisches Gold im Kraulen und wurde als übermächtiger Wassermensch einer exotischen Inselwelt betrachtet. Dabei mochte Duke Schwimmen überhaupt nicht – sein Sport war das Surfen. Mithilfe seiner weltweiten Popularität machte er Surfen erst in Kalifornien, dann in Australien und schließlich in der ganzen Welt salonfähig. Bis ins hohe Alter von 70 Jahren surfte er die krassen Wellen von Waikiki auf Hawaii – stehend mit einem verlängerten Kanupaddel, um seine abgenutzten Knochen ein bisschen zu schonen. Denn das Anstrengende beim Surfen ist vor allem der Take-off – der Moment, in dem man aus dem Liegen heraus aufs Brett springt. Und den spart man sich natürlich, wenn man von Anfang an stehend in die Welle geht, was allerdings einen hohen Gleichgewichtssinn voraussetzt.

Duke Kahanamoku.

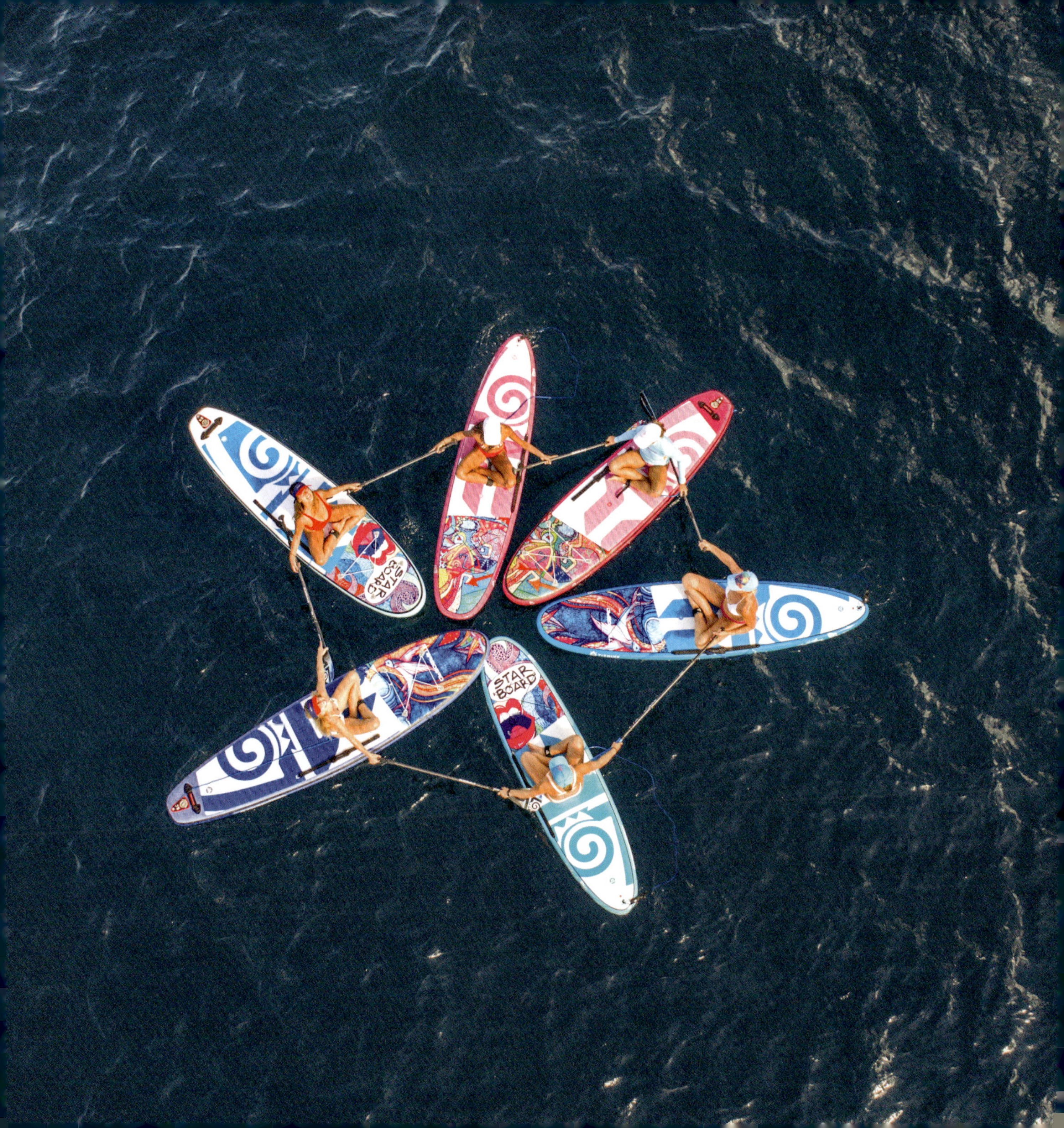
STAR BOARD

3
MATERIALKUNDE

BOARDTYPEN

SUPs lassen sich grundlegend in zwei Herstellungsarten unterscheiden:

Hardboards und inflatable Boards (iSUPs). Da die aufblasbaren Bretter praktisch und leicht sind, liegt ihr Verkaufsanteil inzwischen bei mehr als 80 Prozent. Hardboards besitzen einen Styroporkern und eine feste äußere Hülle.

SUP Boards werden anhand ihrer Form und Funktionalität in sechs verschiedene Typen eingeteilt:

1. ALLROUND
2. TOURING
3. WELLE
4. RACE
5. YOGA
6. RIVER

Hinzu kommen Unterkategorien, auf die wir hier nicht näher eingehen.

1. DAS ALLROUNDBOARD

Anfänger sollten sich einen Allrounder zulegen. Diese sind zehn bis zwölf Fuß lang, haben ein Volumen zwischen 180 und 220 Litern, sind stabil und gut zu manövrieren. Damit kann man wenig falsch machen, wenn man selbst nicht mehr als 100 Kilogramm wiegt. Sollte man zu den Schwergewichten gehören, ist ein Brett mit 250 Litern Volumen oder mehr sinnvoller, um wirklich stabil auf dem Wasser stehen zu können. Andernfalls ist der Start schwer. Damit man nicht gleich frustriert abbricht und diesem Sport keine Chance gibt, ist ein größeres Volumen notwendig.

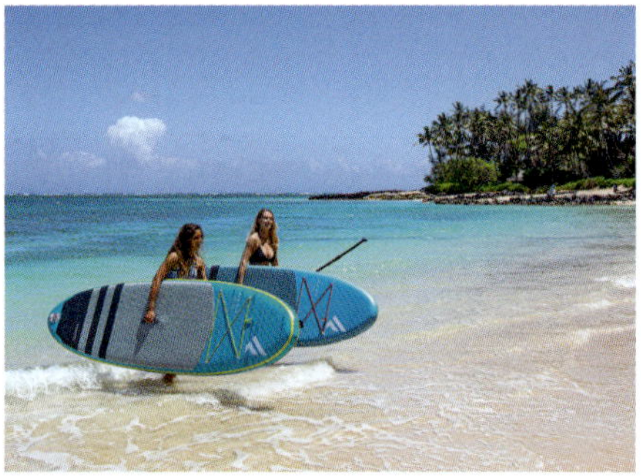

2. DAS TOURINGBOARD

Touring Boards ähneln Raceboards, sind aber nicht so schmal und meist kürzer. Sie erreichen gute Geschwindigkeiten, sind kursstabil und meist um die 12 Fuß lang. Sie sollten Ösen für Gepäck und Proviant besitzen. Generell gilt hier: je länger, desto besser. Dieser Boardshape ist stabil und trotzdem schnell.

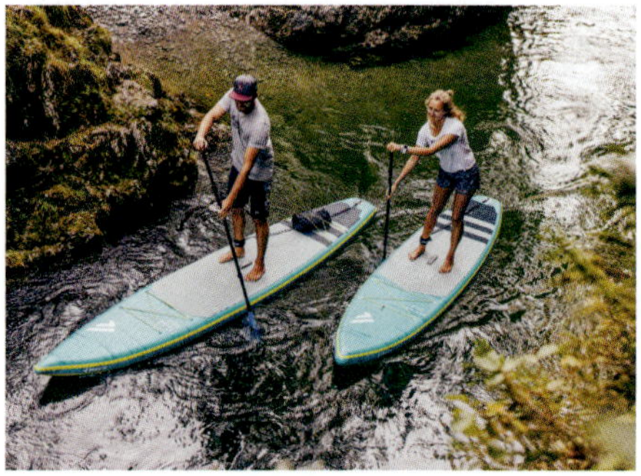

3. DAS BRETT FÜR DIE WELLE

Waveboards lassen sich in die meisten Unterkategorien einteilen, da es so viele verschiedene Arten von Wellen gibt. Allrounder haben eine runde, breite Nase, die den Take-off erleichtert und für die meisten Wellenformen passt. Ihr Volumen beträgt zwischen 120 und 180 Litern. Waveboards für Profis haben teilweise gerade mal ein Volumen von 70 Litern, sie sind drehfreudig und werden in steilen Wellen geritten. Es gibt aber auch Longboard Wave-SUPs für lange, runde Wellen, wie wir sie zum Beispiel in Teilen Kaliforniens vorfinden.

4. RACE

Raceboards wurden für Wettkämpfe entwickelt. Sie sind schnell und kursstabil, dafür extrem kippelig und schwer zu manövrieren. Sie sind meist 14 Fuß und länger und dabei ziemlich schmal, um möglichst wenig Wasser zu verdrängen

5. YOGA

Yogaboards bilden naturgemäß einen sehr kleinen, speziellen Bereich, der meist nur von Yogazentren bedient wird. Die Bretter sind recht breit gebaut, um einen sicheren Untergrund für die verschiedenen Übungen auf dem Wasser zu gewährleisten. Da kein Endverbraucher ein Board nur für Yogaübungen kauft, wurden diese Bretter so konzipiert, dass sie brauchbare Paddeleigenschaften besitzen. Wichtig bei diesen Brettern sind möglichst viele Ösen, um sich an einem Yogastern (das sind spezielle SUP-Yogainseln) zu befestigen damit gemeinsam in der Gruppe trainiert werden kann, ohne dabei auseinanderzudriften. Generell empfiehlt sich ein Allroundboard, wenn man neben Yoga auch noch ein bisschen paddeln möchte.

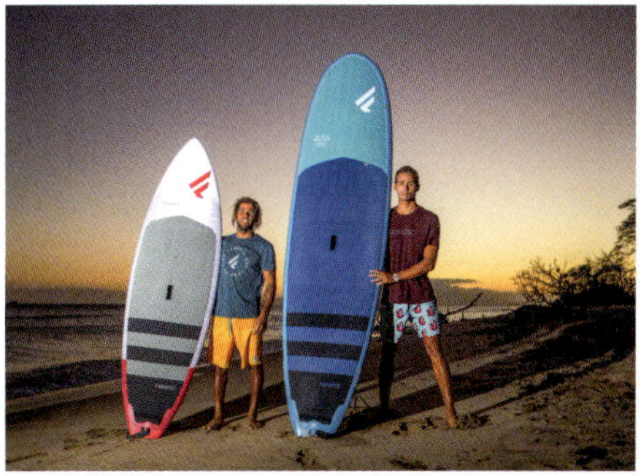

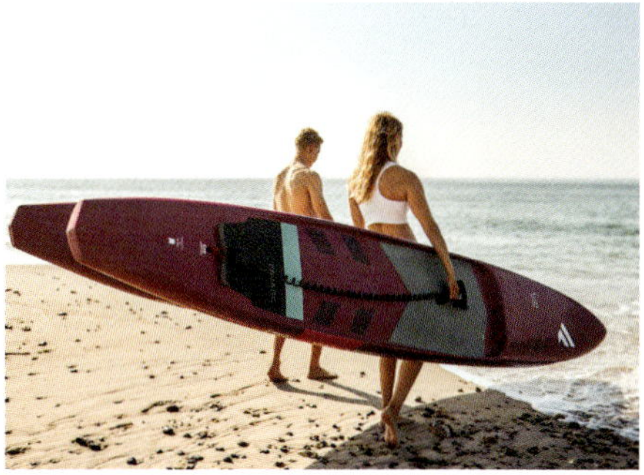

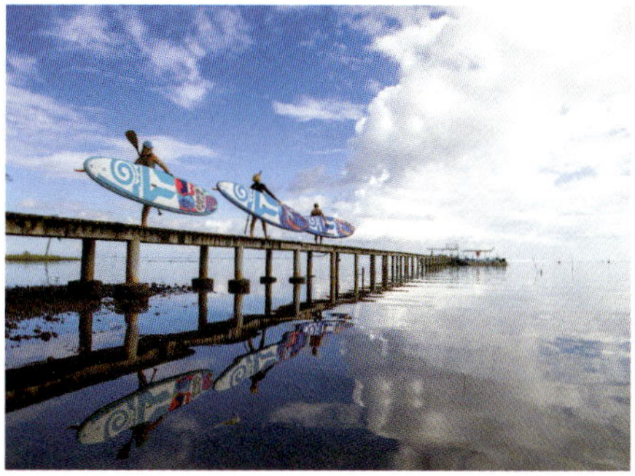

6. DAS RIVERBOARD

Riverboards sollten vor allem stabil sein, denn sie müssen eine Menge harter Schläge einstecken. Im Fluss knallt man immer wieder gegen Felsen, die Finne bleibt auf dem Grund hängen oder das Brett prallt mit hoher Geschwindigkeit an Land. Auf dem Fluss werden fast ausschließlich aufblasbare Bretter benutzt, weil diese, ähnlich wie Autoreifen, eine ganze Menge abkönnen. Die Bretter sind meist kurz und breit, daher auch wendig und trotzdem kippstabil. Wichtig sind hier spezielle Flussfinnen, die biegsam sind und trotzdem für Spurstabilität sorgen.

ÜBERBLICK

Hier sind die verschiedenen Boardtypen noch mal im Detail aufgeführt: https://www.sup-onlineacademy.com/boards/.

WISSEN

SUP-Boards werden immer in Foot (Pi mal Daumen: ein Fuß = 30 cm) und Inches (1 Zoll = 2,50 cm) angegeben.

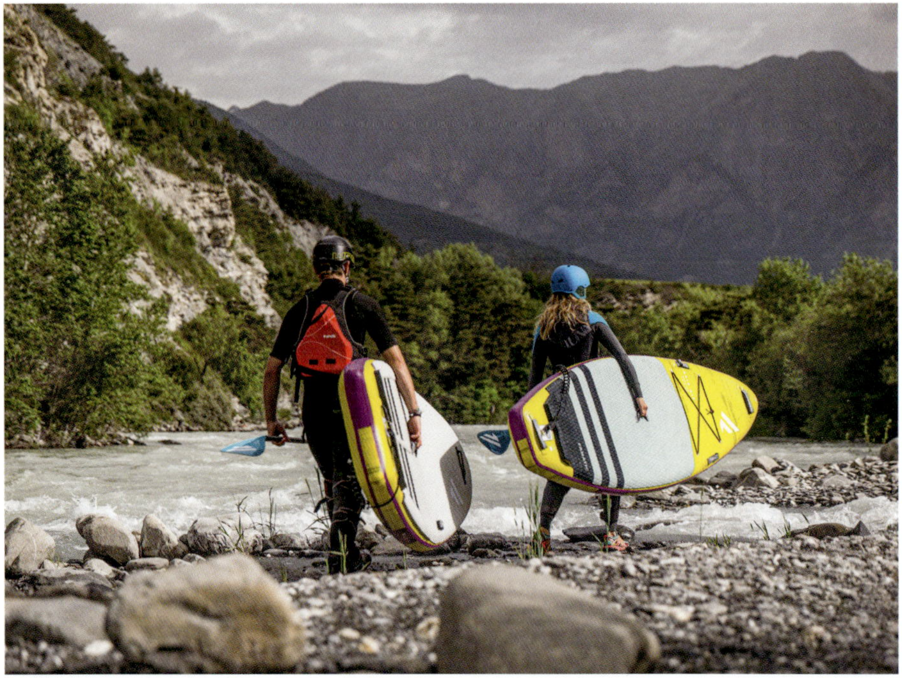

Ins Wildwasser sollten sich nur Könner mit ihren SUPs stürzen. Für Anfänger kann das schnell lebensgefährlich werden.

ISUP VS. HARDBOARD

Aufblasbare SUPs (iSUPs) passen sogar auf den Fahrradgepäckträger. Da das Aufpumpen zum Warm-up gehört, schlägt man hier gleich zwei Fliegen mit einer Klappe.

Aufblasbare Bretter funktionieren ähnlich wie Autoreifen und sind extrem widerstandsfähig, so lange sie als Double-Layer konzipiert sind – also zwei Schichten besitzen. Das ist bei Billigboards allerdings selten der Fall. Ein Double-Layer Brett verträgt Tausende von harten Anlandungen auf Sand, Stein oder Beton, ohne ernsthaft Schaden zu nehmen. Dafür können Felsen oder Muscheln ein iSUP auch mal aufschlitzen. Außerdem können iSUPs platzen, wenn sie zu lange in der Sonne liegen.

Feste SUPs aus Kunststoff oder Carbon vermitteln ein viel besseres Gespür fürs Wasser, da sich zwischen SUPer und Wasser keine Luftschicht befindet. Der Kontakt zum Wasser ist direkt, man spürt jede kleine Welle und »hört« die Verbindung zwischen Brett und Wasser. Feste Bretter haben keinen Wabbelfaktor, wodurch man beim Paddeln weniger Energie verliert.

TRIPSTIX

Die deutsche Firma Tripstix beispielsweise ist hier weltweit führend: www.tripstix.de/technologie.

Beim SUP-Wellenreiten – also mit Paddel, kommen im Moment nur feste Bretter infrage. Aufblasbare sind für die Wellen zu schwach und lassen sich schlecht steuern. Es gibt allerdings technische Neuerungen, die aufblasbare Bretter mit viel höherer Steifigkeit durch ausgeklügeltes Material versprechen. Die deutsche Firma Tripstix beispielsweise ist hier weltweit führend.

SUPs sind zwischen fünf (Wave-SUP) und 18 Fuß (Race-SUP) lang. Anfänger sollten auf Brettern zwischen zehn und zwölf Fuß mit 200 bis 250 Litern Volumen starten.

Grundsätzlich gilt: Längere Boards ab zehn Fuß fahren besser geradeaus und eignen sich für Touren. Boards unter zehn Fuß drehen besser, wiegen weniger und lassen sich besser lagern. Beim Preis geht's bei 300 Euro im Discounter los und bei 5.000 Euro ist für ein Raceboard aus Vollcarbon noch kein Ende in Sicht.

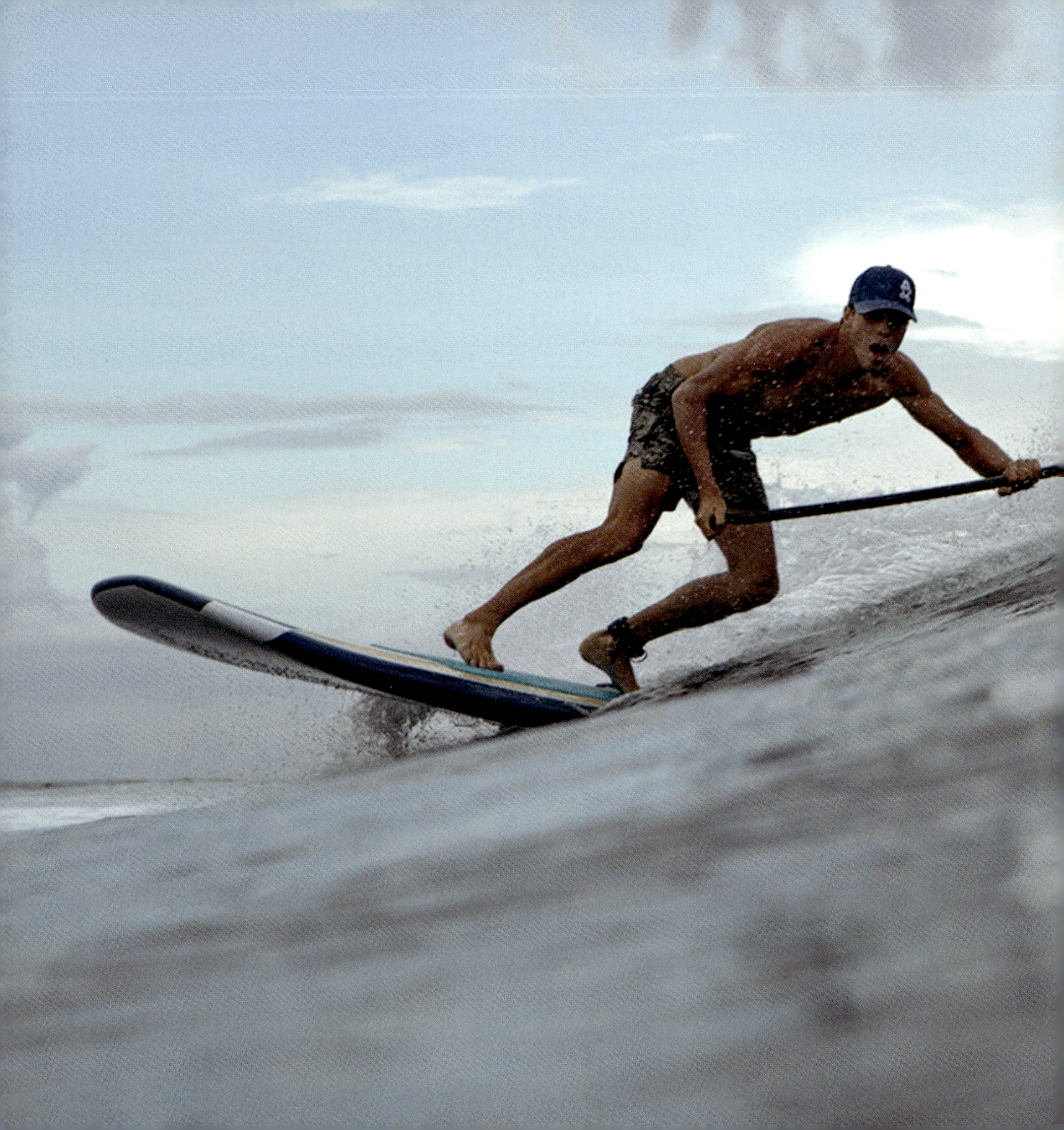

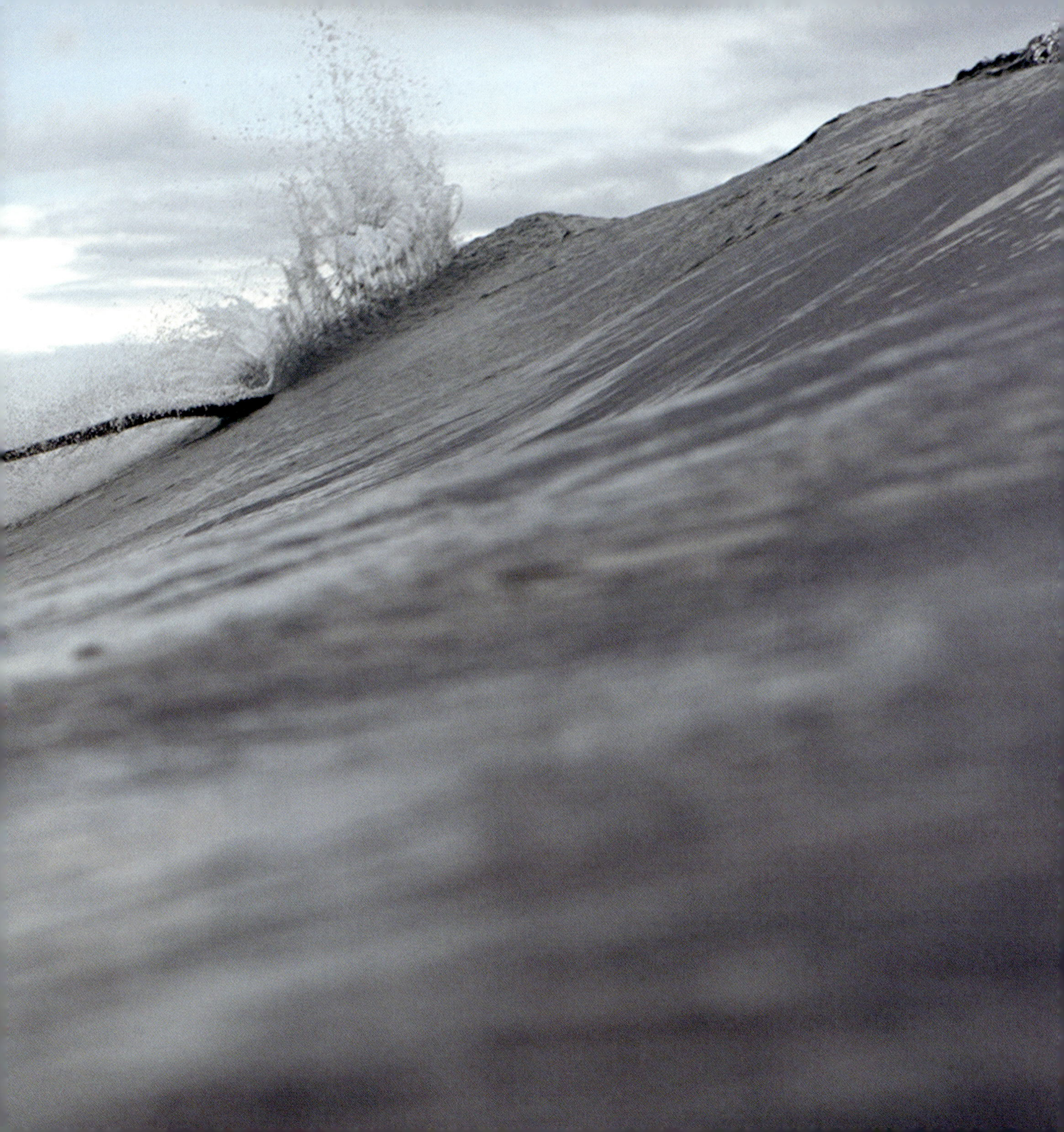

WELCHES BRETT IST DAS RICHTIGE FÜR MICH?

Die erste Frage ist immer: Welches Brett kaufe ich? Lohnt es sich, das Billigbrett beim Discounter für 300 Euro zu kaufen oder muss es doch ein Markenbrett sein?

Fast alle Beginner kaufen aufblasbare SUPs (iSUPs). Sie sind leichter zu transportieren und weniger anfällig als Hardboards, da sie auch Berührungen mit Felsen oder dem Ufer verzeihen, ohne Schaden zu nehmen. iSUPs sind im Grunde zusammengeklebte Plastikstreifen aus China und stammen, – genau wie die teuren Bretter aus derselben Fabrik. Auch wenn es qualitative Unterschiede zu Markenbrettern gibt, kann man sich zum Einstieg ruhig ein Billigboard holen. Da die meisten Marken-SUPs aus wertigerem Plastik bestehen und aufwendiger (meist in doppelten Schichten) verklebt sind, ist es eine persönliche Frage der Abwägung, wofür man sich entscheidet. Kaputt gehen beide früher oder später, meist später – je nachdem, wie sorgsam mit den Brettern umgegangen wird. Ökologischer ist es natürlich, auf billige Discounterware zu verzichten.

Vielleicht kann man den Kauf eines SUP mit dem eines Pkws vergleichen: Vieles ist Geschmackssache, und ein bisschen Status spielt auch mit. Bei SUPs sind die Unterschiede zwischen den einzelnen Brettern recht gering, da so wenig an einem Brett dran ist.

Willst du an einem Sommersamstag aufs Baggerloch und dort deine Runden drehen? Oder möchtest du täglich ein Workout über sieben Kilometer angehen? Fürs Baggerloch reicht das Billigbrett, fürs Workout sollte es ein Markenbrett sein – am besten ein hochwertiges Tourenboard. Und die gibt es nur von Markenherstellern. Wenn du den nächsten Schritt gehen und noch mehr Tempo aufs Wasser bringen willst, kannst du dir ein Raceboard zulegen, was noch mal ein erheblicher Kostenfaktor ist. Allerdings verkauft sich ein gebrauchtes Tourenboard meist zu einem sehr guten Preis, weil der Gebrauchtmarkt noch nicht übersättigt ist.

PODCAST

Florian Brunner von Starboard Deutschland im SUP Podcast über den großen Unterschied zwischen billig und fair produzierten SUPs.

BOARDSHAPE

Die Boardkante (Rail) ist die Unterkante des Boards, die sich beim Paddeln im Wasser befindet. Sie entscheidet, wie sich das Brett bei Manövern verhält. In der Regel gilt: Je schärfer die Kante, desto sportlicher, je runder, desto gemütlicher erscheint das Board.

HECKFORMEN

Es gibt unendlich viele Heckformen – hier die fünf wichtigsten:

ROUND TAIL HECK

abgerundete Form,
ist spurtreu.

PIN TAIL

geht hinten spitz zusammen,
wird bei schnellen Wellen oder im Racing verwendet.

ROUNDED PIN TAIL

ist eine Mischung aus runder und spitzer Form.

SWALLOW TAIL

wird in Kombination mit voluminöseren, breiten Boards verwendet, um durch ein breites Heck mehr Kontrolle und Wendigkeit zu haben. Besonders stark ausgeprägte Swallow Tails werden teilweise auch als Fish-Tail bezeichnet. Ideal für Fluss- oder Meerwellen, findet keine Verwendung im Flachwasser.

SQUARE TAIL

ist hinten gerade abgeflacht,
Einsatz vor allem bei Downwinder Boards, erhöht Kontrolle beim Wellenritt.

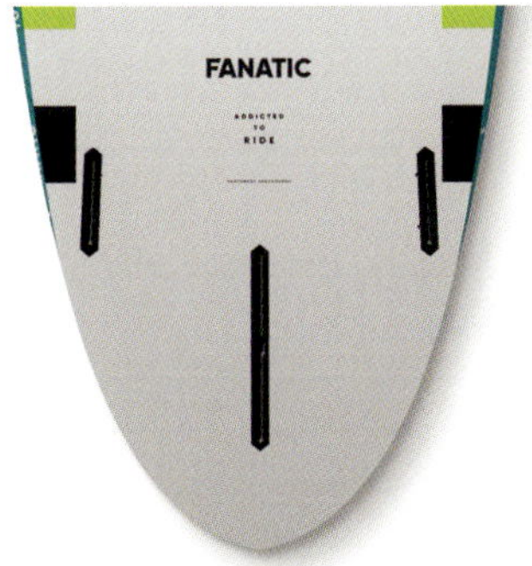

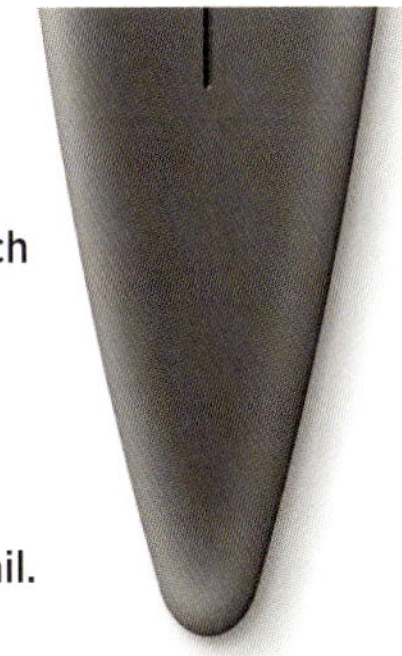

Die unterschiedlichen Heckformen (von oben nach unten): Round Tail, Pin Tail, Swallow Tail und Square Tail.

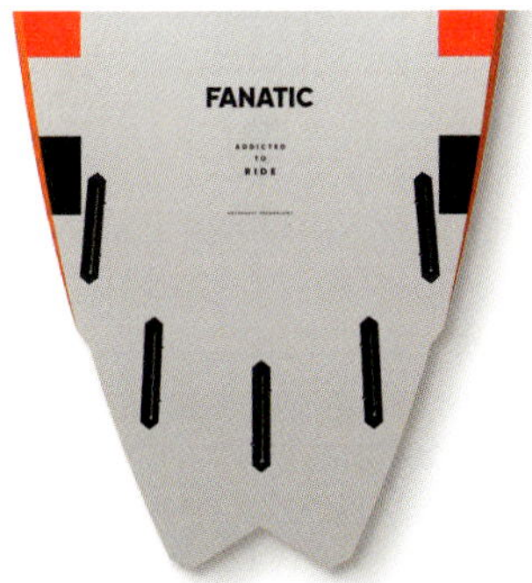

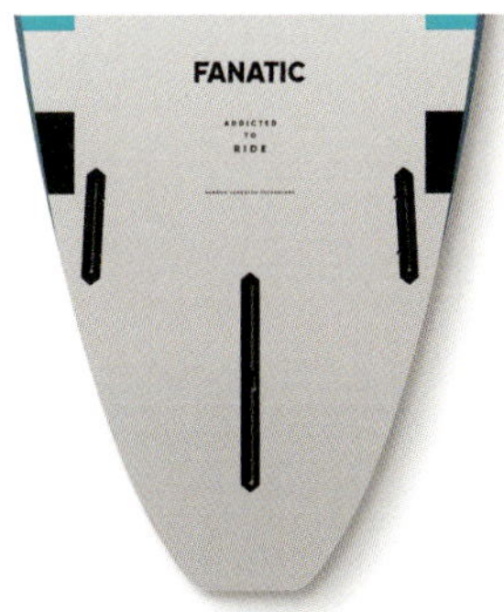

PADDELBAUWEISE

Paddelschäfte werden aus Alu, Kunststoff oder Carbon hergestellt und können einteilig, mehrteilig oder verstellbar sein. Meist ist der Schaft rund, er kann aber auch oval sein. Letzteres setzt sich immer mehr durch, da es für mehr Stabilität sorgt. Die Schafthärte ist abhängig von Material und Dicke. Gerade muskulöse Paddler sollten auf einen härteren Schaft achten. Da Carbon eine starke Rückstellkraft besitzt, ist dies das Material der Wahl.

Paddelblätter bestehen ebenfalls fast immer aus Alu oder Carbon. Je größer der Paddler, desto größer das Blatt. Hier gibt es runde Formen für alle Einsatzbereiche und gerade Formen fürs Racen. Grundsätzlich passen 80 Quadratzentimeter für 90 Prozent der Paddler.

Alle Paddel haben einen Knick am Übergang vom Schaft zum Blatt einen Knick von zehn bis 15 Grad, der den Zug unterstützen soll. Die Firma Suprpaddles stellt sogar ein Paddel her, das einen Knick im Schaft hat, der noch mehr Zug aufs Blatt bringen soll. Dieses Patent hat sich allerdings (noch) nicht durchgesetzt.

Der Paddelgriff ist in der Regel geformt wie ein Knauf, der sich der Handfläche anpasst. Es gibt aber auch T-Griffe, die keine Vorder- und Rückseite haben und keine anatomischen Vorteile bieten. Die Paddellänge hängt vom persönlichen Stil und dem Einsatzbereich ab. In der Welle oder im Fluss sollten die Paddel nicht länger sein als die Körperlänge, auf Tour können sie gern einen Kopf länger sein als der Paddler.

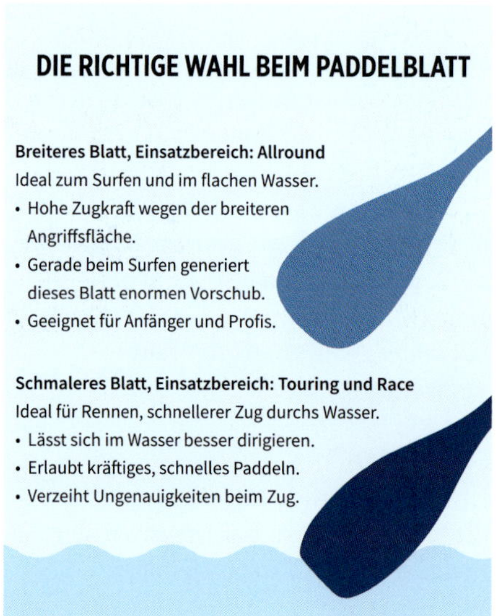

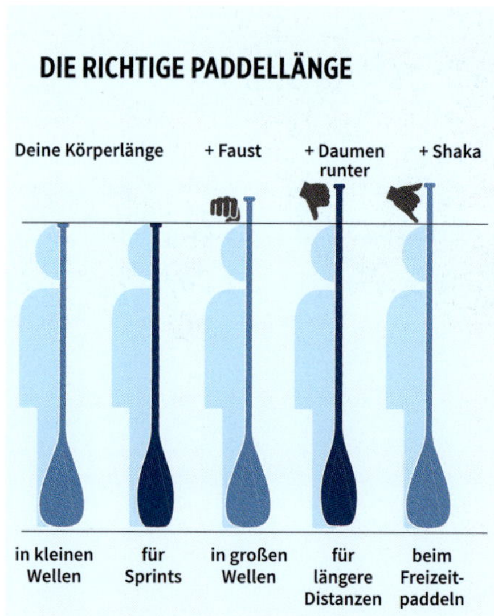

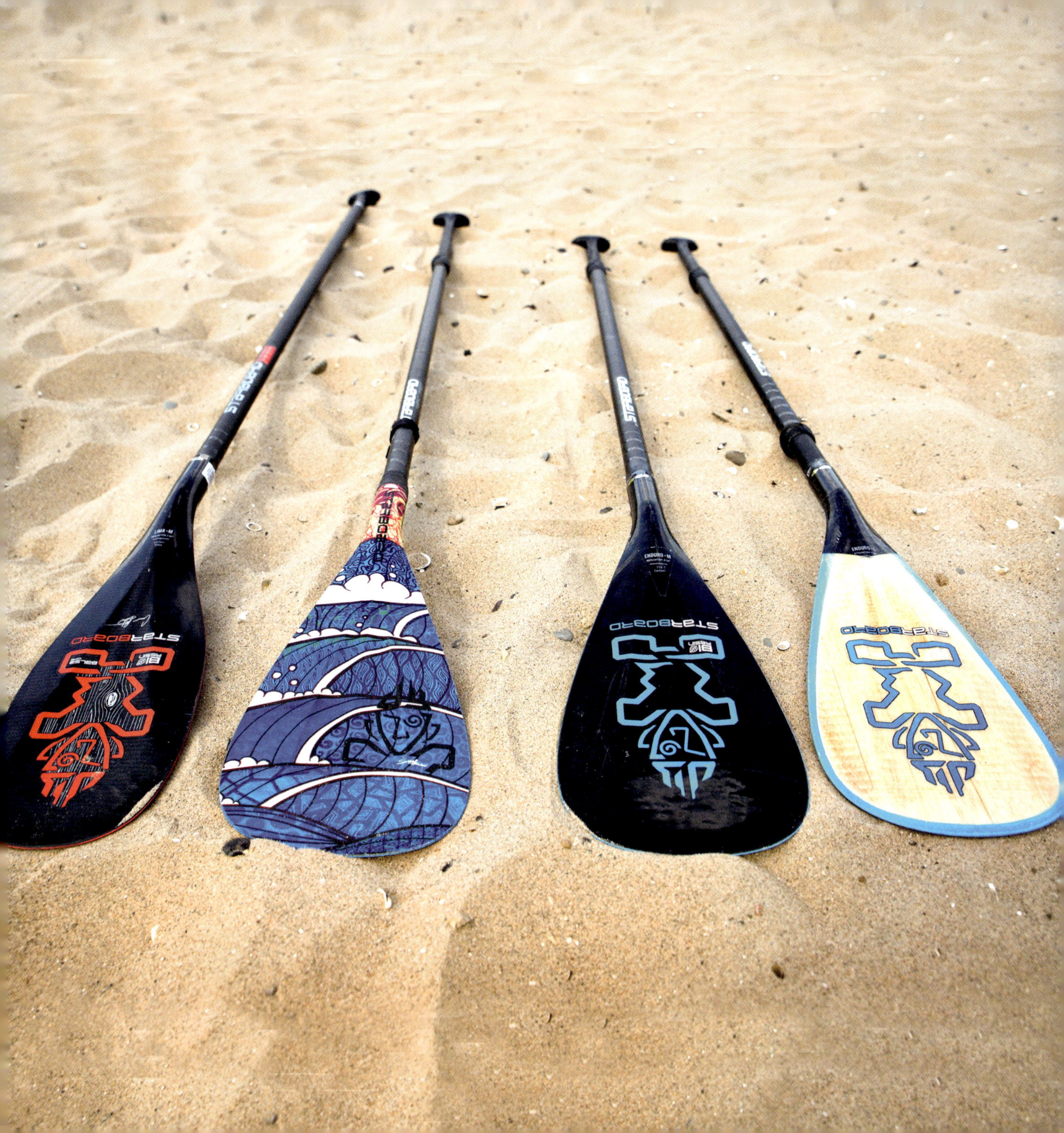

WELCHES PADDEL SOLL ICH MIR KAUFEN?

Wer einmal ein Carbonpaddel in den Händen gehalten hat, wird nie wieder ein Alupaddel benutzen. Hier spielen die Kosten allerdings eine entscheidende Rolle. Ein Alupaddel kostet teilweise gerade mal 30 Euro – hat aber den großen Nachteil, dass es wegen des hohen Eigengewichts untergehen kann. Ein brauchbares Carbonpaddel kostet 250 Euro und ist unsinkbar.

Über die Länge des Paddels streiten sich die Experten. In der Welle sollte das Paddel kürzer sein als die Körperlänge, auf Touren bis zu 35 Zentimeter länger. Hier darf jeder für sich herausfinden, was sich am besten anfühlt. Es gibt kein Richtig oder Falsch.

Ideal sind verstellbare Paddel, die je nach Einsatzgebiet und Körpergröße angepasst werden können. Wenn das Paddel zu lang eingestellt ist, kann es leicht zu Schulter- und Nackenschmerzen kommen. Ist es zu kurz, stellen sich früher oder später Rückenschmerzen ein.

BEIM PADDELKAUF GILT

Je teurer, desto besser. Wer sich entschieden hat, diesen Sport ernsthaft auszuüben, sollte sich unbedingt ein Carbonpaddel kaufen. Natürlich tut es auch ein Alupaddel – das macht aber weniger Spaß und geht erheblich mehr in die Arme. SUPen wird schnell zur Qual, wenn jeder Paddelschlag an den Schultern zieht. Lieber ein günstiges Brett kaufen und dafür ein teureres Paddel.

Vario-Paddel kann man natürlich auch gut mit verschiedenen Familienmitgliedern oder Freunden teilen. Wer auf Reisen SUPen möchte, sollte sich ein dreigeteiltes Paddel kaufen – das passt in jeden größeren Rucksack oder kann gleich ins iSUP eingewickelt werden.

Wer vor der Haustür paddeln geht, sollte sich ein einteiliges Paddel passgenau für die individuelle Größe zulegen. Diese haben den großen Vorteil, dass die Vario-Halterung beim Seitenwechsel nicht stört.

DIE FINNE(N)

Im Flachwasser werden meist Bretter mit einer Finne verwendet (Single Fin), im Fluss und im Meer werden auch häufig drei Finnen (die äußeren nennen sich Thruster) benutzt, wodurch das Board wendiger wird, und ein seitliches Ausbrechen des Boards verhindert wird.

In der Welle fahren viele SUPer inzwischen ein Quad-Set-up mit vier seitlichen Finnen ohne Centerfinne, statt des Dreier-Set-ups mit großer Centerfinne.

Drei oder mehr Finnen sind nur in der Welle und im Fluss sinnvoll. Trotzdem gibt es Hersteller, die auf Multi-Finnen bei herkömmlichen SUPs schwören. Das sind vermutlich Paddler, die auch gern Spoiler an ihre Autos schrauben.

Die Finne wird bei Profis wie eine Religion behandelt. Sie ermöglicht das Geradeausfahren und ist an der Unterseite des Hecks angebracht. Drei Werte spielen eine Rolle:

RAKE
(der Winkel der Anströmkante)

LÄNGE
(also die geometrische Höhe)

FLÄCHE

GENERELL GILT
Eine große Finne schafft Spurentreue und ermöglicht die Geradeausfahrt. Eine kleine Finne stellt eine gute Wendigkeit sicher, die besonders bei Manövern von Vorteil ist. Wenn der Finnenkasten länger ist als die Finne selbst, dann haben wir für die Finnenposition eine Empfehlung: Finne ganz nach hinten Richtung Heck für Touren, Finne vorn zum Surfen und Tricksen, Finne mittig für alles andere.

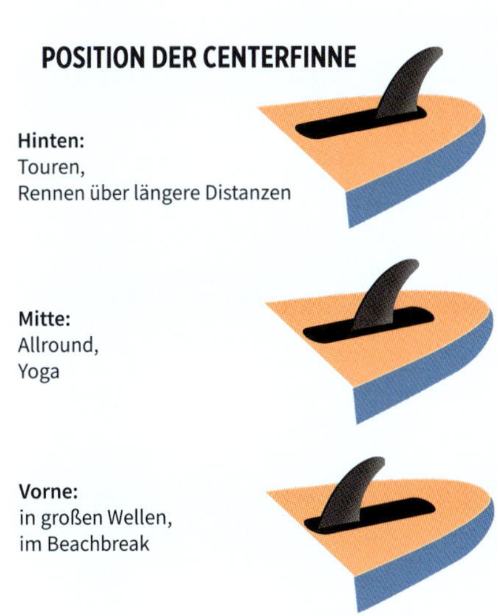

US-FINNENBOX UND FCS-SYSTEM

SUPs haben meist eine Finne in der Mitte. Hier hat sich als Patent die US-Box durchgesetzt, die allerdings je nach Montage ziemlich nervig sein kann. Mittlerweile gibt es Finnen, die man leicht in den Kasten drücken und ebenso einfach wieder herausziehen kann.

Die große, stabile US-Box im Vergleich zur FCS2 Finne und Box (unten rechts), die aufgrund ihrer geringeren Einbauhöhe eher in kurzen SUP Surfboards zu finden ist.

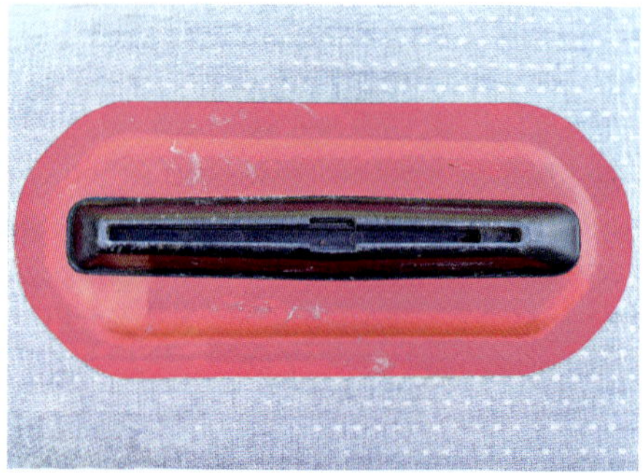

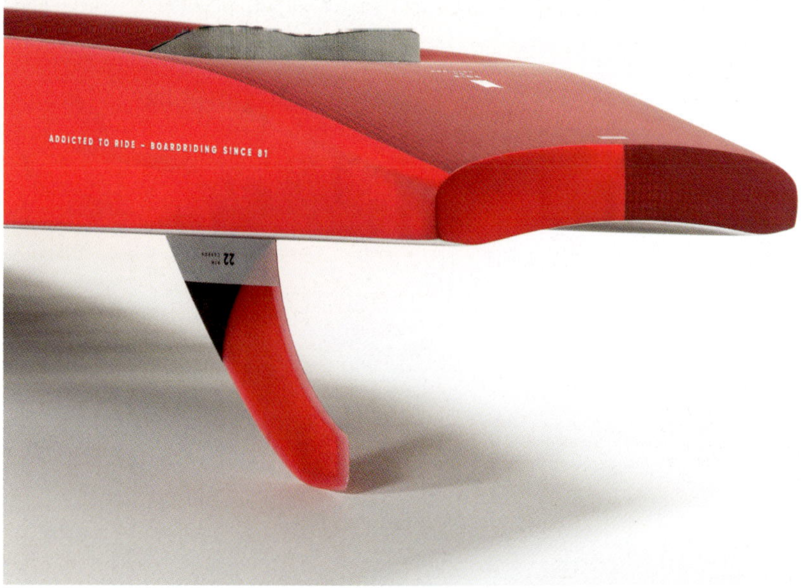

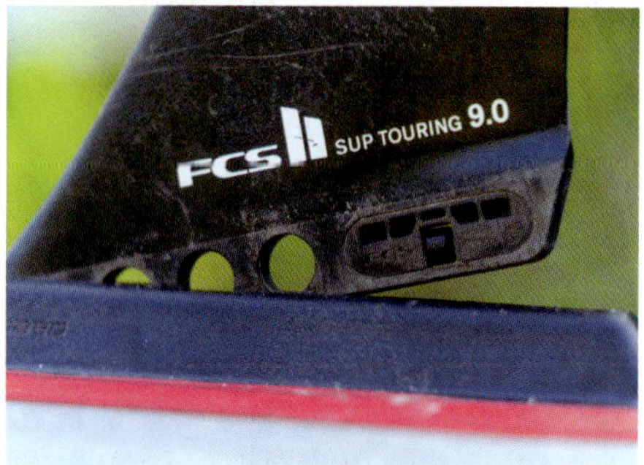

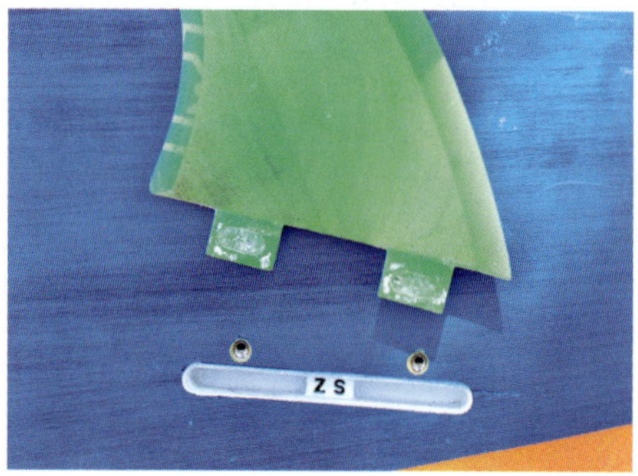

DIE LEASH

Streit über Sicherheit beginnt meist bei der Leash – also bei dieser Strippe, die am Brett befestigt ist und ans Bein oder besser an den Hosenbund geklettet wird. Sie dient als feste Verbindung zwischen Paddler und Brett. Wer eine Leash trägt, bleibt immer mit seinem Brett verbunden. Leashes gibt es als feste Leinen, flexibel und aufgewickelt (coiled). Die Leine sollte mindestens so lang sein wie das Board und an den Fuß gebunden werden, der beim Surfen hinten ist.

Die Leash macht bei Flaute auf einem See allerdings so viel Sinn wie ein Anschnallgurt auf einem Parkplatz. Safety first – ja. Man kann es aber auch übertreiben. Ab 3 Beaufort ist das Tragen einer Leash überlebenswichtig, um sein Brett beim Sturz ins Wasser nicht zu verlieren. Häufig paddelt man bei Flaute los, und das Wetter wechselt. Dann wäre es schlau, die Leash anzukletten. Weil dies gern vergessen wird, bestehen die meisten SUP-Ausbilder darauf, die Leash immer und überall zu tragen.

Achtung: In Flüssen sind schon erfahrene SUPer ertrunken, weil ihre Leash hängengeblieben ist und der Sportler durch die Strömung unter Wasser gedrückt wurde. Daher gilt die Regel: Eine Leash auf dem Fluss ist Stuss. Die Handhabung von Leashbelts und Co. muss unbedingt geübt werden, bevor man damit ins Wasser geht. Der Panikauslöser muss im Schlaf ausgelöst werden können. Hierfür ist intensives Training nötig.

EXPERTENTALK

mit Peter Bartl und Peter Rochel zum Thema Leash-Verwendung im Fluss: https://www.sup-onlineacademy.com/2016/09/04/leash-im-fluss-vermeidbare-unfälle/.

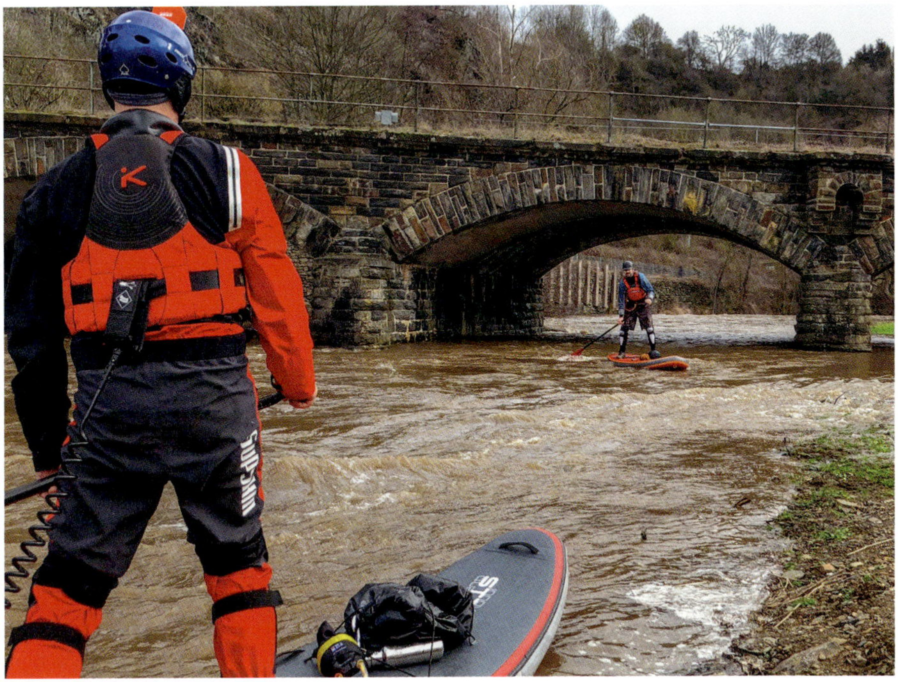

Die Leash hat in der Welle immer Sinn (allein schon, um andere nicht zu gefährden), bei viel Wind oder bei einem Downwinder – sonst nicht! Wer das Gegenteil behauptet, gehört zu den Menschen, die es lieben, Regeln, Verbote oder Gebote stumpf zu befolgen oder anzuweisen.

PROFITIPP

Leash bei Welle, Downwinder und ab 3 Beaufort immer tragen.
Bei Windstille hat sie keinen Sinn.
Im Fluss ist die Leash Stuss.

WELCHE LEASH-TYPEN GIBT ES?

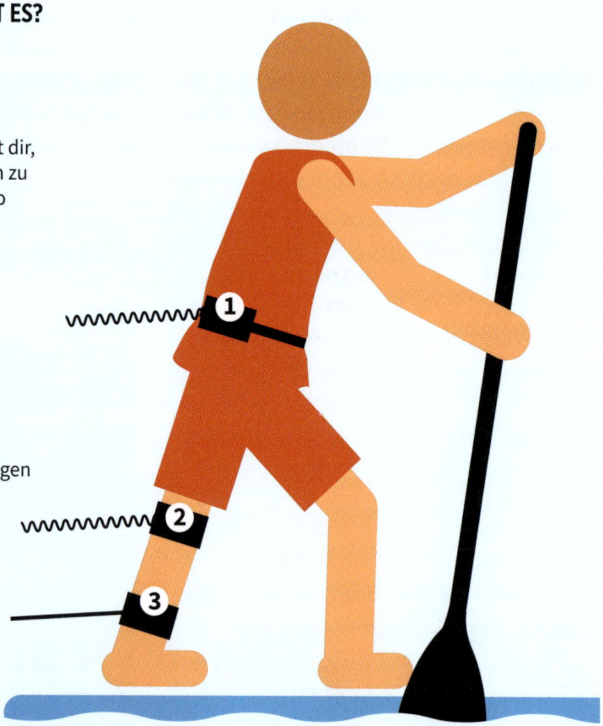

1 Hüfte:
Die Leash in Hüfthöhe hilft dir, dich schnell von der Leash zu befreien, falls du irgendwo festhängst.

Im Fließwasser/Flüssen und im Racing.

2 Wade:
Die Positionierung an der Wade verhindert, dass die Leash durchs Wasser gezogen wird. Das hätte einen bremsenden Effekt.

Bei Sprints.

3 Fußgelenk:
Klassischerweise wird die Leash am Fußgelenk angebracht, weil sie hier am wenigsten stört.

Bei Flachwasser, in kleinen Wellen.

PUMPEN

Die meisten Paddler finden das Aufpumpen der iSUPs nervig und anstrengend. Wenn man das Ganze allerdings als Sport und somit als Workout betrachtet, macht es irgendwann sogar Spaß. Die meisten Pumpen messen in PSI und nicht mehr wie früher in bar. Auf dem Barometer ist ein grüner Bereich eingezeichnet, der anzeigt, wie weit man das Brett aufpumpen sollte. Meist genügt es, an den unteren grünen Rand zu pumpen, um genügend Steifigkeit ins Brett zu bekommen.

Vor dem Pumpen, gelben Knopf drehen, sodass er nach oben schaut. Sonst verliert das Brett nach Abziehen die Luft.

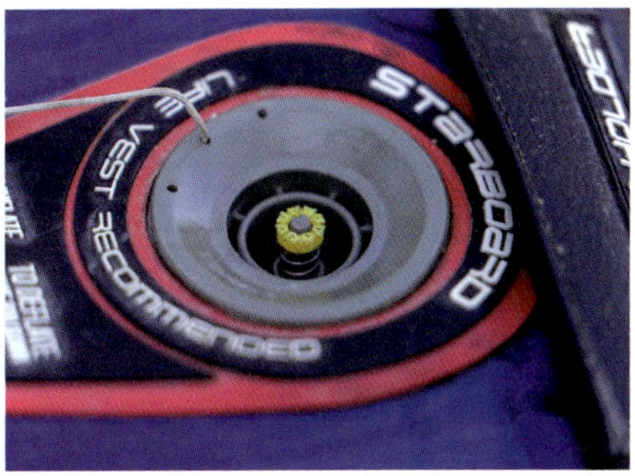

Wer darüber hinaus pumpen möchte, sollte immer daran denken, dass die Sonne Luft zum Ausdehnen bringt und günstige Bretter vom Discounter schnell platzen können.

AUFPUMPEN

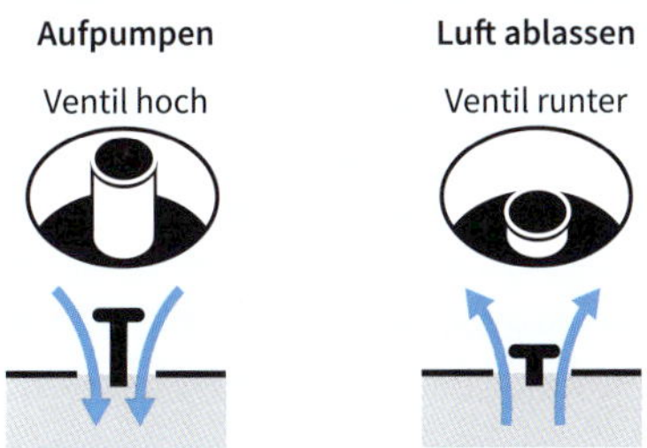

Schneller Aufpumpen mit doppelter Kraft.

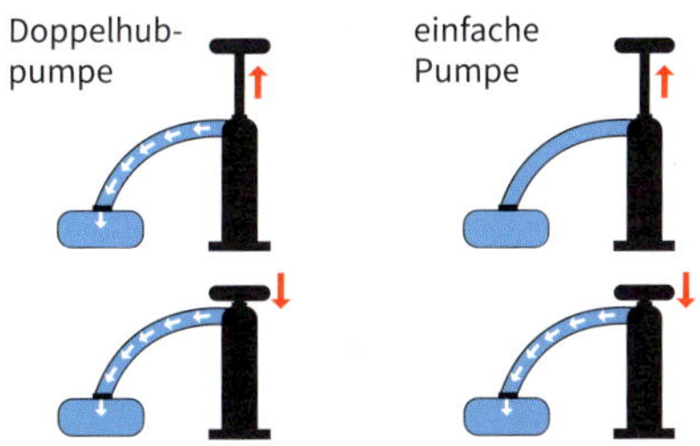

PUMPEN

Vor dem Aufpumpen muss unbedingt dran gedacht werden, das Ventil so zu drehen, dass es nach außen aufschnappt. Sonst pumpst du das Brett auf, ziehst das Ventil der Pumpe ab und die Luft entweicht wieder. Das passiert allerdings selbst Profis manchmal.

Es gibt mittlerweile eine ganze Reihe verschiedener Pumpen. Am Ende musst du die Arbeit doch leisten – da ist es fast egal, ob die Pumpe ein doppeltes Fach hat, beim Hoch- und Runterdrücken Luft abgibt oder Griffe wie ein Fahrrad besitzt.

MATERIALPFLEGE

Brett und Paddel sollten vor allem nach Salzwasserkontakt mit Frischwasser gespült und gereinigt werden. Danach nicht zu lange in der prallen Sonne trocknen lassen, da UV-Strahlung das Material zersetzt und die erhitzte Luft sich ausdehnen und das Brett zum Platzen bringen kann.

Bei iSUPs wird ein Reparatur-Kit mitgeliefert. Der Kleber ist hocheffektiv und -giftig. Auch wenn Löcher oder Risse selten vorkommen, ist es sinnvoll, das Kit auf längeren Touren mitzunehmen. Die Reparatur funktioniert wie bei einem Fahrradschlauch: kaputte Stelle großflächig Aufrauen, Kleber auftragen, antrocknen lassen, Aufkleber zuschneiden, aufkleben, trocknen lassen, fertig.

Neben Beschädigungen wie Löchern oder Rissen im SUP, kann es vorkommen, dass Luft aus dem Ventil entweicht, wenn es alt oder defekt ist. Hierfür gibt es das passende Werkzeug im Reparatur-Kit. Häufig reicht es schon, das Ventil etwas fester ins Gewinde zu drehen. Sollte das Ventil dann immer noch Luft verlieren, ist es höchstwahrscheinlich kaputt und muss getauscht werden. Hier hilft ein Fachhändler weiter.

Bei Hardboards wird die Reparatur schon komplizierter. Wenn das Brett einen Riss oder ein Loch hat, lass das Board erst einmal austrocknen. Anschließend schleifst du die Stelle mit 120er-Sandpapier ab, bevor du sie mit Epoxyharz und Fiberglas ausfüllst.

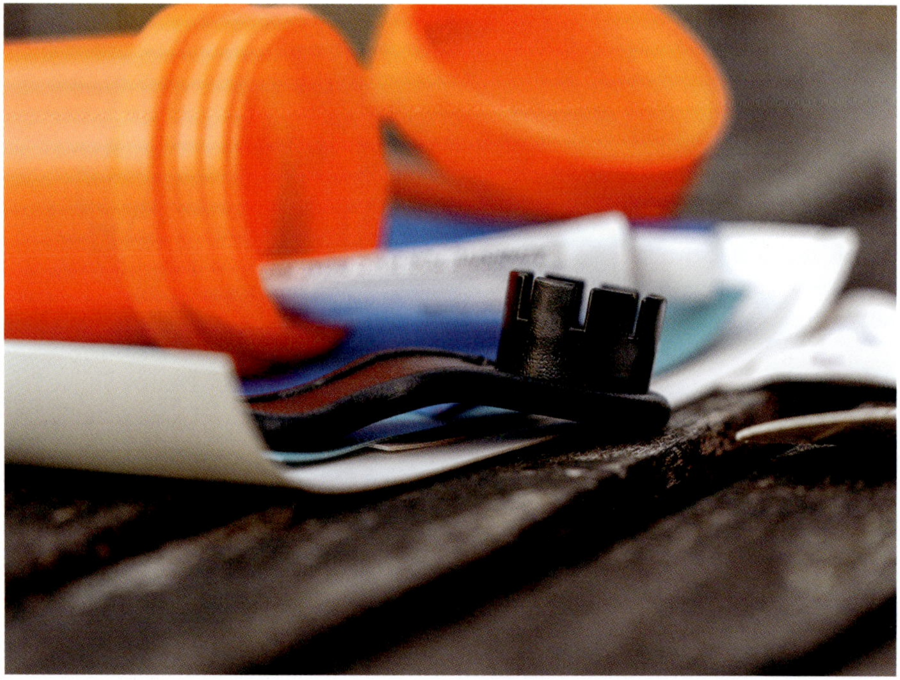

Das Reparatur-Kit sollte man mit auf jede Tour nehmen.

Wenn du alles abgeschliffen hast, legst du geharzte Epoxystreifen auf die Stelle. Alles trocknen lassen und zum Schluss mit 240er-Papier abschleifen. Die Stelle kannst du gut mit Autolack besprühen, um sie zu verschönern. Sämtliches Material findest du beim Fachhändler und natürlich im Netz.

Mit Carbonpaddel und -brett solltest du wie mit Glas umgehen. Carbon ist extrem stabil und leicht – gleichzeitig hoch anfällig. Wenn dir ein Carbonpaddel auf den Boden fällt, besteht die Gefahr, dass es einen Haarriss davonträgt, und das Paddel mitten auf dem Wasser durchbricht. Das kann je nach Standort fatal enden.

PROFITIPP

Ding Repair Stick – fühlt sich an wie Knetmasse und trocknet sogar im Salzwasser. Perfekt für die schnelle Reparatur vor Ort.

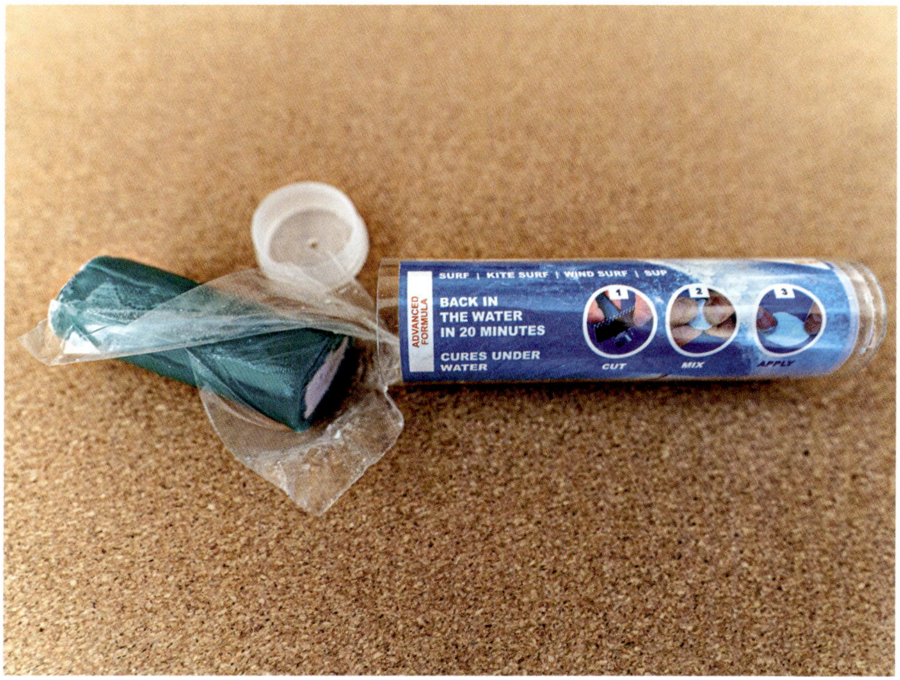

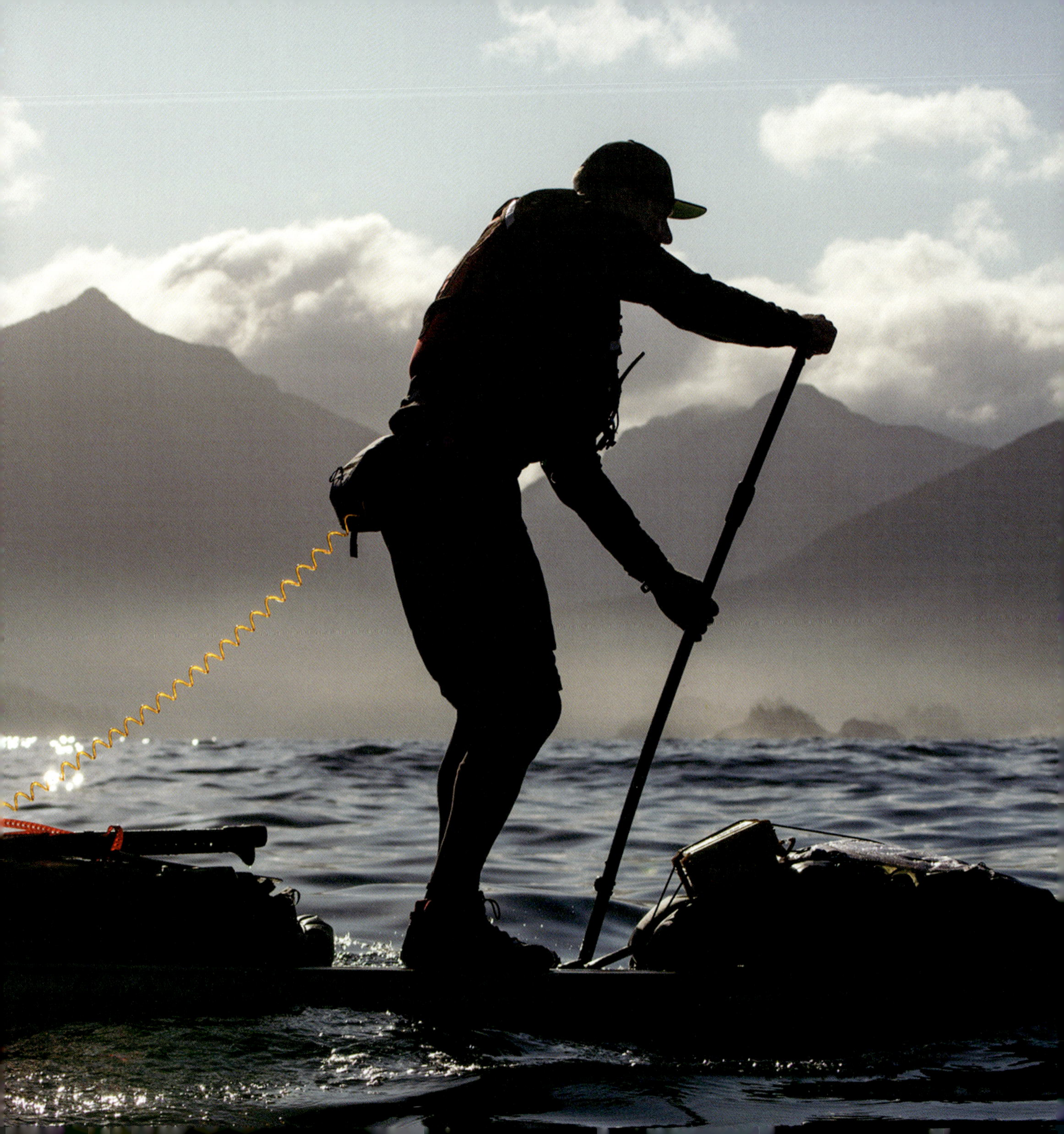

4
BEKLEIDUNG UND AUSRÜSTUNG

GUT GEKLEIDET DURCHS JAHR

Bei gutem Wetter reichen Bikini oder Badehose – wobei hier natürlich Sonnenbrandgefahr droht. Wenn's etwas kühler wird, ist Funktionskleidung ideal. Jegliche Funktionskleidung ist auf dem Wasser sinnvoll, solange es einem nichts ausmacht, ins Wasser zu fallen. Unbedingt stark saugende Kleidung wie Wolle vermeiden. Gleiches gilt für Gummistiefel – Ertrinkungsgefahr!

Beim SUPen eignen sich Neoprenschuhe mit fester Sohle. Sie halten die Füße warm und verhindern, dass man sich an Scherben, spitzen Felsen oder Steinen verletzt. Neoprenanzüge sind im Sommer teilweise unerträglich warm und bringen den Kreislauf durcheinander, wodurch das Risiko eines Hitzeschlags besteht. Bei starkem Sonnenschein sollte eine Kopfbedeckung nicht fehlen, da die Gefahr hoch ist, auf dem Wasser einen Sonnenstich zu bekommen.

Im Winter sind Neopren- oder Trockenanzüge mit Neoprenhandschuhen ein Muss, sobald das Wasser kabbelig wird und Reinfallen droht – was bei einem Wetterumschwung immer passieren kann. Mittlerweile gibt es sogar atmungsaktive Neos, in denen man nicht überhitzt. Farbiges Neopren oder ein helles Lycra-Shirt sorgt dafür, dass SUPer auch aus größerer Entfernung gesehen werden können. Eine Auftriebs- oder Prallschutzweste ist in der Welle oder beim Foilen wertvoll, da beide beim Stürzen schützen und gleichzeitig als Auftriebshilfe dienen. Neopren sorgt ebenfalls für Auftrieb.

Bei 10 °C und weniger ist das Mitführen einer Restube wichtig. Restubes sind kleine Taschen mit einem Druckzylinder, der im Bedarfsfall gezogen werden kann. Er pumpt Luft in die Tube und bläst somit eine Rettungsboje auf. Die Resttube ist bei niedrigen Temperaturen elementar wichtig, da man bei kalten Temperaturen sehr schnell auskühlt und die Muskeln nicht mehr vernünftig arbeiten. So kann es passieren, dass man es nicht mehr ans rettende Ufer schafft. Die Rettungsboje macht auf die Lage aufmerksam, sodass man aus dem Wasser geborgen werden kann. Wasser unter 20 °C kann zu Atemproblemen führen – dem sogenannten Atemschock. Selbst Profis kann es passieren, dass die Atmung erst nach 60 Sekunden wieder vernünftig einsetzt.

PROFITIPP

Halbautomatische Systeme wie Restubes oder Halbautomatikwesten, die im Hipbag an der Hüfte getragen werden müssen, unbedingt regelmäßig mit Süßwasser spülen und die CO_2-Kartusche regelmäßig tauschen, sonst funktionieren die Dinger genau dann nicht, wenn es wirklich drauf ankommt. Halb automatisch bedeutet, dass ich eine Leine ziehen muss, die eine Gaskartusche aktiviert, wodurch meine Weste aufgeblasen wird. Im Gegensatz dazu pusten sich vollautomatische Westen von allein auf, sobald sie Wasserkontakt bekommen. Diese sind vor allem für Segler von Vorteil.

Bei Touren sind wasserdichte Säcke vorteilhaft, die man am Board befestigen kann. Hier finden Wasser, Fitnessriegel, Handy und zusätzliche Bekleidung Platz. Auch Rucksäcke oder Hipbags erfüllen diesen Zweck, können beim Paddeln aber stören und sogar Verwundungen durch Reibung verursachen.

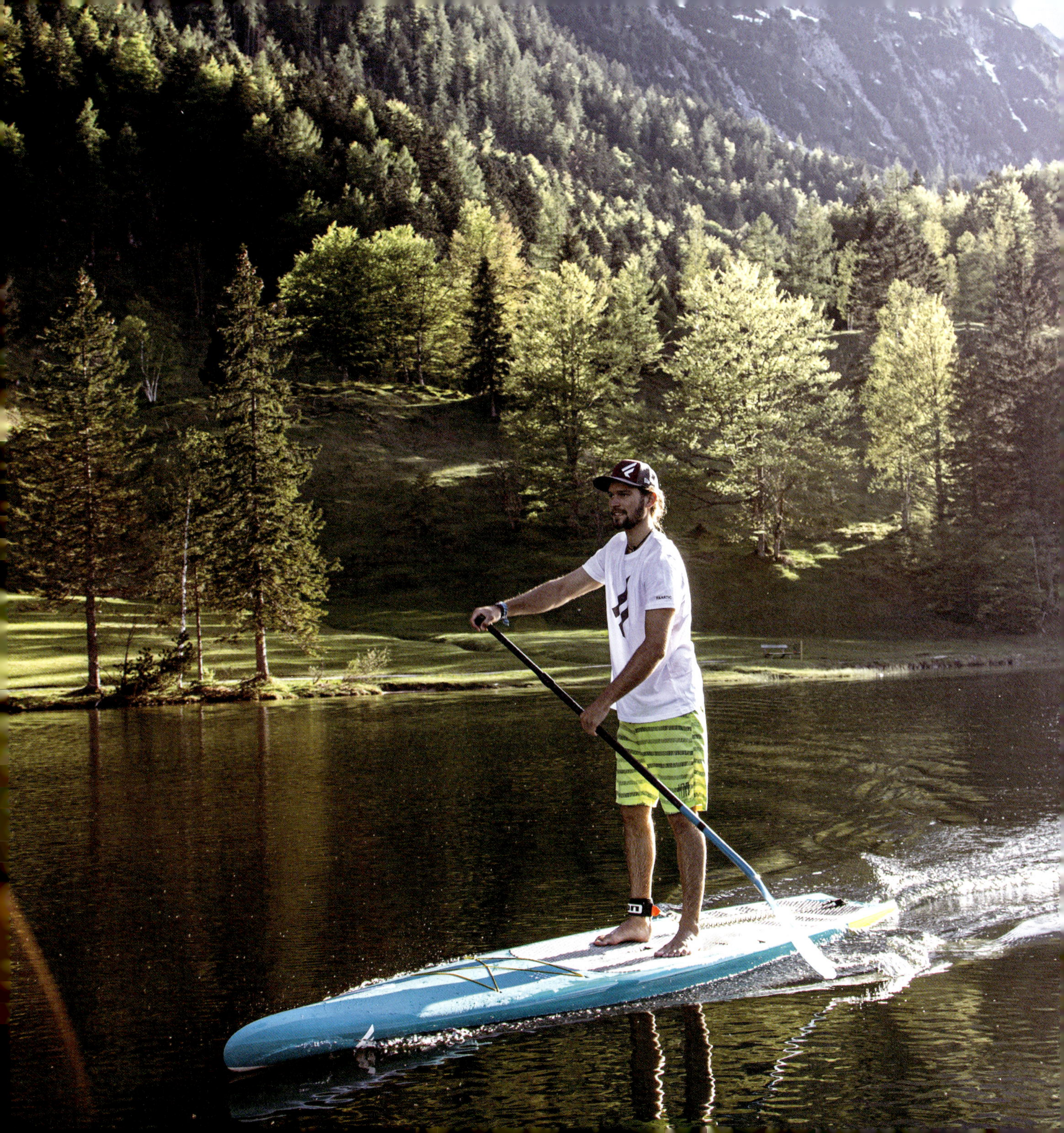

NEOPRENANZÜGE

Es gilt die einfache Regel: Je wärmer du bist, desto mehr Energie hast du auf der Welle. Daher muss die Neoprendicke zur Wassertemperatur deines Surfspots passen. Neopren ist dehnbar und isolierend, es schützt vor Verletzungen und UV-Strahlung. Auch in wärmeren Gebieten kannst du schnell auskühlen. Dagegen helfen Springsuits, Shorties, Neopren-Tops und Shorts. Sie halten warm und bieten besseren Sonnenschutz als Lycras. Lycras sind eng sitzende Funktionsshirts, die dich vor der Sonne und vor kleinen Verletzungen vom Board oder dem Sand schützen.

Je kälter das Wasser, desto dicker dein Neoprenanzug. Die Neoprenstärke wird in Millimetern gemessen und steht meist als Zahl im Produktnamen. Die Zahlen werden durch einen Schrägstrich getrennt. Die erste Zahl bezieht sich auf die Stärke des Materials am Rumpf, die zweite auf die an den Extremitäten, also an Armen und Beinen.

Die Materialdicke im Torsobereich ist häufig stärker, weil Wärme dort besonders wichtig ist. Dort, wo Flexibilität verlangt wird, sind die meisten Neos dünner – also an den Armen und Beinen.

Ein 3/2 Neo misst also drei Millimeter am Rumpf und zwei Millimeter an den Armen und Beinen. Somit erreicht dein Anzug die ideale Kombination aus Wärme und Flexibilität.

In der Tabelle kannst du erkennen, welcher Neo für welche Bedingungen geeignet ist.

Dein Neo muss eng anliegen und darf gleichzeitig die Bewegungsfreiheit nicht einschränken. Ein zu enger Anzug erschwert das Paddeln. Sitzt der Neo zu locker, läuft Wasser durch den Anzug und kühlt deinen Körper aus.

Leider werden fast alle Neoprenanzüge aus synthetischem Gummi hergestellt und sind daher extrem umweltschädlich. Ein paar Marken haben mittlerweile umweltfreundlichere, pflanzenbasierte Alternativen entwickelt. Sie bestehen zu 85 Prozent aus Naturkautschuk und zu 15 Prozent aus synthetischem, chlorfreiem Kautschuk. Erkundige dich beim Fachhändler nach diesen »grünen« Anzügen.

WASSERTEMPERATUR	BEKLEIDUNG
15–20 °C	3/2 langer Neo (Steamer)
12–17 °C	4/3 Steamer + Booties (Neosprenschuhe)
9–13 °C	5/3 oder 5/4 Steamer + Booties + Kapuze
unter 9 °C	6/4 Steamer + Booties + Kapuze

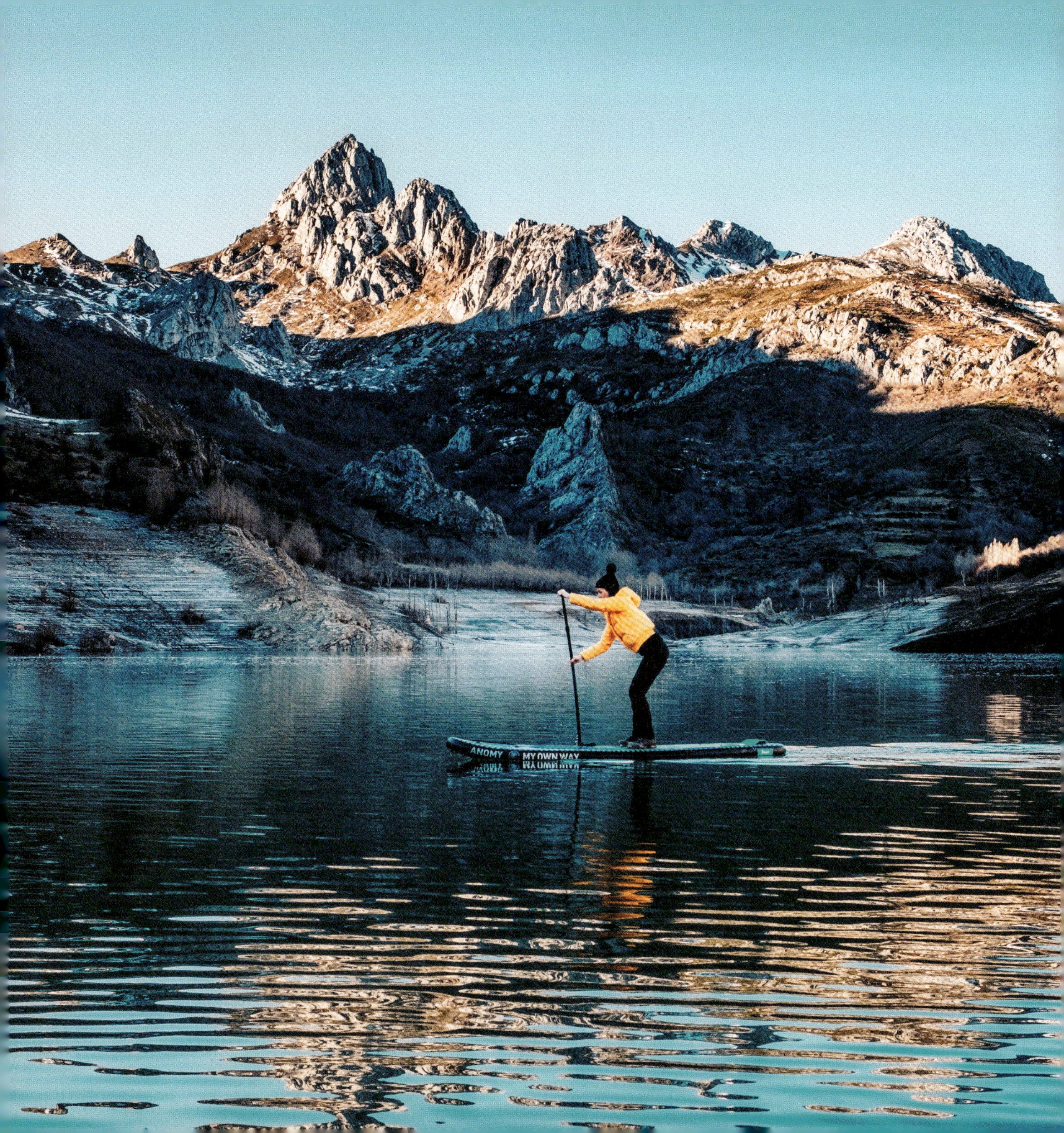
ANOMY
MY OWN WAY

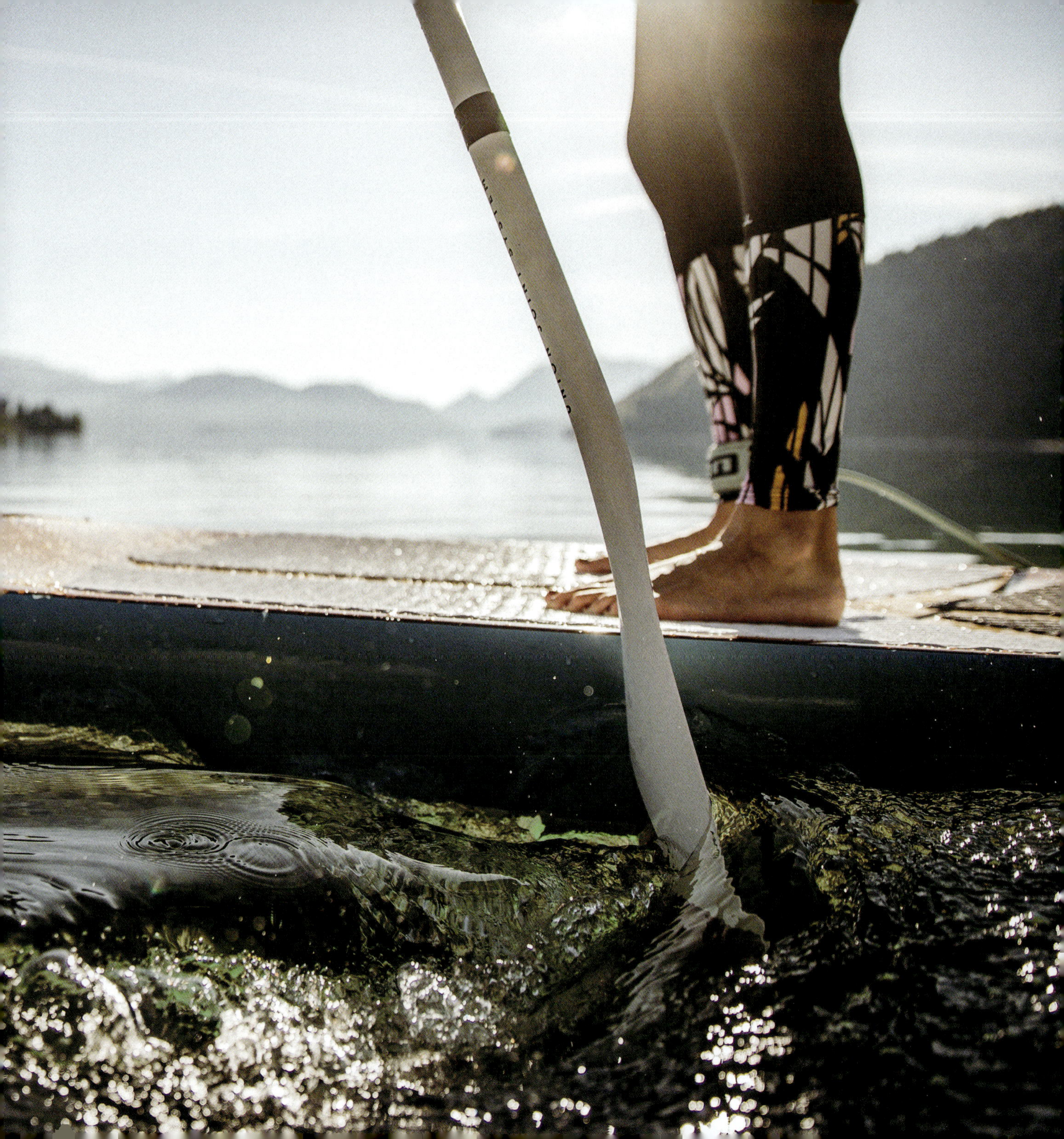

5
SICHERHEIT AUF DEM WASSER

SUPen auf Binnengewässern ist eine der sichersten Sportarten überhaupt. Wer sich auf einem stehenden Gewässer verletzt, muss schon großes Pech haben oder sich ungeschickt anstellen. Am häufigsten verletzen sich Paddler bei Stürzen – und jeder fällt früher oder später mal rein. Daher ist es für jeden Paddler wichtig, richtig zu stürzen: Beim Sturz unbedingt darauf achten, nicht aufs Paddel zu fallen oder sich mit dem Paddel zu verletzen. Wichtig ist, möglichst flach zu stürzen, um nicht auf dem Grund aufzukommen.

Besonders wichtig: Kopfsprünge vermeiden! Gerade beim Wave-SUPen verliert man manchmal die Orientierung und weiß nach dem Sturz nicht, wo genau sich das Brett befindet. Daher solltest du beim Auftauchen immer den Unterarm über den Kopf und den Ellbogen vor das Gesicht halten, damit du dich nicht an der Finne verletzt.

Größere Gefahren warten auf Flüssen und im Meer. Strömungen, Gezeiten, Unterwasserfelsen und Abdrift sind nicht zu unterschätzen. Auf die einzelnen Gefahren wird im Kapitel »Wasser« näher eingegangen.

Eine weitere Gefahr auf dem Wasser bilden immer Motorboote. Viele Fahrer können ihre überpowerten Motoren nicht kontrollieren und sind häufig unaufmerksam. Jedes Jahr werden Wassersportler von Motorbooten überfahren, schwer verletzt oder getötet. Daher rate ich dringend davon ab, auf Gewässern mit Motorbooten Kopfhörer zu tragen.

Wenn möglich, sollten SUPer klassische Surf- und Kitereviere meiden. Erstens stören wir die Wassersportler, zweitens ist es nicht ungefährlich, zwischen diesen rasend schnellen Brettern hin und her zu paddeln. Hinzu kommt, dass SUPen bei Wind sowieso nur wenig Spaß bringt.

LOCALS

In unbekannten Revieren ist es ratsam immer Locals, also die Einheimischen zu fragen, ob es Gefahren oder Besonderheiten wie Untiefen, Strömungen, Sandbänke, Felsen, Riffe, Unterwasserbuhnen oder Feuerquallen zu beachten gibt.

Locals beanspruchen Spots häufig für sich und teilen diese ungern mit dem Massentourismus auf dem Wasser. Daher immer vorsichtig und umsichtig unterwegs sein und zur Not auf sein Recht verzichten und einem Local die Welle überlassen.

SICHERHEITS-WESTEN

SUPer können keine automatischen Sicherheitswesten tragen – wie zum Beispiel Segler, da diese bei jedem Sturz ins Wasser auslösen und sich aufblasen würden. Daher bleiben entweder mechanische Westen, unbequeme Schaumstoffwesten oder Restubes übrig. Letztere sind zusammengelegte Rettungsschläuche, die im Notfall ausgelöst werden können und höhere Sicherheit auf dem Wasser generieren (siehe auch Kapitel Bekleidung und Ausrüstung). Da unser SUP als riesige Rettungsboje dienen kann, sind Restubes nur bedingt sinnvoll – trotzdem sind sie in einigen Regionen und Ländern vorgeschrieben für den Fall, dass die aufblasbaren Bretter platzen.

Restubes.

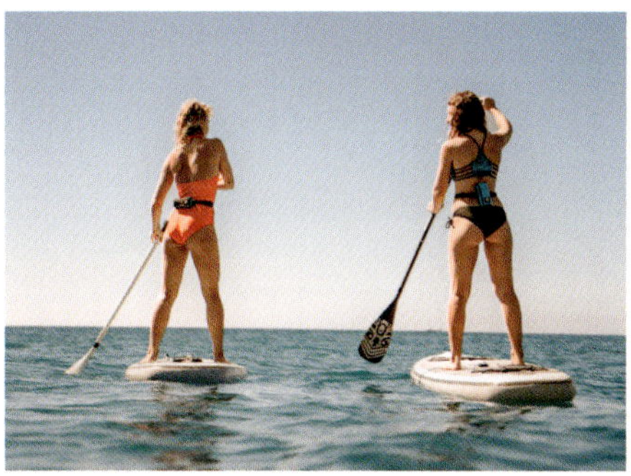

KOPFLICHT

Viel wichtiger und häufig unterschätzt ist ein wasserdichtes Kopflicht. Da Zeit auf dem Wasser gefühlt schneller vergeht als an Land, kommt es immer wieder vor, dass man erst in der Abenddämmerung oder Dunkelheit zurückkommt. Gerade in Revieren mit Berufsschifffahrt, kann dies gefährlich werden und Strafgelder kosten.

PROFITIPP

SUPen ist nach Einbruch der Dunkelheit grundsätzlich nicht mit den geltenden Gesetzten vereinbar. Die Wasserschutzpolizei schickt SUPer nach Sonnenuntergang gnadenlos an Land – auch wenn sie meilenweit von zu Hause entfernt sind.

Wasserschutzpolizei.

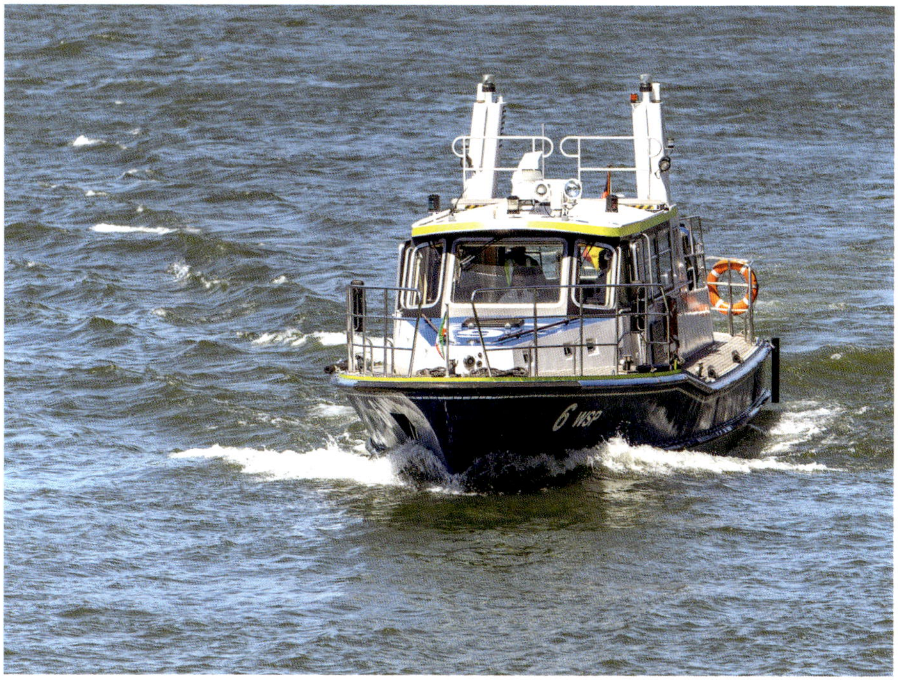

SEENOTRETTUNGSZEICHEN

Wer tatsächlich in Seenot gerät, wendet die international geltenden Seenotrettungszeichen an: beide Arme über dem Kopf hoch- und runterwenken oder ein Shirt im Kreis über dem Kopf rotieren lassen.

Die Fehleinschätzung ablandiger Winde ist die Hauptursache für Seenotfälle, weil SUPer es häufig nicht aus eigener Kraft zurück ans Ufer schaffen. Außerdem sind Materialbruch und Verletzungen bei ablandigem Wind weitaus dramatischer als bei allen anderen Winden.

Umgekehrt gilt, dass wir Menschen in Seenot immer helfen müssen, solange wir uns nicht selbst in Seenot bringen. Die Wasserwacht, die DLRG (Deutsche Lebensrettungsgesellschaft) und die DGzRS (Deutsche Gesellschaft zur Rettung Schiffbrüchiger) sind an allen deutschen Küsten und Binnenseen für Seenotfälle zuständig. Aber auch die örtliche Polizei oder Feuerwehr wird bei Seenotfällen aktiv, im Ausland helfen Küstenwache oder Hafenmeisterei bei Seenot. Deren lokale Nummern am besten vor der SUP-Session googeln, bevor es zu spät ist.

SIGNAL FÜR SEENOT

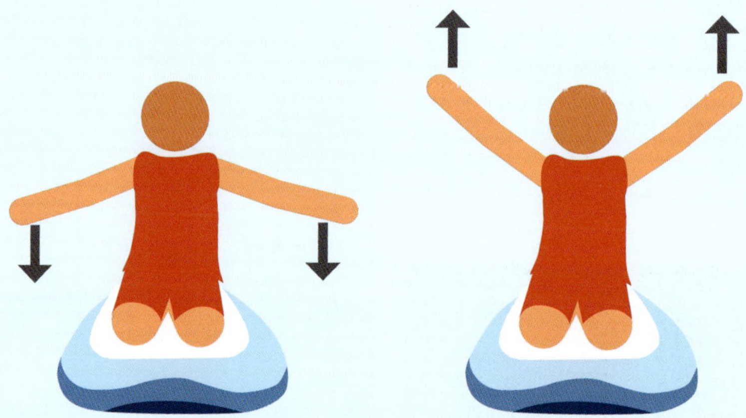

Bewege deine ausgestreckten Arme gleichzeitig seitlich hoch und runter.

SONNENSTICH

Beim Sonnenstich überhitzt der Kopf. Hierfür ist vor allem die Hitze zuständig – UV-Strahlung tut dann ihr Übriges. Hier hilft schon eine Kappe, die man regelmäßig ins Wasser taucht und somit für Abkühlung sorgt. Wer einen Sonnenstich abbekommen hat, leidet meist nachts unter Schüttelfrost und Kopfschmerzen, auch Erbrechen ist möglich. Im Regelfall sind diese Beschwerden am nächsten Tag verschwunden.

Wenn unsere Körpertemperatur auf über 40 °C steigt, bekommen wir einen Hitzschlag. Dabei schwillt das Gehirn an und Krämpfe oder Halluzinationen können die Folge sein.

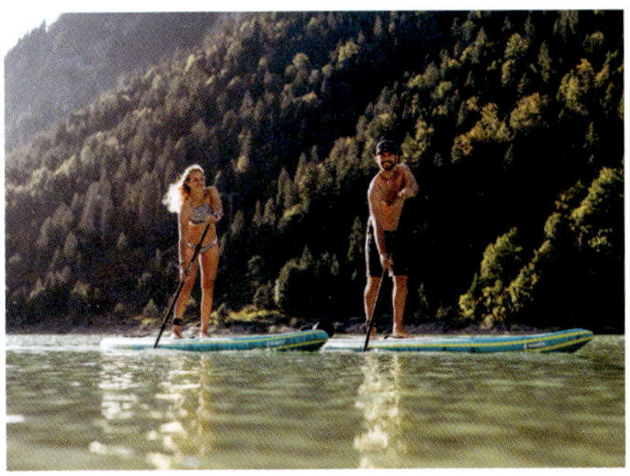

ATEMSCHOCK

Wasser unter 20 °C kann zu Atemproblemen führen – dem sogenannten Atemschock. Selbst Profis kann es passieren, dass die Atmung erst nach 60 Sekunden wieder vernünftig einsetzt. Wichtig ist in diesem Fall, ganz bewusst auszuatmen und sich möglichst ruhig zu verhalten.

SICHERHEIT AUF EINEN BLICK

1
WETTER-APPS CHECKEN, BEVOR ES LOSGEHT

2
BEI GEWITTER RUNTER VOM WASSER

3
BEI STURMWARNUNG AN LAND BLEIBEN

4
BEI ABLANDIGEM WIND AN LAND BLEIBEN

5
LOCALS HABEN IMMER VORFAHRT

6
WINDSURF- UND KITESURF-REVIERE UNBEDINGT MEIDEN

7
BERUFSSCHIFFFAHRT WEITRÄUMIG AUSWEICHEN

8
SCHIFFFAHRTSSTRASSEN MEIDEN

VORFAHRTSREGELN AUF DEM WASSER UND SCHIFFAHRTSZEICHEN

Wie im Straßenverkehr, gibt es auch auf dem Wasser ein paar Regeln, die man kennen und befolgen sollte.

1

SUPER WEICHEN DER BERUFSSCHIFFFAHRT AUS – OHNE AUSNAHME

2

BEI ENTGEGENKOMMENDEN FAHRZEUGEN IMMER NACH RECHTS AUSWEICHEN

3

NICHT DURCH REGATTEN PADDELN

4

KITE- UND WINDSURFERN NICHT DURCHS REVIER PADDELN

5

WELLENREITER MEIDEN, WENN MAN NICHT SELBST IN DIE WELLE GEHT

6

SCHIFFFAHRTSSTRASSEN MEIDEN

7

SUPER MÜSSEN SEGLERN AUSWEICHEN

Es ist ebenfalls von Vorteil, die Regeln für Segler zu kennen:

ES GILT LEE VOR LUV
Es weicht also derjenige aus, der näher am Wind ist.

ESELSBRÜCKE
Kotzt du nach Luv,
kriegst du es druff.
Kotzt du nach Lee,
geht's in die See.
Oder:
Luv ist da,
wo die Luvt herkommt.

BACKBORDBUG VOR STEUERBORDBUG
Es weicht derjenige aus, dessen Segel auf Steuerbord, also rechts, steht.

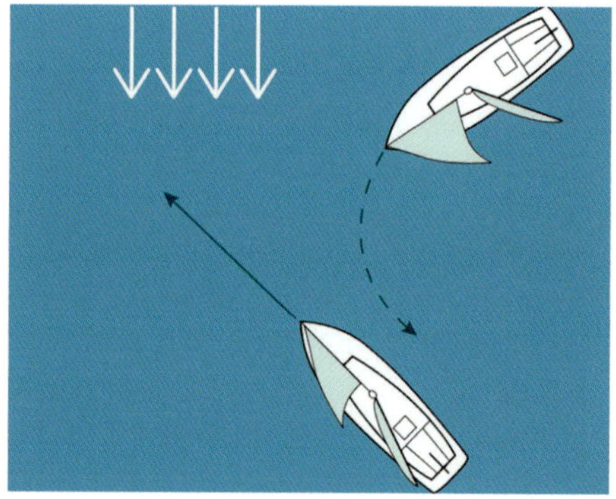

LEE VOR LUV
Das Boot links hat Vorfahrt, da das andere Boot näher am Wind segelt.

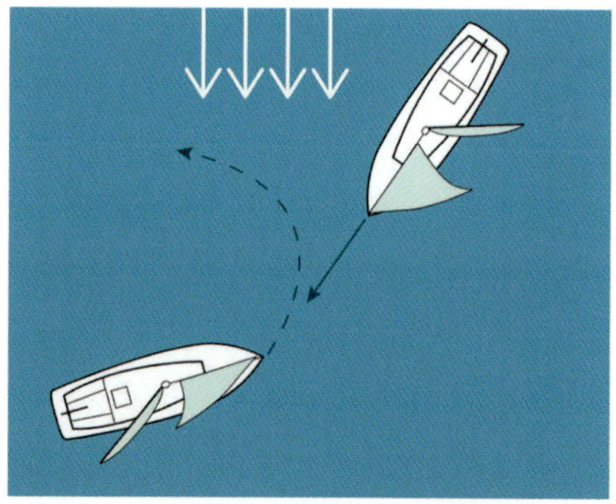

BACKBORDBUG VOR STEUERBORDBUG
Das Boot rechts hat Vorfahrt, weil es das Segel auf Backbord hat.

Wichtige Sichtzeichen und Schallsignale der Seeschifffahrtsstraßen-Ordnung und der internationalen Kollisionsverhütungsregeln

(ohne die Vorschriften für den Nord-Ostsee-Kanal und sonstige örtliche Sondervorschriften)

WSV.de
Wasserstraßen- und Schifffahrtsverwaltung des Bundes

SCHIFFFAHRTSZEICHEN

Versuche dir diese Zeichen einzuprägen, denn sie helfen dir auf Touren. Das beim WSV erschienene Original umfasst zwei Tabellen, die Schallsignale sind hier außer Acht gelassen.

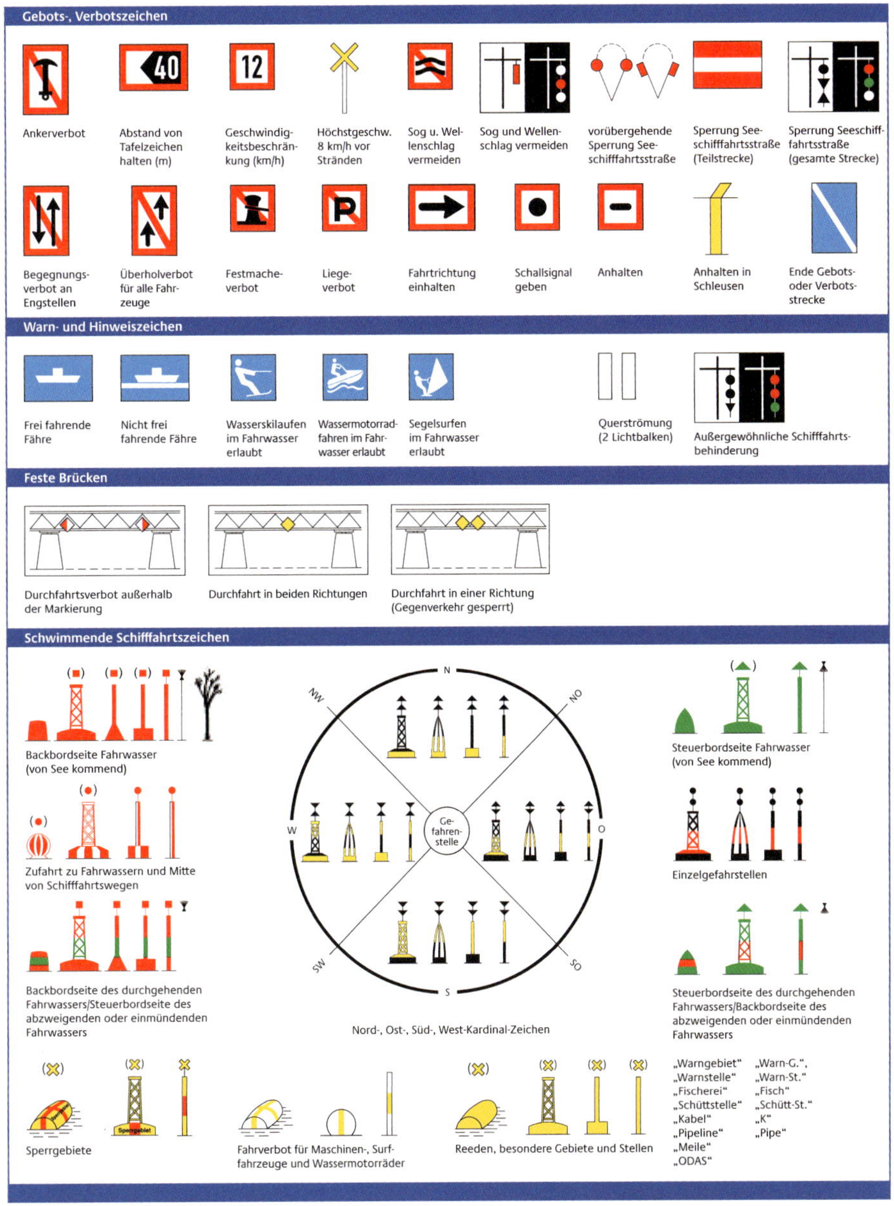

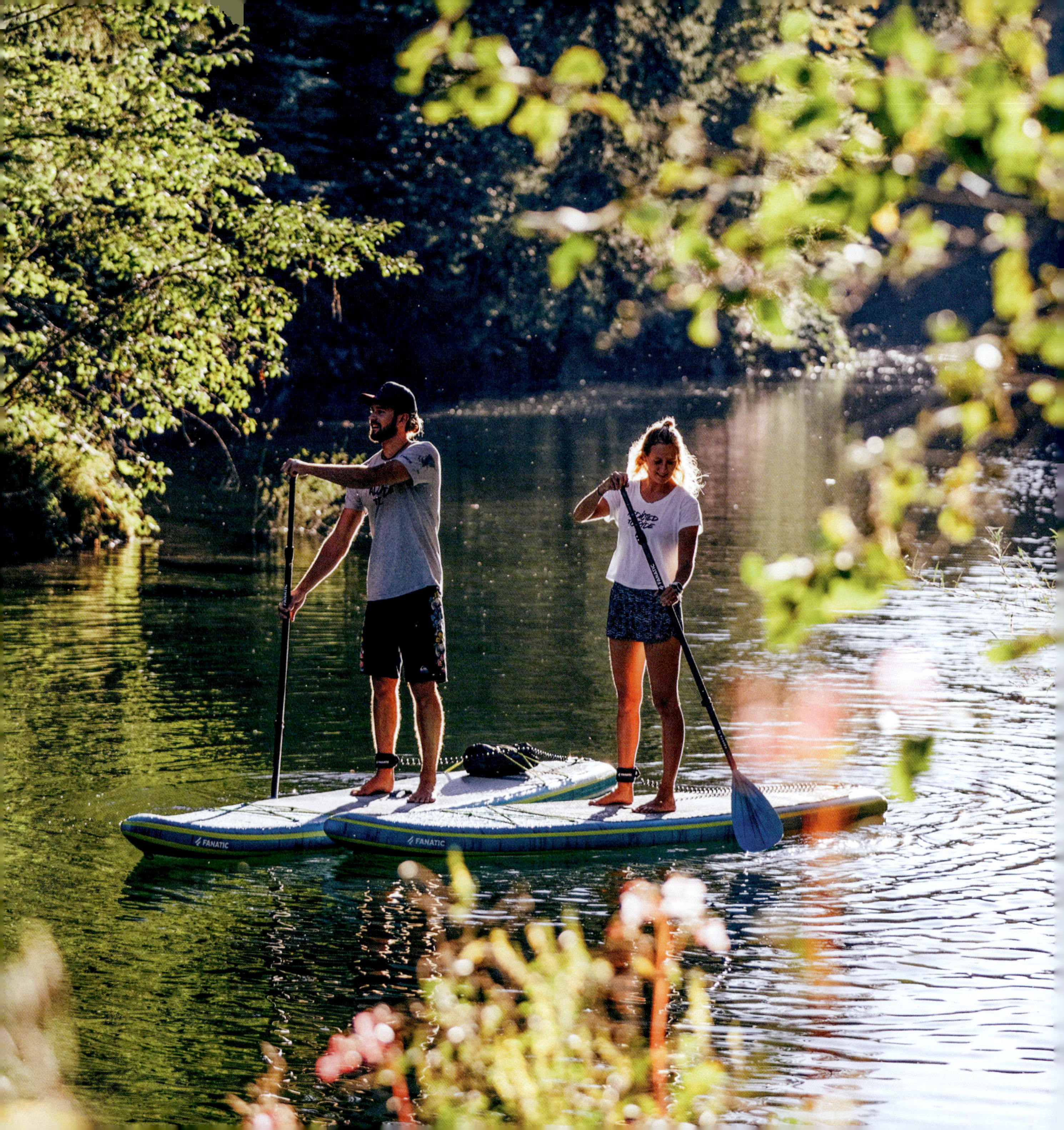
FANATIC
FANATIC

6
WETTER

WIND

Die größte Gefahr beim SUPen besteht in den Wetterumschwüngen. Wer sich ein bisschen mit Meteorologie beschäftigt und die richtigen Apps verwendet, ist meist auf der sicheren Seite.

Der Wind kann gerade bei längeren Touren eine entscheidende Rolle spielen – vor allem Gegenwind. Alles jenseits von 3 Beaufort ist für durchschnittliche SUPer kaum noch zu bewältigen, zumindest nicht auf Dauer. Rückenwind hingegen kann selbst die müdesten SUPer noch ein paar Kilometer weiterbringen.

Da Wind die Wasseroberfläche unruhig macht, kann er das SUPen erheblich erschweren. Anfänger sollten sich gut überlegen, ob sie bei starkem Wind aufs Wasser gehen oder nicht.

WINDENTSTEHUNG

Wind ist Luftverschiebung – mehr nicht. Meist entsteht er, indem Hoch- und Tiefdruckgebiete versuchen, sich auszugleichen. Naht also eine Front mit hohem Tiefdruck, dann entsteht Wind, sobald sie auf ein starkes Hochdruckgebiet trifft. Je höher der Druckunterschied, desto stärker der Wind.

An kleinen Meeren, Seen und im Gebirge entsteht häufig thermischer Wind: Das Land erhitzt sich, die Luft steigt nach oben und verschiebt sich in Richtung Wasser, da in den höheren Lagen über dem Wasser weniger Luftmassen vorhanden sind. Die kalte Luft über dem Wasser steigt nicht auf, sie verschiebt sich in Richtung Land und nimmt den Platz der zuvor gestiegenen warmen Luft ein. Hier erwärmt sie sich und steigt ebenfalls auf, es entsteht ein Kreislauf. Somit entsteht fast immer auflandiger Wind. Nachts ist es genau umgekehrt. Das Land kühlt im Vergleich zum Wasser schneller ab, weil die Wärme nicht gespeichert werden kann. Die warme Meeresluft steigt auf und verschiebt sich in den höheren Lagen nun in Richtung Land. Die kühle Luft vom Land verschiebt sich aufs Meer, da durch die zuvor aufgestiegene Luft Platz geschaffen wurde. Auch hier entsteht ein Kreislauf. Solche Winde können auch an großen Seen wie dem Gardasee entstehen. Hier sollten unbedingt Locals nach den klassischen Windsystemen gefragt werden.

Auf Ozeanen gibt es ebenfalls Windsysteme, unter anderem die Passatwinde, die durch die Erdrotation entstehen und auf Englisch Tradewinds heißen, weil Seefahrer die Kraft der Winde nutzen, um die Ozeane zu überqueren. Auf diese Weise etablierten sich die Handelsrouten.

WINDSTÄRKEN

Die Windstärke wird in Beaufort oder in Knoten angegeben. Die berühmte Beaufortskala geht von 0 Windstärken (Flaute) bis 12 (Orkan). Das System basiert auf Beobachtungen, nicht auf Messungen und geht auf Sir Francis Beaufort zurück. Es geht darum, welche Auswirkungen der Wind aufs Meer und aufs Wasser hat. Da diese Skala aus einer Zeit stammt, in der noch nicht jeder eine iWatch am Arm trug, war dies die beste Methode, um Wind zu kategorisieren.

WIND-STÄRKE IN BFT	SYMBOL	BEZEICHNUNG	MITTLERE WINDGESCHWINDIGKEIT			
			kn	m/s	km/h	mph
0		Windstille, Flaute	0-<1	0,0-<0,3	0-1	0-<1,2
1		leiser Zug	1-<4	0,3-<1,6	1-5	1,2-<4,6
2		leichte Brise	4-<7	1,6-<3,4	6-11	4,6-<8,1
3		schwache Brise	7-<11	3,4-<5,5	12-19	8,1-<12,7
4		mäßige Brise	11-<16	5,5-<8,0	20-28	12,7-<18,4
5		frische Brise	16-<22	8,0-<10,8	29-38	18,4-<25,3
6		starker Wind	22-<28	10,8-<13,9	39-49	25,3-<32,2
7		steifer Wind	28-<34	13,9-<17,2	50-61	32,2-<39,1
8		stürmischer Wind	34-<41	17,2-<20,8	62-74	39,1-<47,2
9		Sturm	41-<48	20,8-<24,5	75-88	47,2-<55,2
10		schwerer Sturm	48-<56	24,5-<28,5	89-102	55,2-<64,4
11	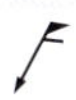	orkanartiger Sturm	56-<64	28,5-<32,7	103-117	64,4-<73,6
12		Orkan	≥64	≥32,7	≥118	≥73,6

WINDSYSTEME

Bei ablandigem Wind sollten nur erfahrene Wassersportler raus aufs Wasser gehen. Es gilt das Gesetz: Je weiter draußen, desto stärker bläst der Wind. Wer es nicht im Stehen zurück an Land schafft, sollte es im Knien, Sitzen oder Liegen probieren. Wenn auch das nicht geht, bleibt immer noch das Handy, um Hilfe zu holen (vorm Ablegen unbedingt die Nummer der örtlichen Wasserschutzpolizei oder des nächstliegenden Hafens googeln). Man sollte auf keinen Fall versuchen, zurück an Land zu schwimmen und das Brett verlassen. Dein Brett dient dir als Rettungsinsel, und du wirst deutlich besser gesehen.

Wichtig ist, dass du selbst ein Unwetter erkennen kannst. Sobald sich eine Wolkenformation bildet, die aussieht wie ein Amboss, bildet sich ein Gewitter und du solltest schleunigst das Wasser verlassen.

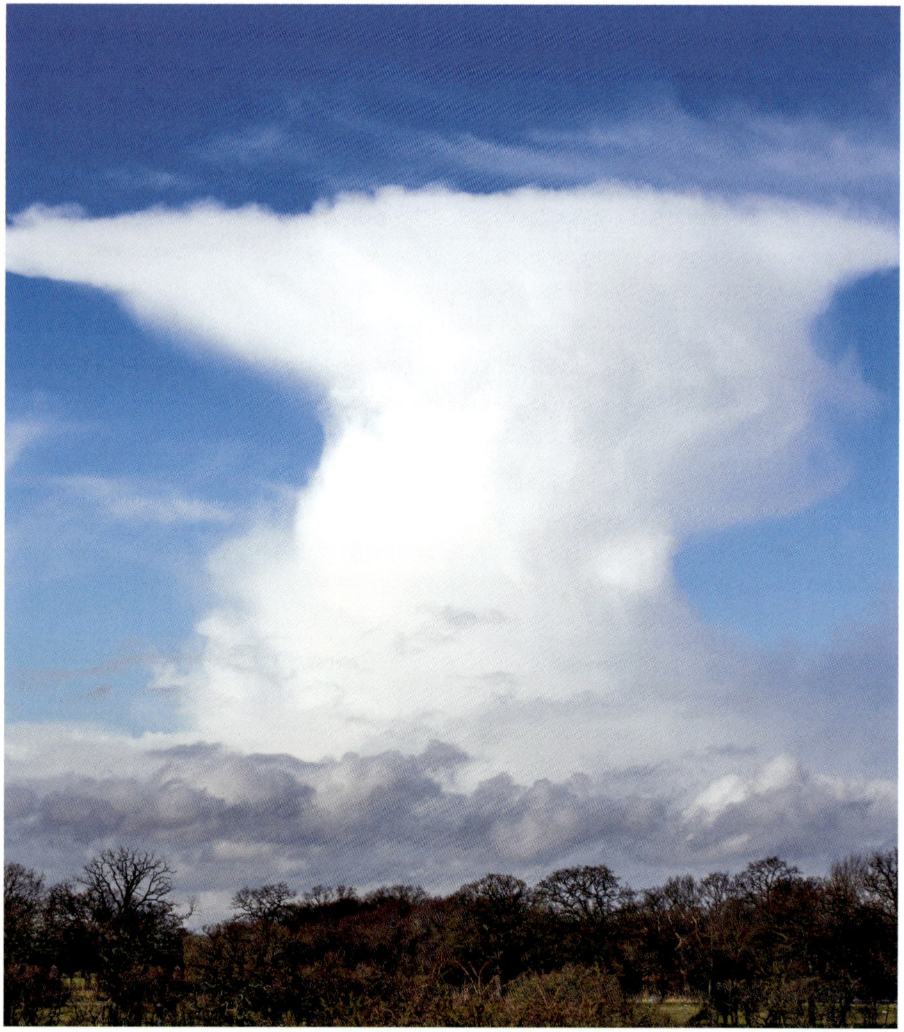

Wolkenformation bildet einen Amboss.

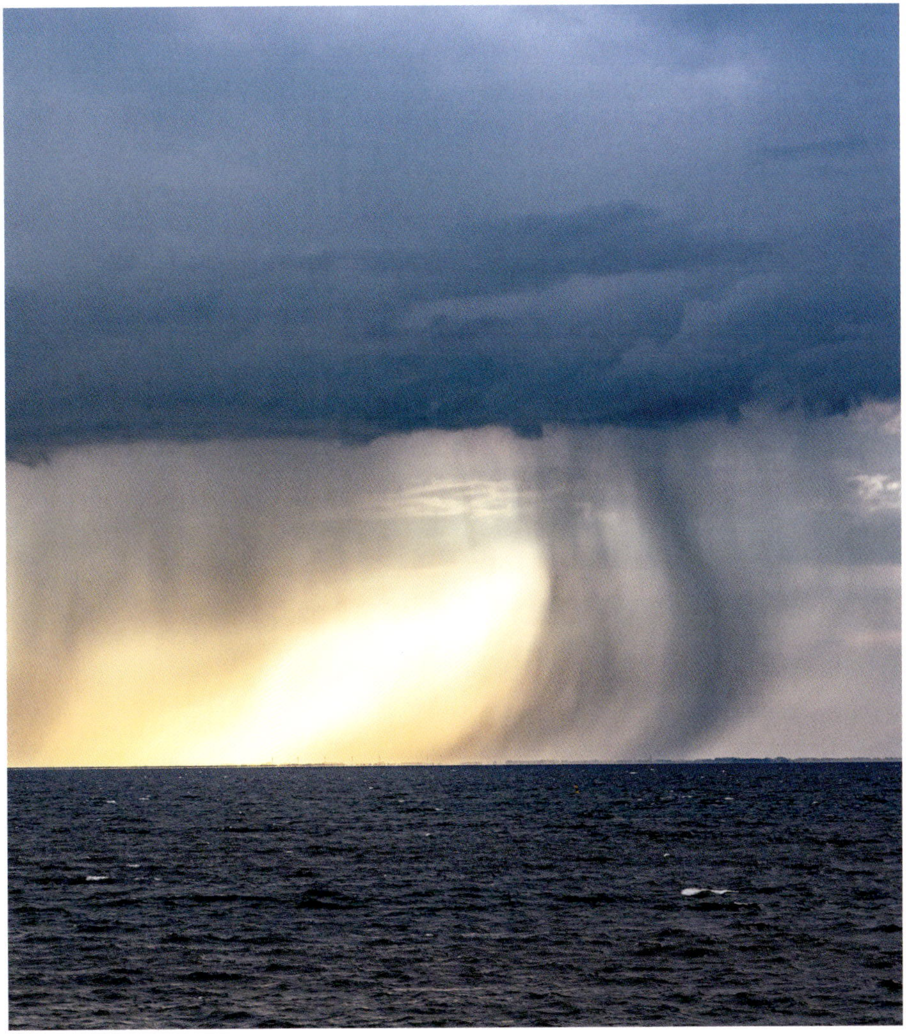

Wenn Meereshorizont und Himmel nicht mehr zu unterscheiden sind, naht eine Regenfront – meist mit heftigen Winden. Sofort an Land und Schutz suchen! Gleiches gilt, wenn sich »Bindfäden« am Horizont zeigen.

Zwischen Meereshorizont und Himmel sind die sogenannten Bindfäden zu erkennen.

GEWITTER

Bei Gewitter raus aus dem Wasser und ab an Land in Sicherheit! Ohne Zögern. Neben Blitzeinschlägen, verursachen Böen große Gefahren, indem sie Äste abbrechen oder Bäume entwurzeln können. Auf dem Meer, langen Flussgeraden und auf Seen ist außerdem mit Wellen(bildung) zu rechnen, die unter Umständen den Weg zurück ans Ufer versperren kann.

Auch auf Flüssen herrscht durch Unwetter unmittelbare Gefahr, da der Wasserstand schnell steigen kann. Das verstärkt die Strömung.

NEBEL

Eine große Gefahr auf dem Wasser ist Nebel. Auf allen Gewässern unseres Planeten kann dieses Phänomen zu jeder Tages- und Jahreszeit auftreten. Wer einmal im Nebel geSUPt ist, weiß, wie schnell man die Orientierung verliert. Aus Sicherheitsgründen sollten Smartphones immer mit an Bord sein, um im Ernstfall per GPS zurück an Land zu finden. Doch auch die Technik kann versagen, daher gern Karte und Kompass mit an Bord nehmen. Zusätzlich sollte immer eine Person an Land Bescheid wissen, wo man hinpaddelt und wann man zurückkommen möchte. Sollte unterwegs etwas passiert sein, dann wird diese Person spätestens dann aufmerksam, wenn der Paddler zur angegebenen Uhrzeit noch nicht zurück ist.

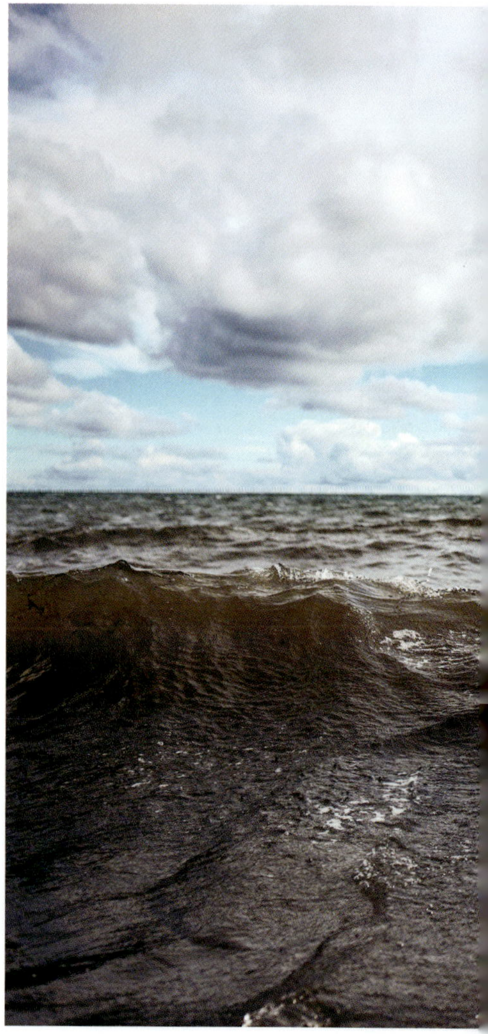

DIE BESTEN WETTER-APPS

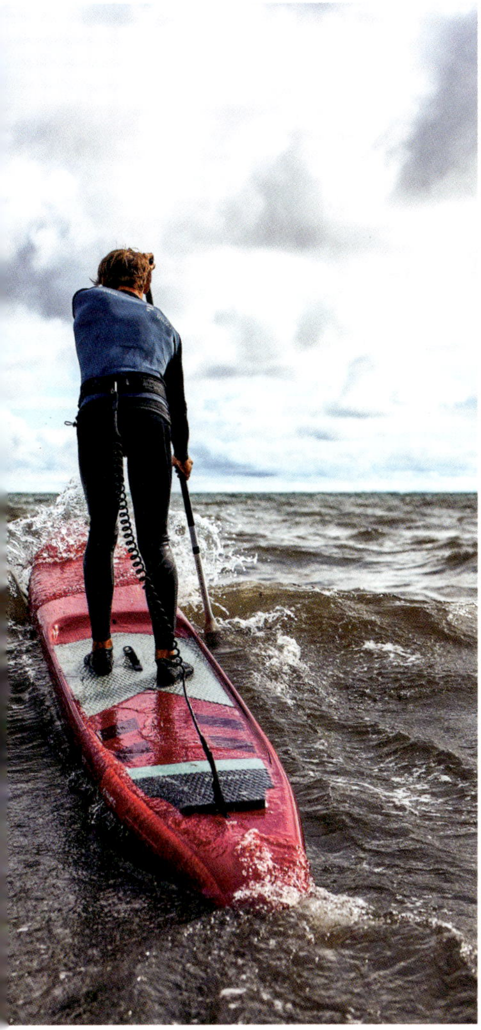

Jeder Wassersportler braucht einen vernünftigen Wetterbericht, bevor er aufs Wasser geht. Hier sind die besten Apps:
Windfinder
Magicseaweed
Windy
Windguru
Seaman.Wetterwelt.de (für Profis)

Wenn diese Apps kein Unwetter voraussagen, kann man getrost raus aufs Wasser gehen. Knifflig ist es auf dem Meer, denn hier entstehen häufig thermische Winde, die von Apps schwer zu berechnen sind. Tagsüber wehen die meisten thermischen Winde auflandig oder zumindest parallel zum Ufer, sodass keine Gefahr besteht, aufs offene Meer getrieben zu werden. Es besteht allerdings sehr wohl die Gefahr, nicht mehr zurück zum Ausgangspunkt zu gelangen. Obwohl der technische Aufwand für unsere Wettervorhersagen gewaltig ist, kommt es zu Fehlprognosen. Wir können davon ausgehen, dass alle Vorhersagen jenseits von 36 Stunden zu 25 Prozent verkehrt sind. Hinzu kommt, dass sich die Wettersituation schon in einer drei Kilometer entfernten Bucht anders entwickeln kann.

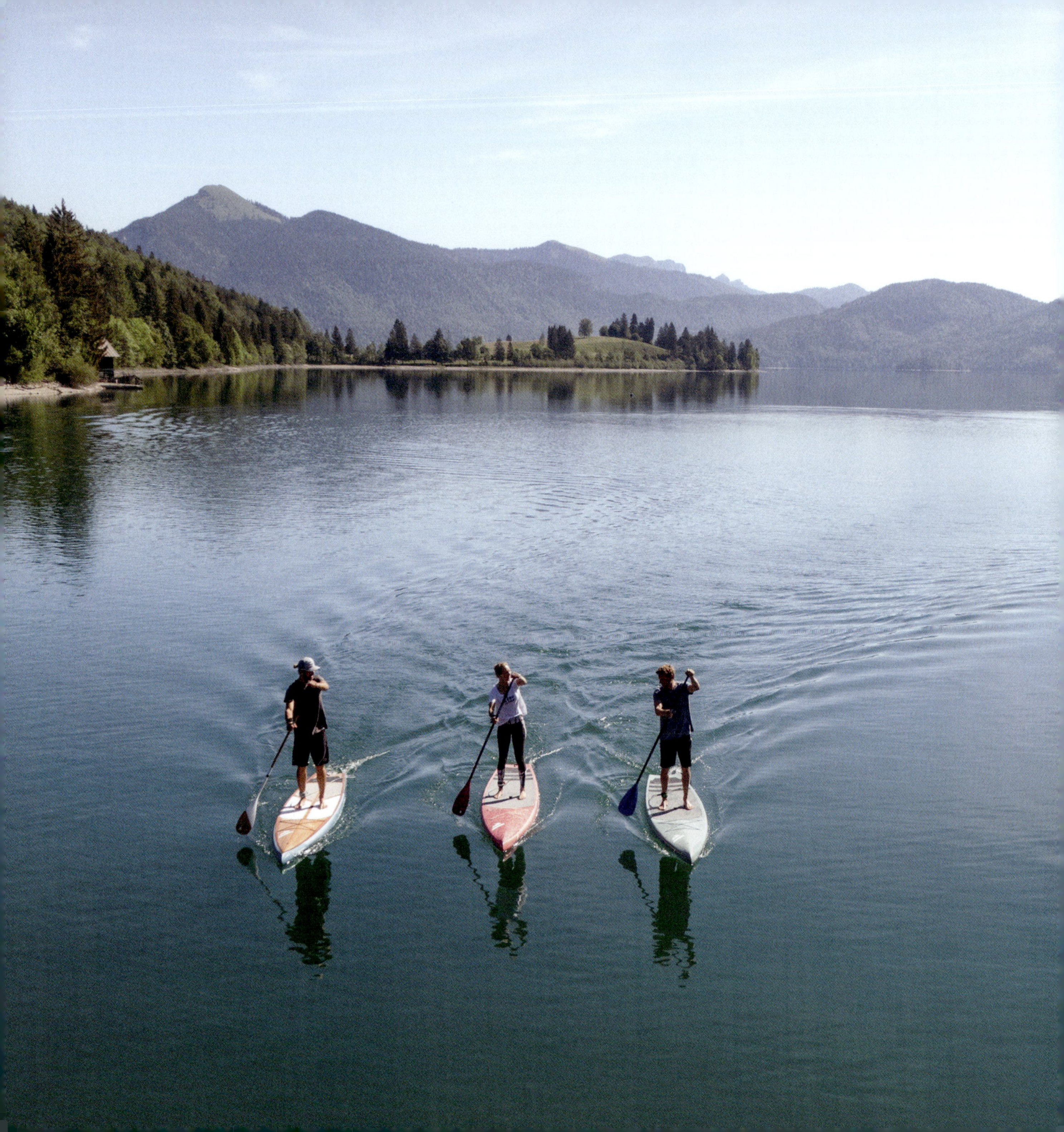

7
WASSER

STRÖMUNGEN IM MEER

Strömungen gehören zu den gefährlichsten Naturerscheinungen überhaupt. Sie werden in den Meeren vor allem von den Gezeiten, also Ebbe und Flut, verursacht. Ufer- und Unterwasserformationen, sowie Wassertemperatur und Salzgehalt können ebenfalls Strömungen beeinflussen.

RIP-TIDES

Wasser, das zum Stand fließt, muss auch wieder abfließen. Daher bilden sich häufig gefährliche Stömungen Richtung Meer, verstärkt durch die Kombination mit dem abfließenden Wasser bei Ebbe – die sogenannten Rip-Tides.

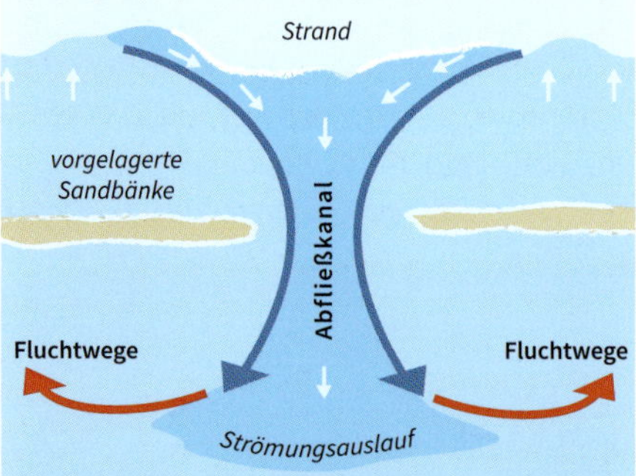

Wer in eine solche Strömung gerät, sollte parallel zum Strand schwimmen (oder paddeln), bis die Strömung nachlässt, um dann zurück ans Ufer zu gelangen.

Jede Meeresbucht besitzt ein Strömungssystem. Bei symmetrischen Buchten strömt das durch Wellen einlaufende Wasser meist in der Mitte wieder ab – es bilden sich die sogenannten Channels, die für Surfer wichtig sind, um hinter die Breakingzone zu gelangen. Häufig haben Buchten aber auch ein kreisförmiges Strömungssystem: das Wasser fließt beispielsweise auf der linken Seite der Bucht raus aufs Meer und kommt rechts wieder zurück. Wer auf einem SUP steht, sollte nicht versuchen, dagegen anzupaddeln, sondern sich von der Strömung treiben lassen, bis diese endet. In Ufernähe wird die Strömung dann parallel zum Ufer verlaufen. Dies ist auch ein wichtiger Tipp für Schwimmer: niemals gegen die Strömung anschwimmen, sondern das Strömungssystem nutzen und ohne großen Kraftaufwand auf der anderen Seite der Bucht wieder zurück an Land kommen.

Nerven und Ruhe bewahren!

STRÖMUNGEN IN FLÜSSEN

Strömungen in Flüssen sind nochmals tückischer, weil es hier Hindernisse gibt, die für unerfahrene Paddler gar nicht als solche auszumachen sind und daher schnell zu lebensbedrohlichen Situationen führen können.

Wer in eine Strömung gerät, sollte auf keinen Fall dagegen anpaddeln. Die Strömung gewinnt IMMER. Daher unbedingt quer zur Strömung paddeln, auch wenn dies bedeutet, dass man nicht an den Ausgangspunkt zurückpaddeln kann und das Brett ein paar Kilometer an Land zurückschleppen muss.

GEZEITEN

Jedes Meer ist den Auswirkungen der Gezeiten – Ebbe und Flut – unterlegen. Das können 30 Zentimetern in der Ostsee sein und bis zu zehn Meter im Atlantik. Als Faustregel lässt sich festhalten, dass eine Gezeit etwa sechseinhalb Stunden dauert. Dies kann aber je nach Gewässer abweichen. Tidenkalender vom deutschen Hydrografischen Institut oder Apps wie *Windfinder* zeigen Hoch- und Niedrigwasser für die meisten Spots an. Bei Neu- und Vollmond steigt das Wasser bei Flut am höchsten. Wer längere Zeit am selben Strand verbracht hat, wird dieses Phänomen schon beobachtet haben, wenn der trockene Liegeplatz vom Vortag am nächsten Tag überflutet wird. Außerdem ändert sich die Höhe des Wassers mit dem Mond.

SUPer sollten Gezeitenströmungen immer im Auge behalten. Gerade zwischen Inseln kann es Strömungen von bis zu 20 km/h geben. Es ist auch möglich, dass sich ein Spot bei Halbmond völlig anders gebärdet als bei Vollmond. Dies gilt insbesondere für Untiefen und Riffe, die bei einer Vollmondflut unter Wasser liegen und dir bei Halbmond den Rückweg versperren.

SPRINGTIDE

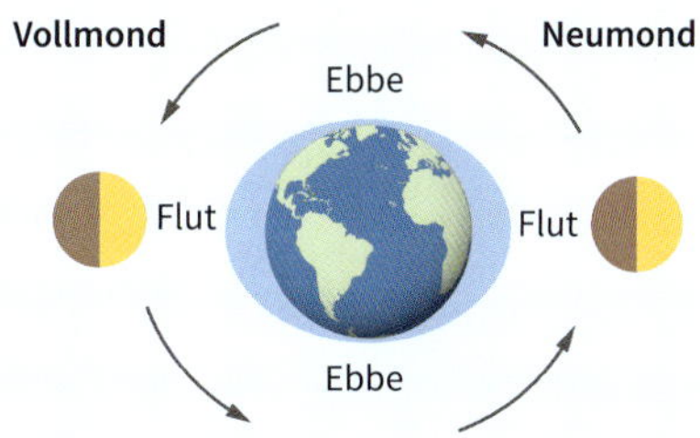

NIPPTIDE

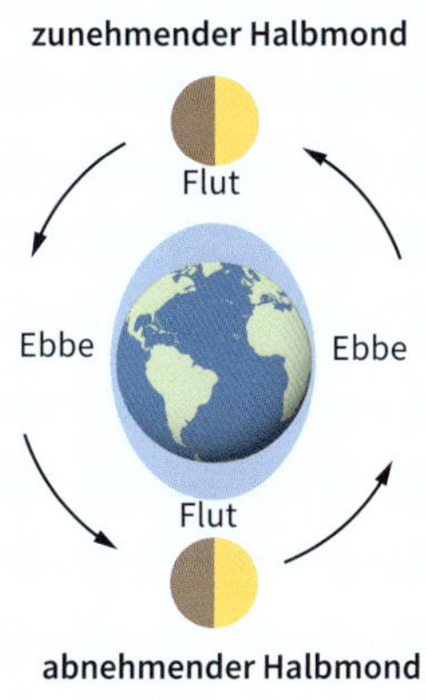

EBBE UND FLUT

Alle Küsten zeigen sich bei Ebbe anders als bei Hochwasser. Wer schon mal auf dem Wattenmeer paddeln war, kennt das Phänomen: morgens wellenumtoste Meeresflächen, mittags Strand soweit das Auge reicht.

Wellen und Strömung verändern mit Ebbe und Flut ihr Erscheinungsbild, ihre Lage und vor allem ihre Kraft. Je nach Revier sind die Wellen bei Ebbe, Flut oder Mid Tide, also genau dazwischen, am stärksten. Bei Niedrigwasserstand liegt die Brandungszone weiter Richtung Meer, und die Strömungen sind meist stärker. Bei Hochwasser brechen die Wellen näher an Land und können heftig und kurz sein. Hierfür sind die Mondphasen verantwortlich – bei Voll- und Neumond steigt die Flut am höchsten, bei Halbmond sind Ebbe und Flut am gemäßigsten.

PROFITIPP

Auf allen Meeren unseres Planeten herrschen Ebbe und Flut! Wer hier paddeln will, muss sich nach der Küstenbeschaffenheit erkundigen, unbedingt den Gezeitenkalender einholen und die speziellen Auswirkungen von Ebbe und Flut auf das Revier überprüfen.

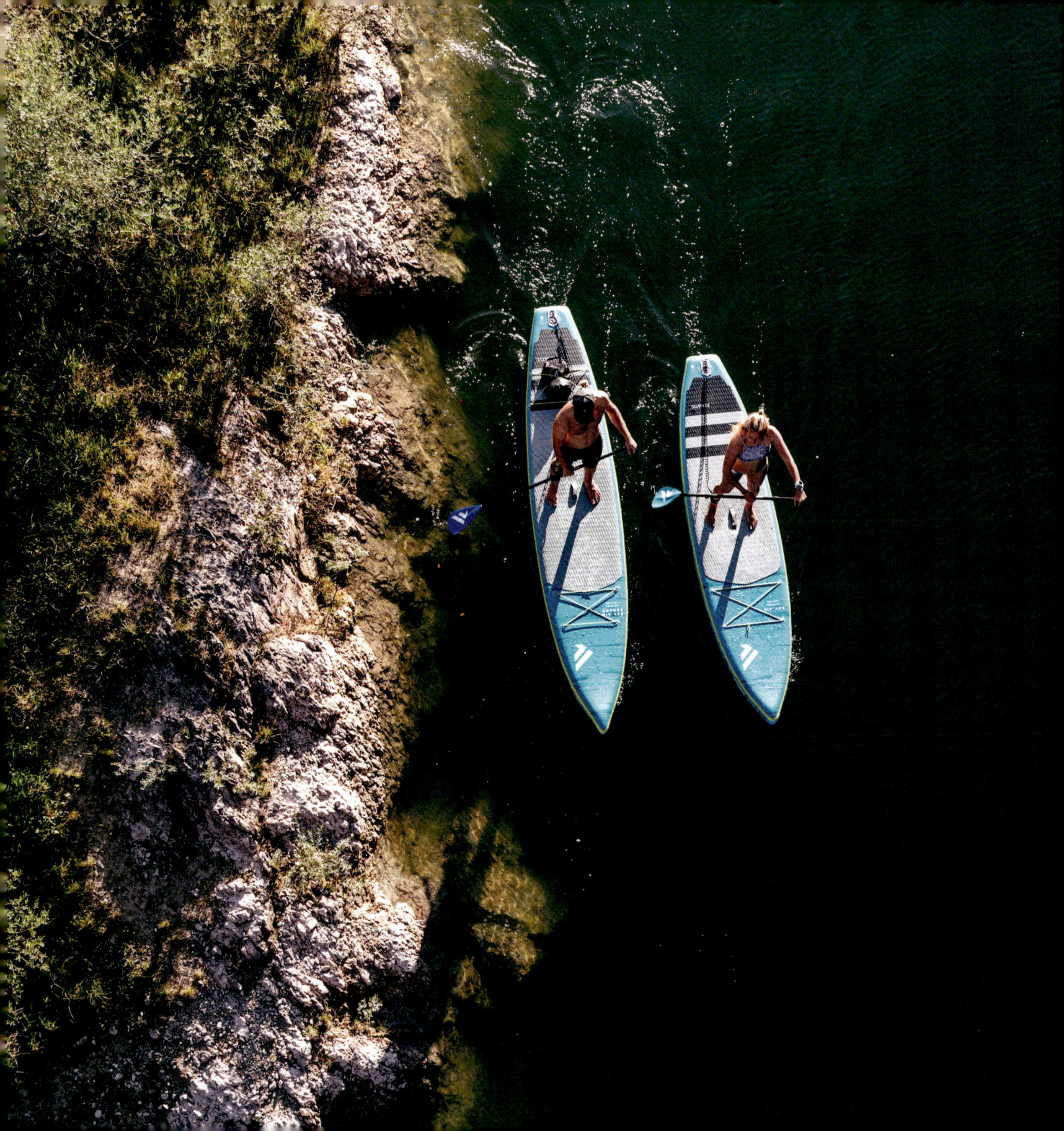

8
TECHNIK FÜR EINSTEIGERINNEN UND EINSTEIGER

DER EINFACHE WEG INS WASSER

Wie konnte es bis vor zehn Jahren eine Welt ohne SUPs geben? Die unschlagbaren Vorteile einer solchen Sportart liegen so klar auf der Hand, und doch hat niemand sein altes Surfbrett aus dem Schuppen geholt, ein Paddel zusammengezimmert und die Gewässer dieser Welt erkundet. Und jetzt wissen alle, die schon mal auf dem SUP standen haben: SUPen macht glücklich. Es ist ein bisschen, als würden wir auf dem Wasser gehen …

Beginner sollten bei ruhigem Wasser bei möglichst wenig Wind, Welle und Strömung anfangen. Bevor es ins Wasser geht, noch kurz vorab die notwendigen Handgriffe. Die Paddellänge stellst du so ein, dass das Paddel einen knappen Kopf länger ist als dein Körper – für den Anfang als grobe Faustregel.

Für die Griffbreite gibt es eine andere einfache Faustregel: breite deine Arme zur Seite aus und knicke die Unterarme nach oben im 90-Gradwinkel ab. Jetzt nimmst du das Paddel über den Kopf, hältst es am Knauf fest und schaust, wo die andere Hand den Schaft greift. Schon hast du die ideale Griffbreite.

Finde die optimale Paddelhaltung für den Einstieg.

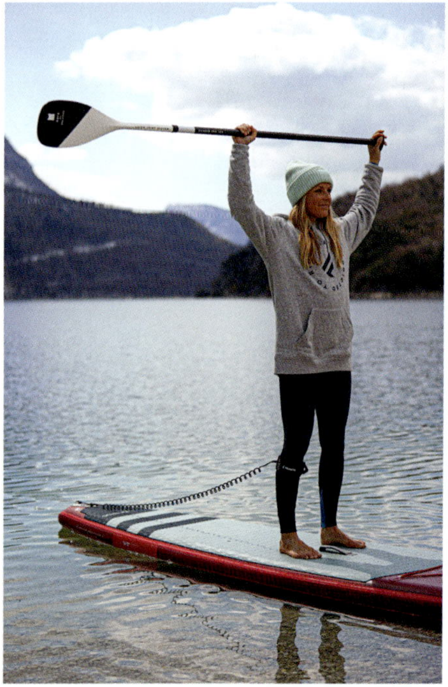

DAS SUP INS WASSER SETZEN

Einsteiger vergessen beim Wassern manchmal, dass die Finne ungefähr 25 Zentimeter ins Wasser ragt und daher leicht aufsetzt. Deshalb ist es je nach Uferbefestigung sinnvoll, das Heck mit der Finne zuerst ins Wasser zu legen, um nicht hängen zu blieben. Anschließend kniest du dich auf die Mitte des Bretts und stößt dich vorsichtig mit dem Fuß oder dem Paddel vom Ufer ab.

Am besten von der Seite aufsteigen und das Paddel wie einen Balancierstab quer vor dich legen.

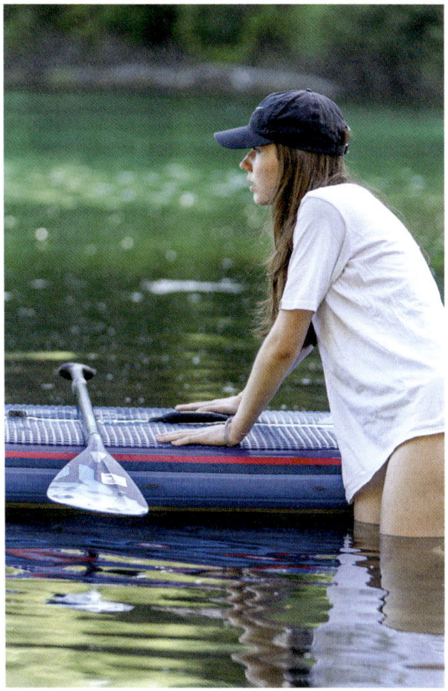

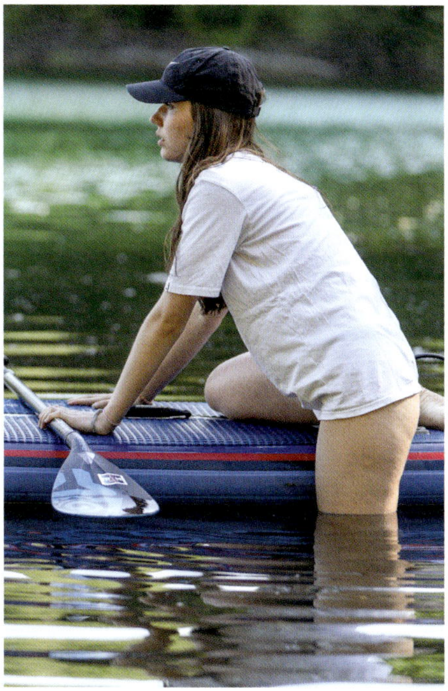

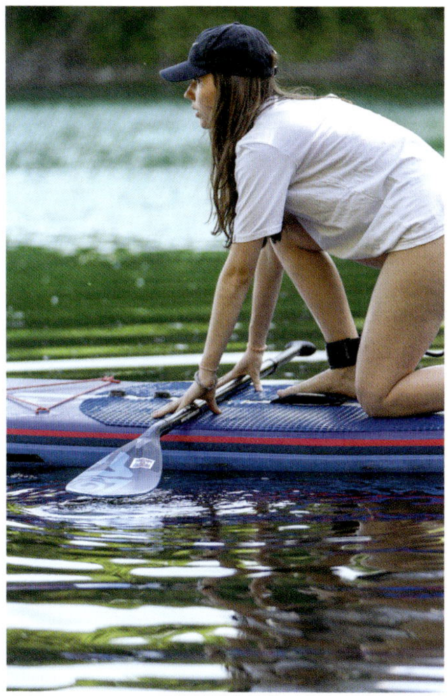

PADDELN IM KNIEN

Schon nach den ersten Minuten weicht bei den meisten das Gefühl der Unsicherheit und Stabilität gewinnt die Oberhand.

Wer noch nie auf einem Brett gestanden hat, sollte im Knien beginnen, die Knie hüftbreit auseinander. Somit ist der Schwerpunkt weiter unten und das Gleichgewicht ist leichter zu halten. In dieser Position sollte das Paddel nicht am Ende gegriffen werden, sondern eher mittig, um die Schultern zu schonen.

Das Paddeln im Knien kommt auch bei Fortgeschrittenen häufig vor, bei Gegenwind beispielsweise, wenn ein Fortkommen in aufrechter Position nicht mehr möglich ist. Daher ist es wichtig, diese Technik von Anfang an korrekt zu lernen.

Am besten fängst du im Knien an. Dies ist auch später sinnvoll, wenn das Wasser kabbelig ist. Aber auch bei Stromschnellen und in flachem Wasser, ist es im Knien leichter.

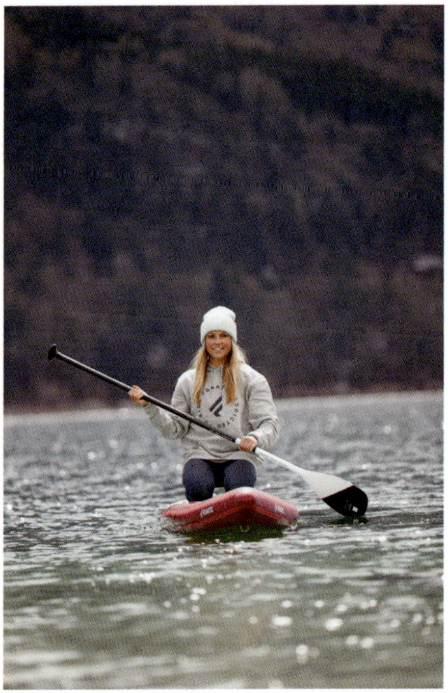

Beim SUPen werden neben den großen Muskeln vor allem die kleinen beansprucht, da der gesamte Körper für das Gleichgewicht auf dem Wasser sorgt. Der Sport ist außerdem gelenkschonend, da weder gesprungen noch gerannt wird. SUPen eignet sich daher für Menschen aller Altersklassen.

DAS RICHTIGE AUFSTEHEN

Wer sich in dieser Position irgendwann sicher fühlt, kann sich langsam aufrichten. Die Arme werden nach vorn aufs Brett gestützt, das Paddel liegt dabei quer zum Brett unter den Handflächen. Du kommst automatisch in die Position des Vierfüßlerstandes. Die Mitte des Boards befindet sich fast immer in Höhe des Tragegriffs. Versuche nun, deine Füße nacheinander links und rechts vom Tragegriff aufzustellen. Beginne dich aufzurichten, indem du erst den Hintern aufrichtest und dann langsam ins Stehen kommst – siehe Bilderfolge. Beine hüftbreit, Knie leicht gebeugt, das Paddel in den Händen, langsames Gewöhnen an dieses neue Gefühl der »Kippeligkeit«.

PROFITIPP

Schau immer dorthin, wo du ankommen möchtest oder ein zwei Boardlängen voraus auf das Wasser. Schon wird das Kippeln weniger.

Ein Bein nach dem anderen, und das Paddel als Balancierstab benutzen.

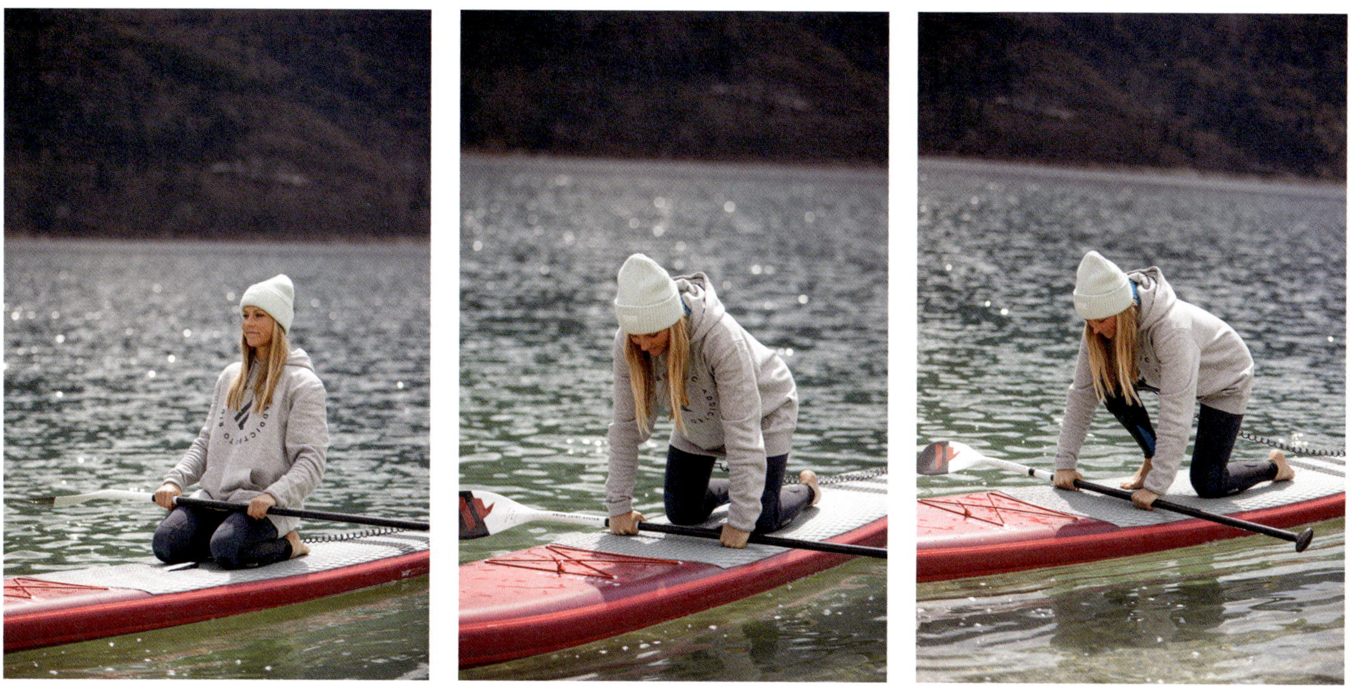

Anfangs ist es sinnvoll, die Knie tief zu beugen, um den Schwerpunkt nach unten zu verlagern und somit einen besseren Halt zu gewinnen. Sobald ein Gefühl der Stabilität eintritt, beginnst du zu paddeln.

Langsam aufrichten, Füße parallel, und ein Gefühl fürs Wasser bekommen.

Ganz langsam, einen Schlag nach dem nächsten. Beim Seitenwechsel nicht vergessen, dass auf der linken Seite die rechte Hand oben ist und umgekehrt. Einige Anfänger paddeln auf beiden Seiten mit derselben Hand oben – das sieht nicht nur falsch aus, sondern fühlt sich auch so an. Aber in der Aufgeregtheit am Anfang merken das viele nicht und wundern sich, warum sie auf einer Seite so schlecht vorankommen. Je schneller wir paddeln, desto häufiger können wir Paddelschläge auf einer Seite ausführen. Es ist ähnlich wie beim Radfahren: höheres Tempo sorgt für mehr Stabilität. Zusätzlich lässt sich sagen, je länger das Brett, desto spurstabiler ist es.

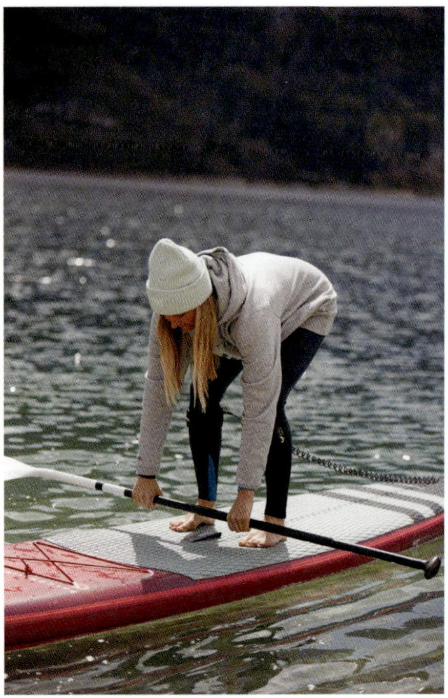

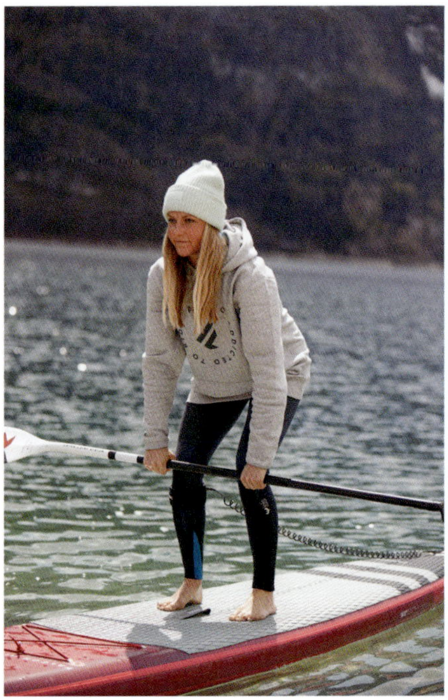

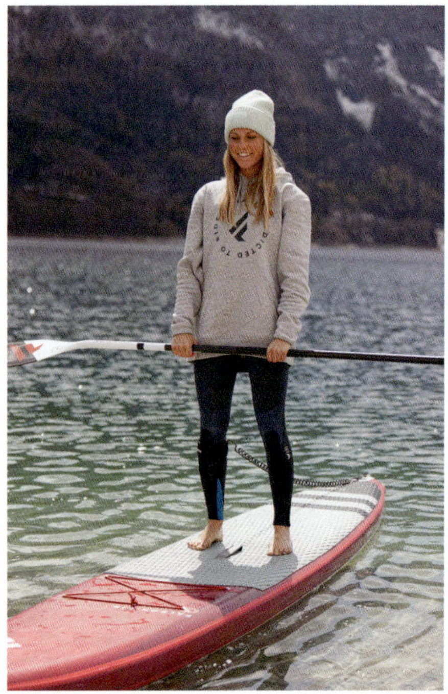

Am besten fängst du im Flachwasser an, idealerweise ohne Wind und Welle. Wenn du einen sicheren Stand auf dem Brett hast, solltest du von Anfang an die richtige Technik anwenden: Lass den oberen Arm immer gestreckt, während der untere Teil des Paddels in Form einer Elypse vor- und zurückläuft – ähnlich wie bei den Rädern einer Dampflock. Beim Einstechen bilden beide Arme und der Paddelschaft idealerweise ein Dreieck.

Es gibt Menschen, die bei jedem Paddelschlag in die Knie gehen. Das ist nicht nötig und vergeudet Energie (sieht auch seltsam aus). Mache es lieber wie ein Playmobilmännchen: beuge dich mit dem Oberkörper nach vorn, lege dein Gewicht aufs Paddel und richte dich beim Nachhintenziehen langsam auf. Stell dir vor, das Paddel sei fest im Wasser verankert, und du schiebst dich mit dem Board daran vorbei. Wenn du magst, beuge das Bein leicht auf der Seite ein, auf der du gerade paddelst. Das andere bleibt leicht gestreckt.

ZURÜCK AUFS BRETT NACH EINEM STURZ

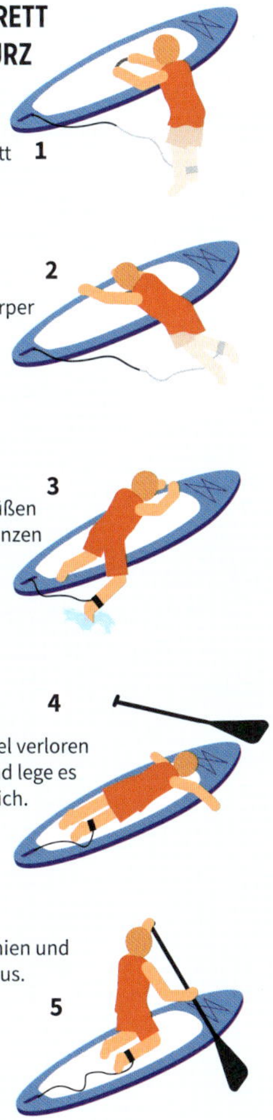

1 Nähere dich dem Brett von der Seite. Greife den Tragegriff.

2 Ziehe deinen Oberkörper aufs Brett.

3 Strampele mit den Füßen und bringe deinen ganzen Körper aufs Brett.

4 Solltest du das Paddel verloren haben, hole es dir und lege es quer aufs Brett vor dich.

5 Starte zentriert im Knien und balanciere dich gut aus. Stehe dann auf.

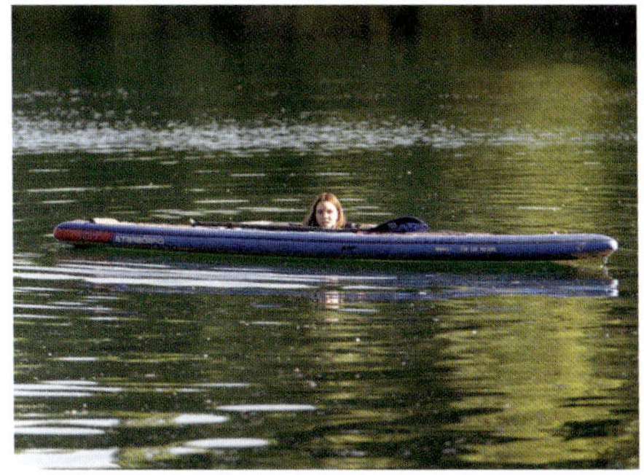

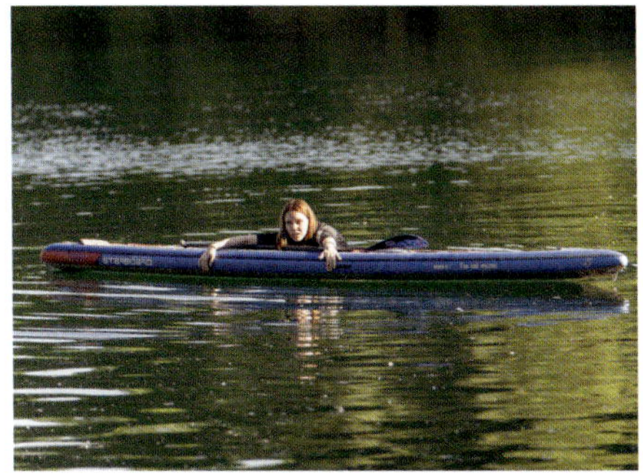

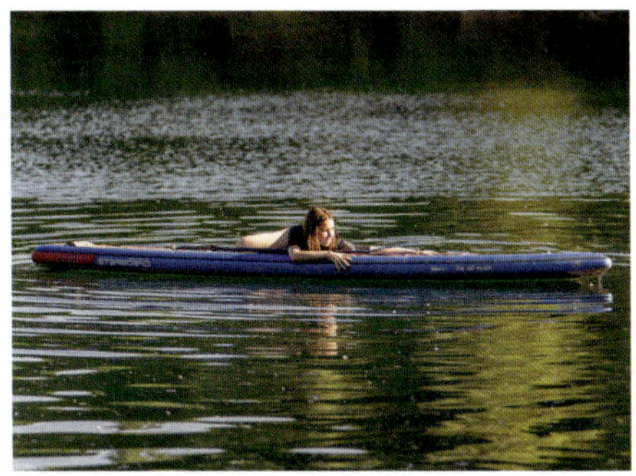

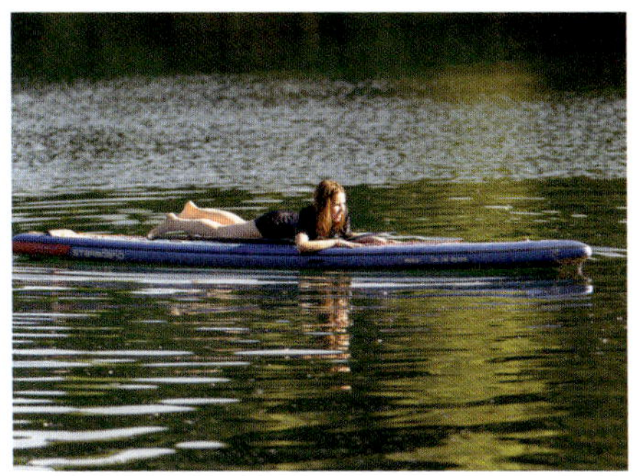

VIER TIPPS FÜR DEN ANFANG

1

BEGINNE IM KNIEN UND RICHTE DICH ERST AUF, WENN DU DICH SICHER FÜHLST.

2

SCHAUE BEIM PADDELN NICHT AUF DIE FÜSSE, SONDERN NACH VORN.

3

HALTE DIE ABGEKNICKTE SEITE DES PADDELS VON DIR WEG.

4

WENN DU REINFÄLLST, KLETTERE ÜBER DIE MITTE DES BRETTS ZURÜCK AN BORD – UND NICHT VON HINTEN ODER VORN. MACH DIR DAS LEBEN LEICHT!

Das Paddel ist dein Motor. Wer richtig Tempo machen will, sticht das Paddel so weit vorn wie möglich ins Wasser und zieht es auf Höhe der Beine wieder heraus. Wenn du dies in einem hohen Rhythmus machst, also mindestens ein Schlag pro Sekunde, machst du schnell sechs, sieben oder acht Kilometer pro Stunde. Diese Art des SUPens ist aber auch extrem anstrengend. Je weiter unten der untere Arm am Paddel greift, desto mehr Zugkraft kannst du entwickeln. Versuche, möglichst weit Richtung Bug einzustechen, um möglichst effiziente Züge zu machen. Wasserspritzen vermeiden, denn das kostet Energie. Das Gleiche gilt für das Brett. Je weniger du wackelst, desto weniger Widerstand bietest du dem Wasser.

Wer es lieber ruhig angehen lässt, macht lange, gleichmäßige Züge und kommt so auch mit guten fünf Kilometern pro Stunde voran und dabei kaum ins Schwitzen.

PADDELN GEGEN DEN WIND

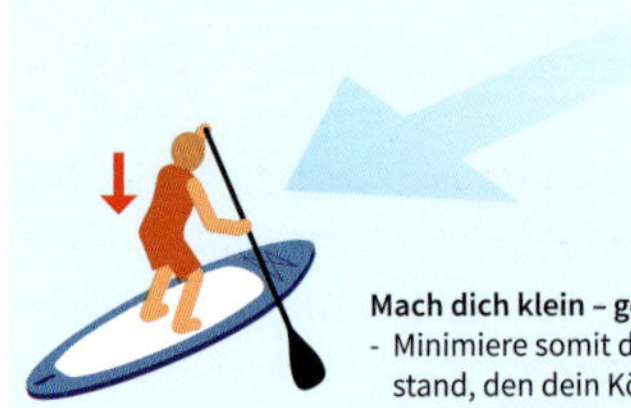

Mach dich klein – geh in die Hocke.
- Minimiere somit den Windwiderstand, den dein Körper bildet.
- Wenn nötig, gehe auf die Knie, um noch weniger Windwiderstand zu bieten.

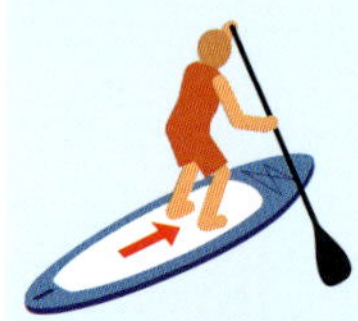

Stelle dich mehr Richtung Brettspitze.
- Drücke damit die Nase deines Bretts tiefer ins Wasser.
- Wenn die Brettnase nach oben schaut, bietet sie erheblichen Windwiderstand.

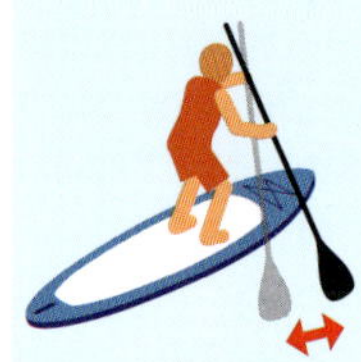

Erhöhe deine Schlagzahl.
- Verkürze deine Paddelschläge.
- Greife das Paddel unterhalb des Griffs am Paddelschaft.

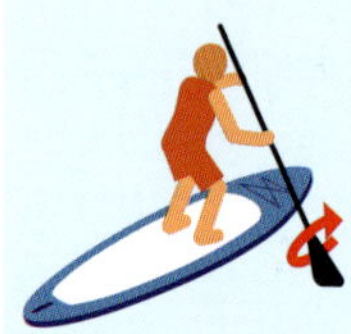

Paddel in den Wind drehen.
- Drehe das Paddel beim Vorholen so in den Wind, dass es weniger Windwiderstand leistet.
- Gehe mit den Händen weiter in Richtung Paddelschaft.

DIE RICHTIGE PADDELHALTUNG

Wie bereits bei »Der einfache Weg ins Wasser« beschrieben, kannst du die für dich optimale Paddelhaltung schnell über eine Faustregel ermitteln.

Eine Hand greift an den Griff, die andere wird am Schaft so platziert, dass beide Arme einen rechten Winkel bilden. Natürlich kann die Schafthand auch variieren. Je weiter sie unten angreift, desto mehr Zugkraft entwickelst du beim Paddeln.

PADDELTIPPS

1 Bauchmuskeln anspannen.
2 Bei Wind und Welle Leash tragen.
3 Bewege deine Arme kreisförmig, so als wären sie die Speichen eines Rades.
4 Der obere Arm ist immer gestreckt.
5 Beuge leicht die Knie.

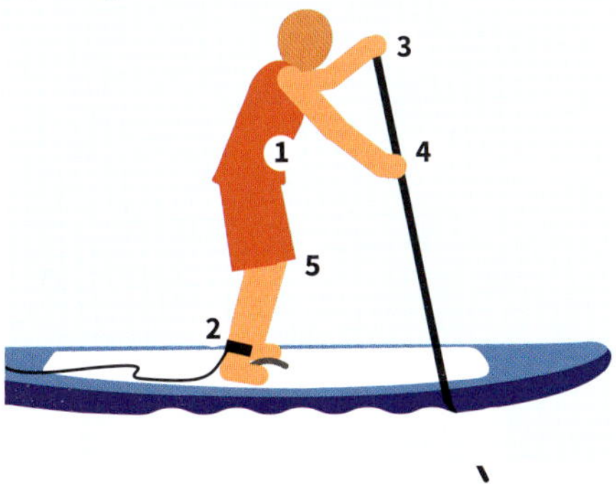

PADDEL KORREKT EINSTECHEN

Ein klassischer Anfängerfehler ist die falsche Paddelhaltung: die meisten Paddel haben ein leicht abgeknicktes Blatt, also die Fläche, die durchs Wasser pflügt. Da dem Wasser möglichst viel Angriffsfläche geboten werden soll, stichst du das Paddel mit der nach vorn gerichteten Seite ins Wasser, also den Knick von dir weg – auch wenn das für viele anscheinend falsch aussieht. Nur mit möglichst viel Wasserverdrängung wird von Anfang an genügend Energie ins Vorwärtskommen investiert.

Genau so wird das Paddel ins Wasser geführt. Der Knick zeigt nach vorn. Somit generierst du mehr Wasserverdrängung. Auch wenn zehn Einsteiger neben dir das Paddel andersherum halten, ist dies die richtige Position!

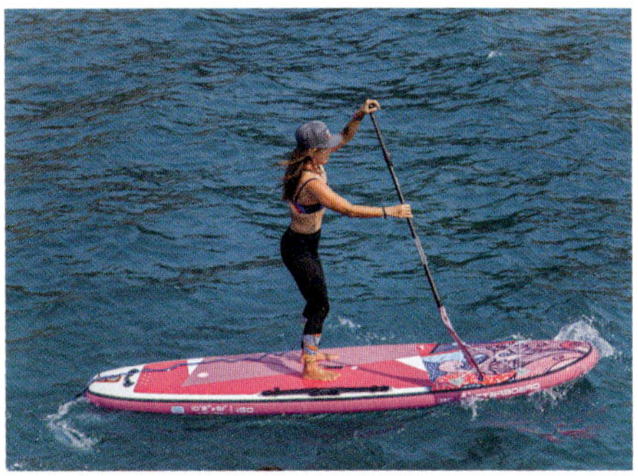

ARMHALTUNG

Die Arme bleiben während des Paddelns gestreckt, die Ellbogen steif. Gewöhne dir diese Haltung von Anfang an richtig an. Sie sorgt für mehr Stabilität und weniger Kraftverlust. Arme und Paddel bilden ein Dreieck.

Der Stand Up Paddler hat die Arme gestreckt wie Speichen eines Rades, die Kraft kommt aus dem Rumpf. Das spart Energie und nutzt das Körpergewicht für mehr Vortrieb.

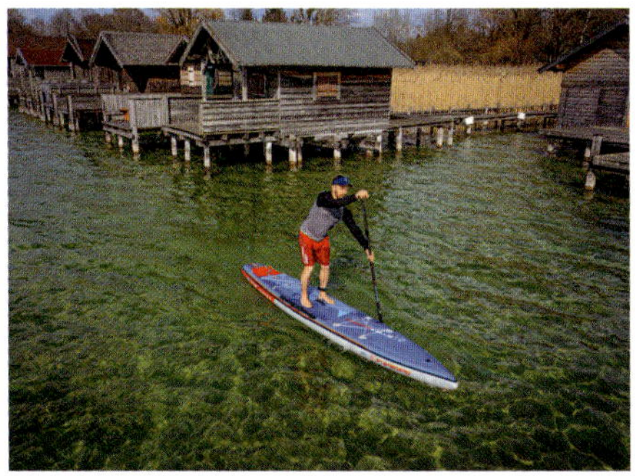

PADDELBEWEGUNG

Die Paddelbewegung wird in vier Phasen eingeteilt:

1

CATCH

das Paddel wird möglichst weit vorn mit gestreckten Armen eingesetzt.

2

POWER-PHASE

du ziehst das Paddel parallel zum Brett kraftvoll nach hinten. Das gesamte Blatt ist dabei im Wasser, das Paddel sollte so senkrecht wie möglich gehalten werden.

3

EXIT

du führst das Paddel auf Höhe der Beine aus dem Wasser.

4

RECOVERY

du führst das Paddel wieder nach vorn. Bei Gegenwind solltest du das Paddel ein wenig zur Seite drehen, damit es parallel zum Board ausgerichtet ist und weniger Widerstand leistet.

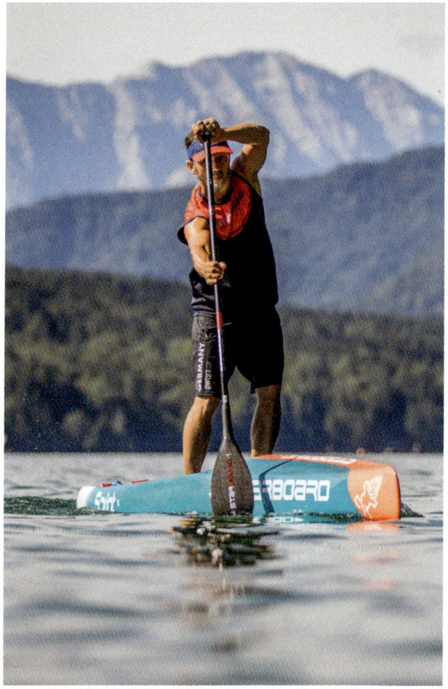

CATCH
Paddel einstechen.

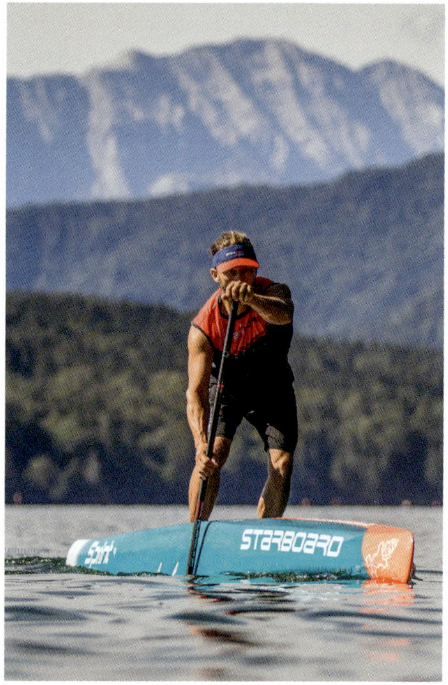

POWER-PHASE
hier wird die Kraft übertragen.

Während der gesamten Bewegung bleibt das Paddel an einer Stelle, und das Brett wird am Paddel vorbeigezogen, vergleichbar mit dem Stockeinsatz beim Skilaufen.

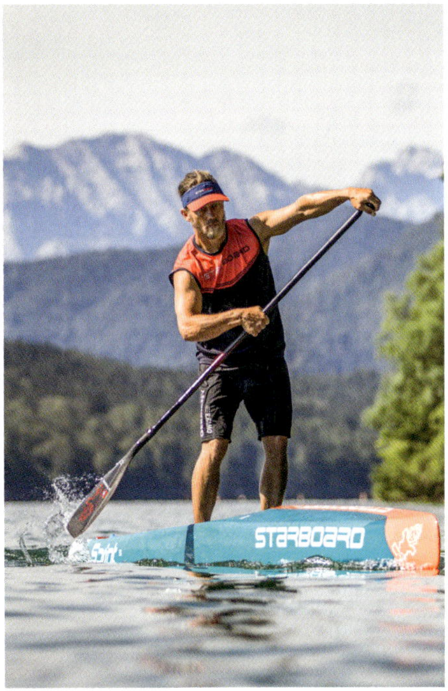

EXIT
das Paddel aus dem Wasser nehmen.

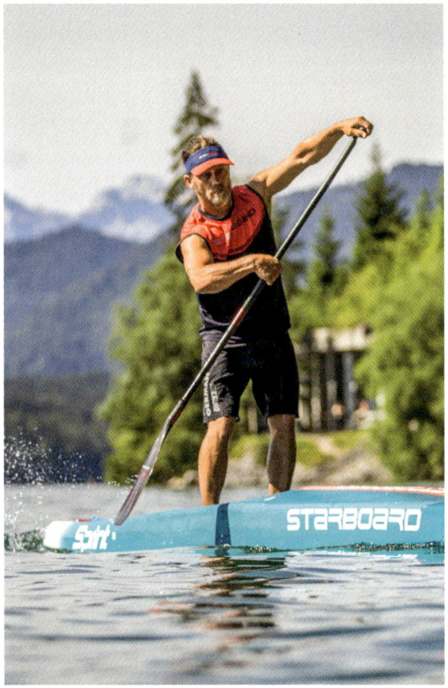

RECOVERY
das Paddel nach vorn zurückführen.

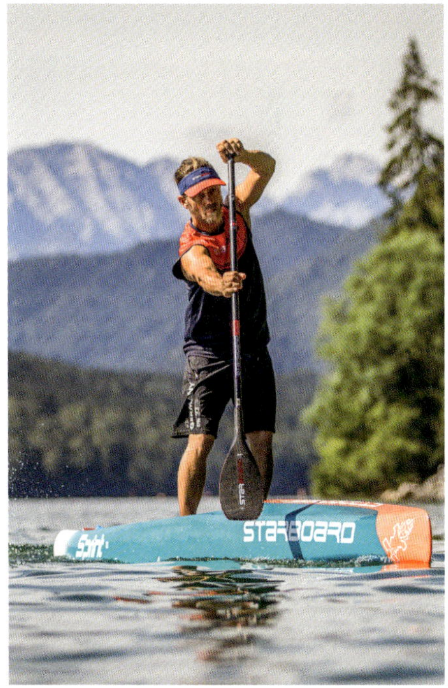

Der nächste Catch.

PADDELTECHNIK

Die richtige Technik gibt es nicht – erst recht nicht in einer so neuen Sportart wie dem SUPen. Dieses Buch zeigt dir, welche Techniken sich etabliert haben, am meisten Spaß versprechen und zum Erfolg führen.

Sobald du stehst, stich einfach auf der Seite ins Wasser, die dein Körper automatisch vorschlägt. Dann wechsele die Seite und versuche Fahrt aufzunehmen. Um geradeaus zu paddeln, musst du immer wieder die Seite wechseln. Greife dein Paddel ganz oben am Griff, die Hand wird auch Griffhand genannt. Die andere Hand, die Schafthand, greift das Paddel ungefähr in der Mitte. Wie du die für dich perfekte Paddelhaltung ermittelst, ist zu Beginn des Kapitels erklärt. Je weiter unten die Schafthand das Paddel greift, desto stärker ist die Hebelkraft aufs Wasser.

Von jetzt an probierst du aus, wie viele Schläge du auf einer Seite machen musst, um geradeaus zu fahren. Dies hängt vor allem von der Länge des Bretts und deiner Technik ab. Aber auch Seitenwind kann dafür sorgen, dass du länger auf einer Seite paddeln musst als auf der anderen.

DER BASIS-PADDELSCHLAG (BASIC STROKE)

Der wichtigste und häufigste Schlag – der Basisschlag: das Paddel rotiert im Kreis – wie der Stangenantrieb bei einer Dampflock. Du tauchst das Blatt möglichst weit vorn ins Wasser (Catch), Arme gestreckt, Hüfte leicht gebeugt. Dann ziehst du das Paddel in der Zugphase (Power-Phase) nahe der Boardwand nach hinten (Drag), holst es hinter deinem Körper wieder aus dem Wasser (Exit) und führst es nach vorn (Recovery), um erneut einzustechen.

DER VORWÄRTSSCHLAG

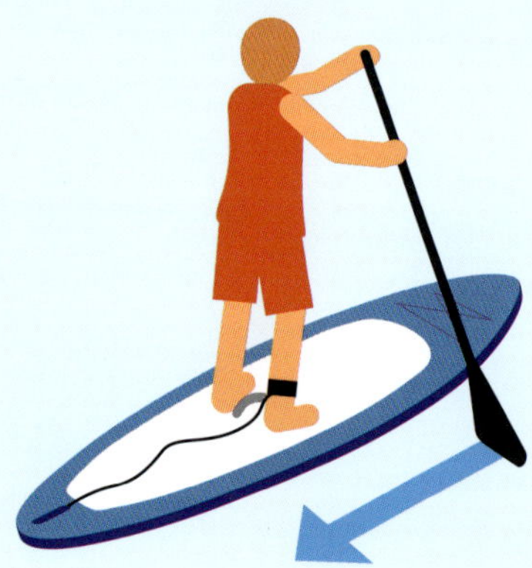

PROFITIPP

Gute Paddeltechnik kann man am Geräusch erkennen. Je leiser, desto besser!

PROFITIPP

Einer der Hauptanfängerfehler ist das falsche Eintauchen des Paddelblattes. Korrekterweise zeigt das Paddelblatt mit dem Blattwinkel nämlich nach vorn. Das abgeknickte Ende taucht also vom Körper weg ins Wasser ein, um möglichst viel Wasser zu verdrängen. Wie beim Turmspringen ist es von Vorteil, wenn beim Eintauchen möglichst wenig Wasser spritzt, da du auf diese Weise weniger Energie verschwendest.

Wer das Gleichgewicht verliert, kann das Paddel als Stütze benutzen – die Paddelstütze. Hierbei legst du das Blatt möglichst flach aufs Wasser und nutzt seinen Widerstand als seitliche Kippstabilität. Diese Technik ist vor allem beim Wave-SUPen wichtig, wenn du bei unruhigem Wasser auf Wellen warten. Sie wird natürlich auch in Wildwasser und Kabbelwasser angewandt.

WIE STEHEN MEINE FÜSSE RICHTIG?

Die richtige Standposition auf dem Brett entscheidet, ob dieser Sport Spaß macht oder nicht. Denn wer falsch steht, wird nie ins Gleichgewicht kommen. Grundsätzlich gibt es drei verschiedene Fußstellungen beim SUPen, den Parallel-Stand, den Surf-Stand (Surf Stance) und den parallelen Surf-Stand.

DER PARALLEL-STAND

Anfänger sollten immer im Parallel-Stand SUPen – also beide Füße links und rechts vom Tragegriff positionieren, die Fußstellung möglichst schulterbreit und parallel zur Außenkante des Bretts, Zehenspitzen zeigen also nach vorn. Je weiter die Füße auseinanderstehen, desto stabiler stehst du. Aber Vorsicht: nicht zu weit nach außen, sonst rutschst du vom Brett. Fortgeschrittene stellen sich, je nach Wind und Welle, weiter nach vorn oder nach hinten aufs Brett. Bei Rückenwind mit kleinen Wellen ist es sinnvoll, ein bisschen nach vorn zu gehen, damit sich das Heck des Bretts leicht anhebt, die Wellen unters Brett greifen und dieses im Idealfall zum Gleiten bringen können. Bei höheren Wellen und stärkerem Rückenwind, stellt man sich besser ein bisschen nach hinten, damit die Nase des Bretts nicht ins Wasser taucht und dich abbremst – oder abwirft.

DER SURF-STAND

Der echte Surf-Stand, im Englischen Surf Stance, bei dem beide Füße auf der Längsachse des Boards stehen, wird nur beim SUP-Surfen gebraucht.

Bei dieser Position geht es vor allem darum, das Körpergewicht schnell Richtung Bug oder Heck verlagern zu können. Gerade in der Welle ist dies entscheidend. Die Fußposition orientiert sich also an der Längsachse des Bretts. Bei Gewichtsverlagerung kann man im Surf-Stand besser in die Kurve gehen. Die meisten Flachwasserpaddler werden diese Position allerdings nie benötigen, da das seitliche Kippen schlechter ausgeglichen werden kann.

Erfahrenere Paddler nutzen den Surf-Stand, um enge Manöver paddeln zu können, wenn sie beispielsweise um eine Boje herumpaddeln möchten – siehe auch Offside-Turn.

Wer mit seinem Brett in die Welle oder auf Flüsse mit viel Strömung geht, wird auf jeden Fall im Surf-Stand stehen, um besser mit den eher unberechenbaren Bedingungen umgehen zu können. Welches Bein nach hinten kommt, findest du ganz einfach heraus, indem du auf Socken auf Parkettboden schlidderst und schaust, welcher Fuß naturgemäß vorn und welcher hinten ist. Ist der linke Fuß vorn, spricht man von regular, ist rechts vorn von goofy. Fortgeschrittene SUPer nutzen diesen Stand auch, um auf einer Seite zu stehen und zu paddeln.

In der Welle geht es vor allem um die richtige Kippstabilität nach vorn und hinten. Daher Surf Stance anwenden!

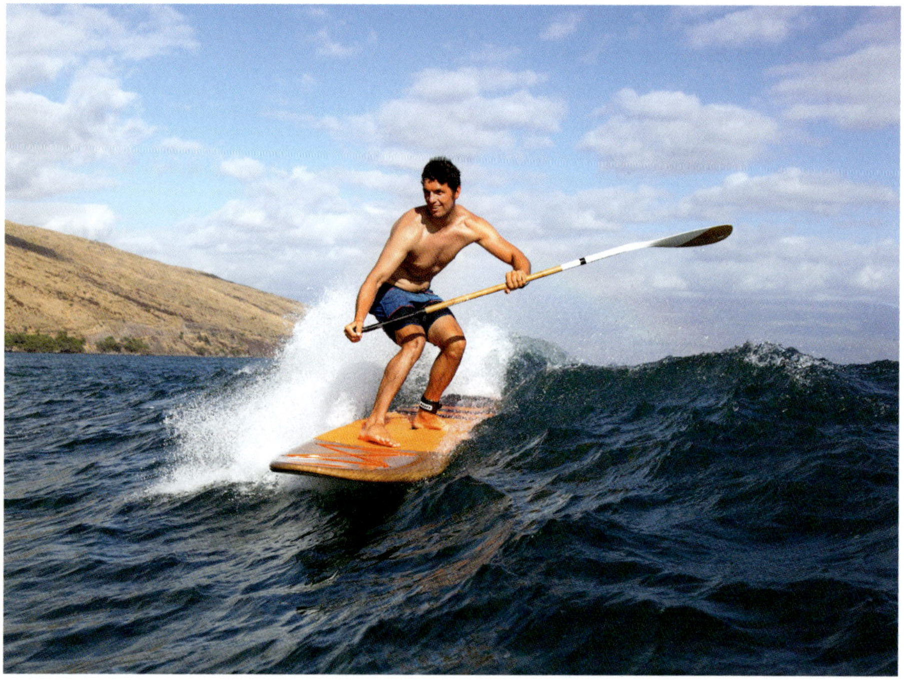

DER PARALLEL-SURF-STAND

Der Parallel-Surf-Stand, im Englischen Parallel Surf Stance, ist eine Mischung aus den vorangegangenen Standpositionen, bei dem die Füße nicht mehr parallel, aber auch noch nicht ganz auf der Längsachse stehen. Für diesen Schritt gibt es (noch) keinen besseren Fachbegriff.

Beide Füße stehen dabei außerhalb der Längsachse, einer links, einer rechts. Körper und hinterer Fuß sind dabei ca. 30 bis 45 Grad zur Fahrtrichtung gedreht. Der Parallel-Surf-Stand bietet den Vorteil, dass das Board über alle Achsen gut stabilisiert wird. Auch die Paddelstütze kann so leichter angewendet werden als aus dem Parallel-Stand. Ebenso kannst du aus dem Parallel-Surf-Stand deinen Körperschwerpunkt schneller nach unten bringen, was für zusätzliche Stabilität sorgt. Nachteil: Beim Seitenwechsel des Paddels muss auch die Fußposition gewechselt werden.

DER PARALLEL-SURF-STANCE: MISCHUNG AUS PARALLEL- UND SURF-STAND

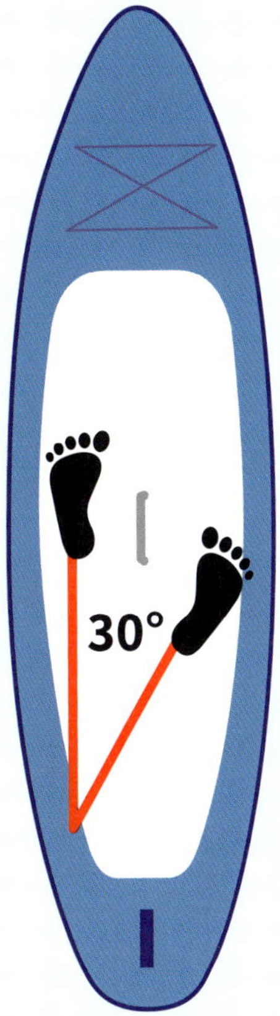

Vorteile:

Erhöht die Stabilität.
Dieser Stand gibt dir mehr Halt zu beiden Seiten, nach vorn und nach hinten.

Beschleunigt deinen Weg in die Welle.
Er minimiert den Schritt in den Surf Stance, sobald du in der Welle bist.

Erhöht deine Stabilität im Weißwasser.
Dieser Stand gibt dir den nötigen Halt beim Rauspaddeln gegen die Wellen.

DER STOPPSCHLAG

Wenn der Anfang geschafft ist und du inzwischen gut vorwärts kommst, dann kommt der Moment, an dem du wenden oder aufstoppen möchtest. Hierfür dient der Stoppschlag. Er bremst das Brett und dreht es zur Seite. Beim Stoppschlag tauchst du das Paddel neben dir ins Wasser und ziehst es nach vorn. Dabei gehst du in die Knie und paddelst mit aller Kraft rückwärts, wobei die Bewegung des Paddelblattes gering ist. Je tiefer du in die Knie gehst, desto größer ist die Wirkung.

Wenn du diesen Schlag besonders kräftig ausführst oder wiederholst, drehst du somit auch das Brett. Stoppst du also auf der rechten Seite auf, dreht das Brett auch in diese Richtung.

DER STOPPSCHLAG, UM DEIN BRETT AUFZUSTOPPEN

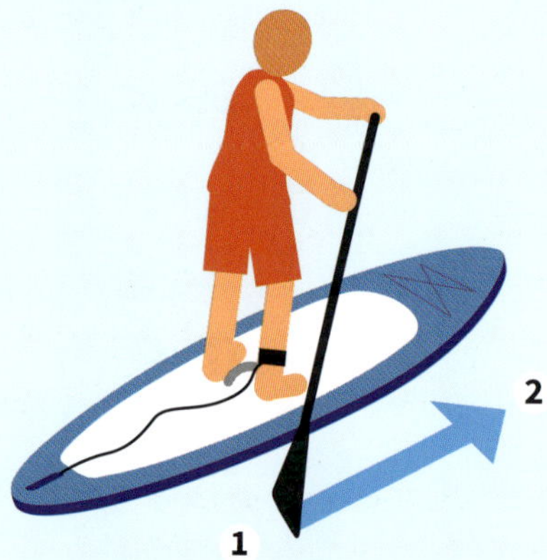

1 Steche dein Paddel so weit wie möglich hinter deinen Füßen ins Wasser.

2 Drück dein Paddel dann kraftvoll Richtung Boardspitze.

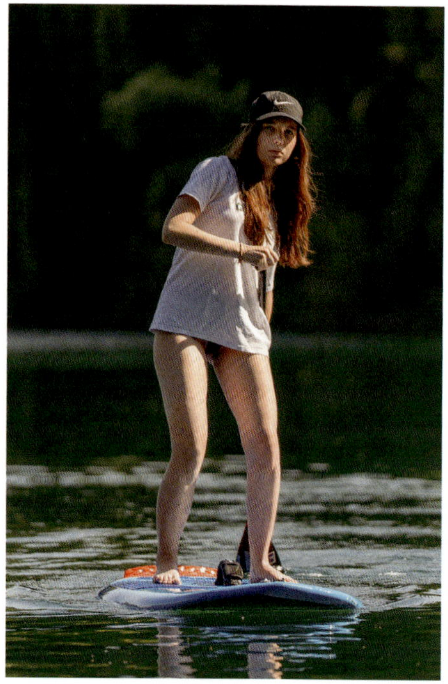

Stich das Paddelblatt auf Höhe deiner Füße (oder noch besser dahinter) ins Wasser.

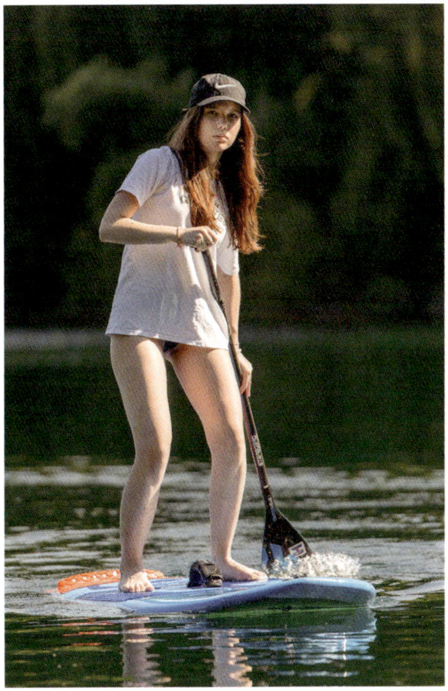

Strecke den unteren Arm durch, sobald das Blatt eingetaucht ist.

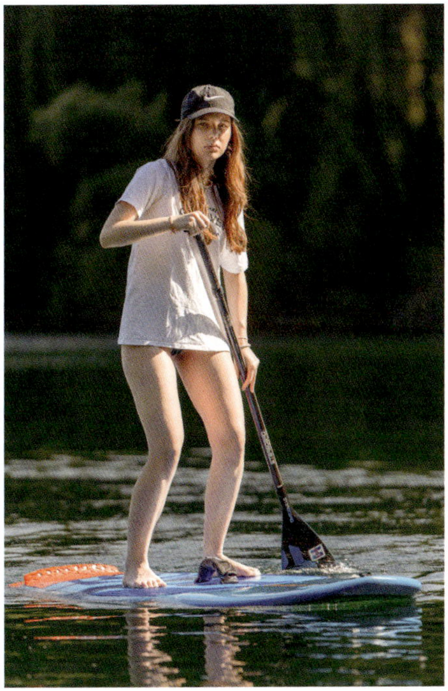

Drücke das Paddel parallel zum Board nach vorn, Richtung Bug.

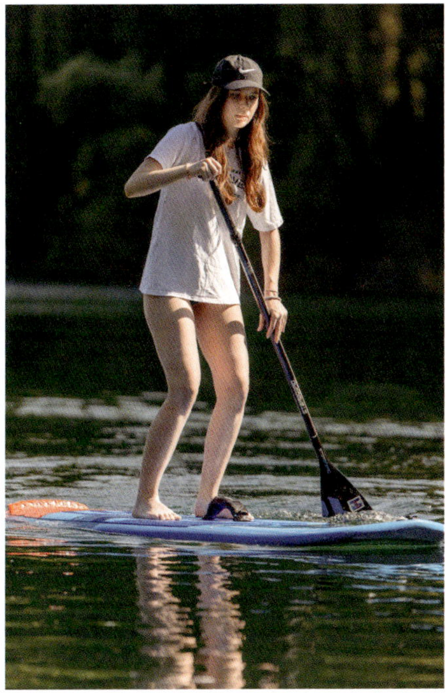

Führe den Schlag soweit aus, bis dein Board keine Fahrt mehr nach vorn macht oder weit genug gedreht hat.

DER BOGENSCHLAG

Mit diesem Schlag kann der Kurs korrigiert werden, ohne die Seite wechseln zu müssen.

Dabei tauchst du das Paddelblatt vorn am Brett ein und führst es in einem Bogen nach außen um dich herum bis zum Heck. Beim Bogenschlag solltest du beide Arme gestreckt lassen. Ein angewinkelter oberer Arm führt bei Einsteigern oft dazu, dass der Schlag ungewollt zu einem Basisschlag verkommt und keine Kurskorrektur des Bretts erzeugt. Machst du einen Bogenschlag auf der rechen Seite, dreht das Board nach links und umgekehrt. Das Brett entfernt sich also vom Paddel. Am Anfang wirst du sicherlich mehrere Schläge benötigen, um das Brett um 180 Grad zu drehen. Diesen Schlag können wir natürlich auch rückwärts vollführen, was aber nur in der Welle und im Wildwasser Sinn hat.

Wie gut das Board dreht, hängt auch von dessen Länge, der Größe der Finne und deiner Position auf dem Board ab. Faustregel: Je länger das Board und je größer die Finne, desto schlechter dreht es. Je weiter du hinten stehst, desto besser dreht das Board, je weiter vorn desto schlechter.

PROFITIPP
Lass beide Arme gerade und visiere mit den Augen die Stelle an, zu der du das Brett drehen möchtest. Dann klappt es meist von ganz von allein und ohne großes Nachdenken.

DER BOGENSCHLAG, FÜRS LEICHTE WENDEN

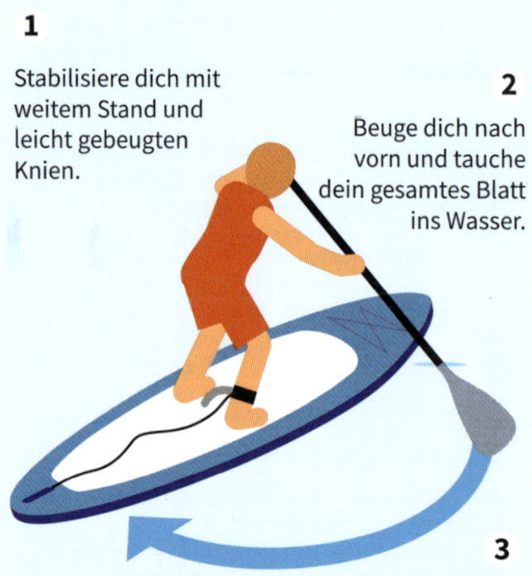

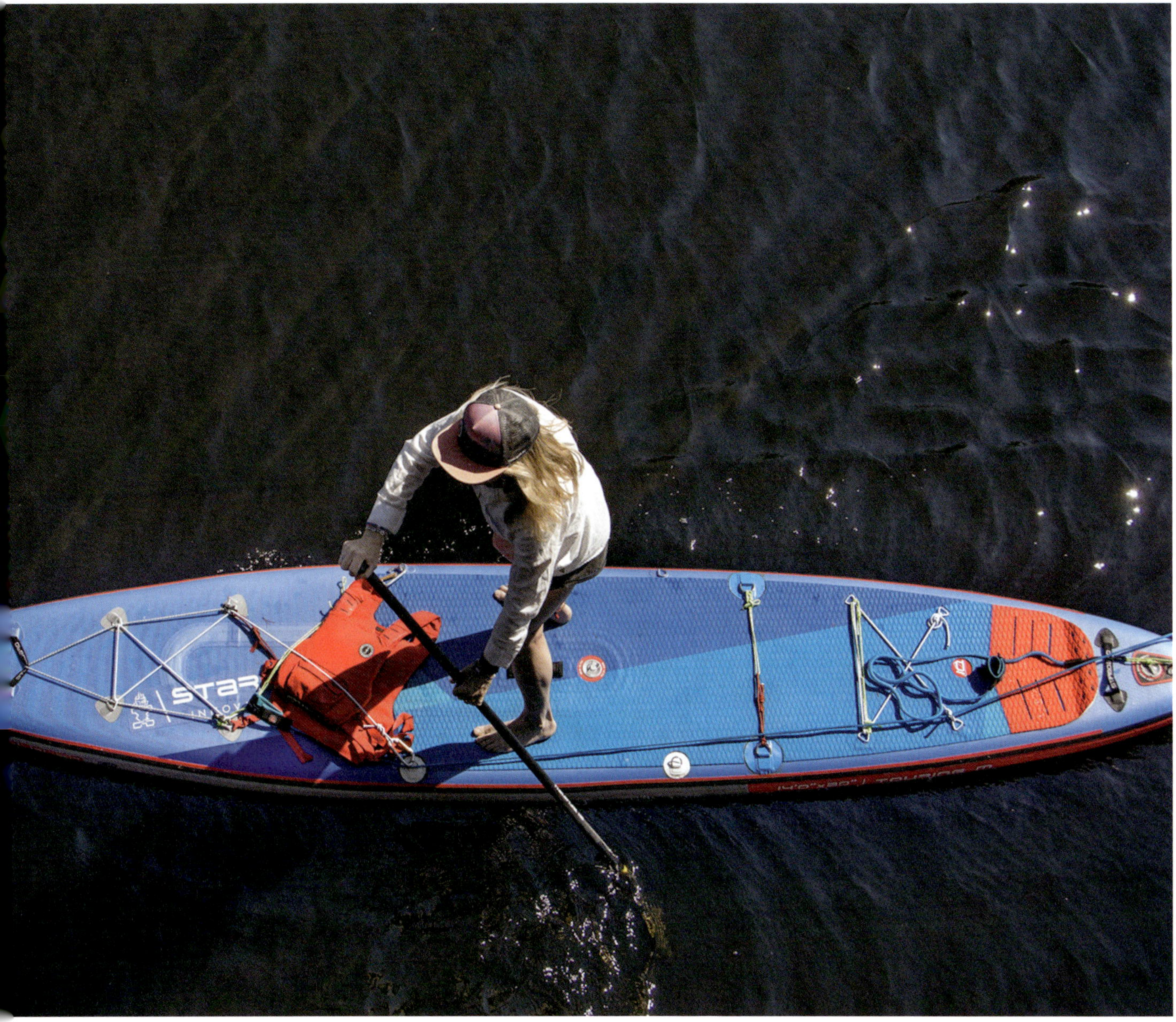

DER ZIEHSCHLAG

Mit diesem Schlag können wir unser Board Richtung Paddel ziehen, was beispielsweise beim Anlegen Sinn machen kann. Dafür muss das Paddelblatt parallel und mit möglichst großem Abstand zum Brett ins Wasser gestochen und gleichmäßig Richtung Board gezogen werden. Der Ziehschlag wird seitlich vom Board durchgeführt. Das Brett bewegt sich zur Paddelseite.

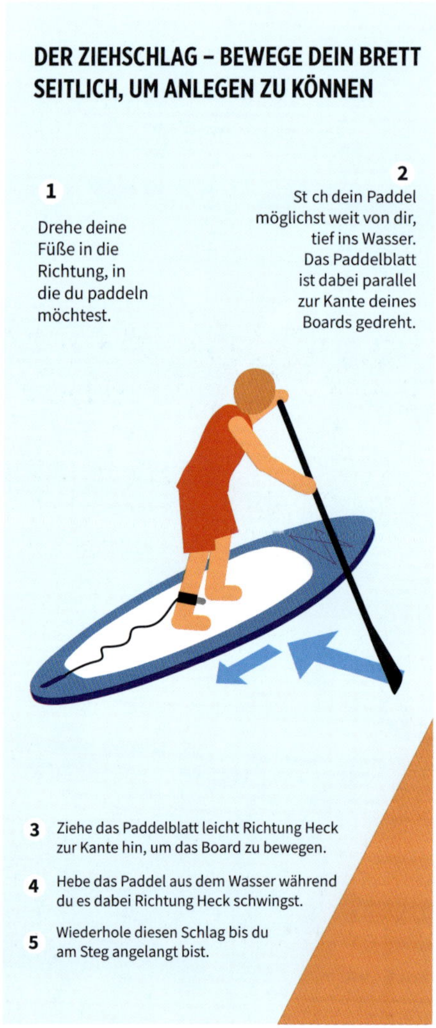

DER ONE SIDE STROKE

Der One Side Stroke ist der wichtigste Schlag neben dem Basisschlag, denn er erlaubt uns, möglichst geradeaus zu fahren, ohne die Paddelseite zu wechseln. Er ist eine Kombination aus Basisschlag und Ziehschlag. Gerade in engen Kanälen und in der Welle ist diese Technik sinnvoll. Die Technik ist auch bekannt als J-Schlag oder C-Schlag . Du beginnst den Catch mit einem seitlich vor dem Bug angesetzten Ziehschlag, der dann in der Power-Phase in einen Basisschlag übergeht. Wichtig ist das Drehen des Paddelblatts nach innen, um möglichst viel Zug aufs Blatt zu

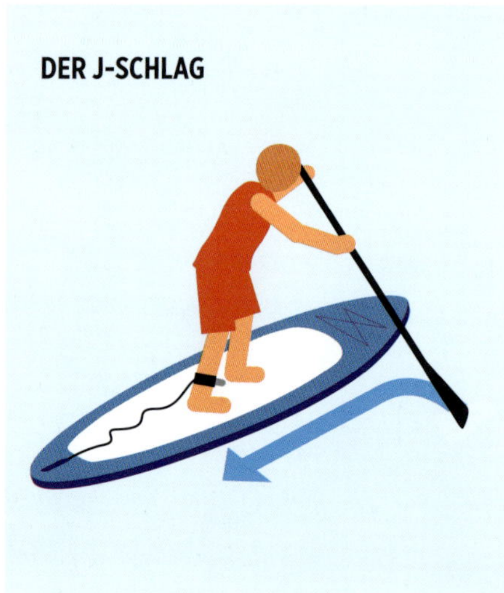

bringen und die Brettnase Richtung Paddel ziehen zu können. So kannst du quasi vorab dem Drehimpuls des Basisschlags entgegenwirken. Sobald das Paddel dann seitlich vom Brett nach hinten geführt wird, drehst du auch das Paddelblatt nach hinten. Von oben betrachtet, sieht der Schlag dann aus wie ein auf dem Kopf stehendes J.

PADDELN AUF DEM BAUCH

Gerade in der Welle ist es praktisch, auf dem Bauch zu paddeln – ganz wie die Wellensurfer. Bei unruhigem Wasser und heftigen Winden kommt man häufig gar nicht anders voran. Dabei legt man sich auf das Paddelblatt, wobei der Schaft nach vorn oben guckt. In dieser Position spürt man das Paddel praktisch nicht.

Die Ungeübten werden schnell feststellen, wie hart es ist, auf dem Bauch mit den Armen zu paddeln.

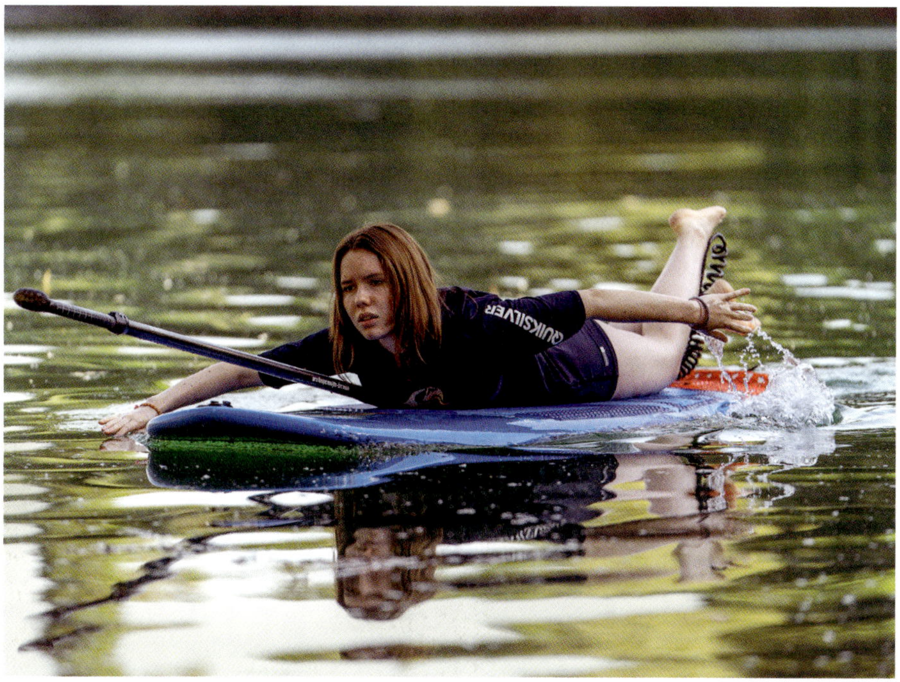

Im Liegen paddeln: Paddelblatt unter die Brust legen, sodass der Schaft nach oben zeigt.

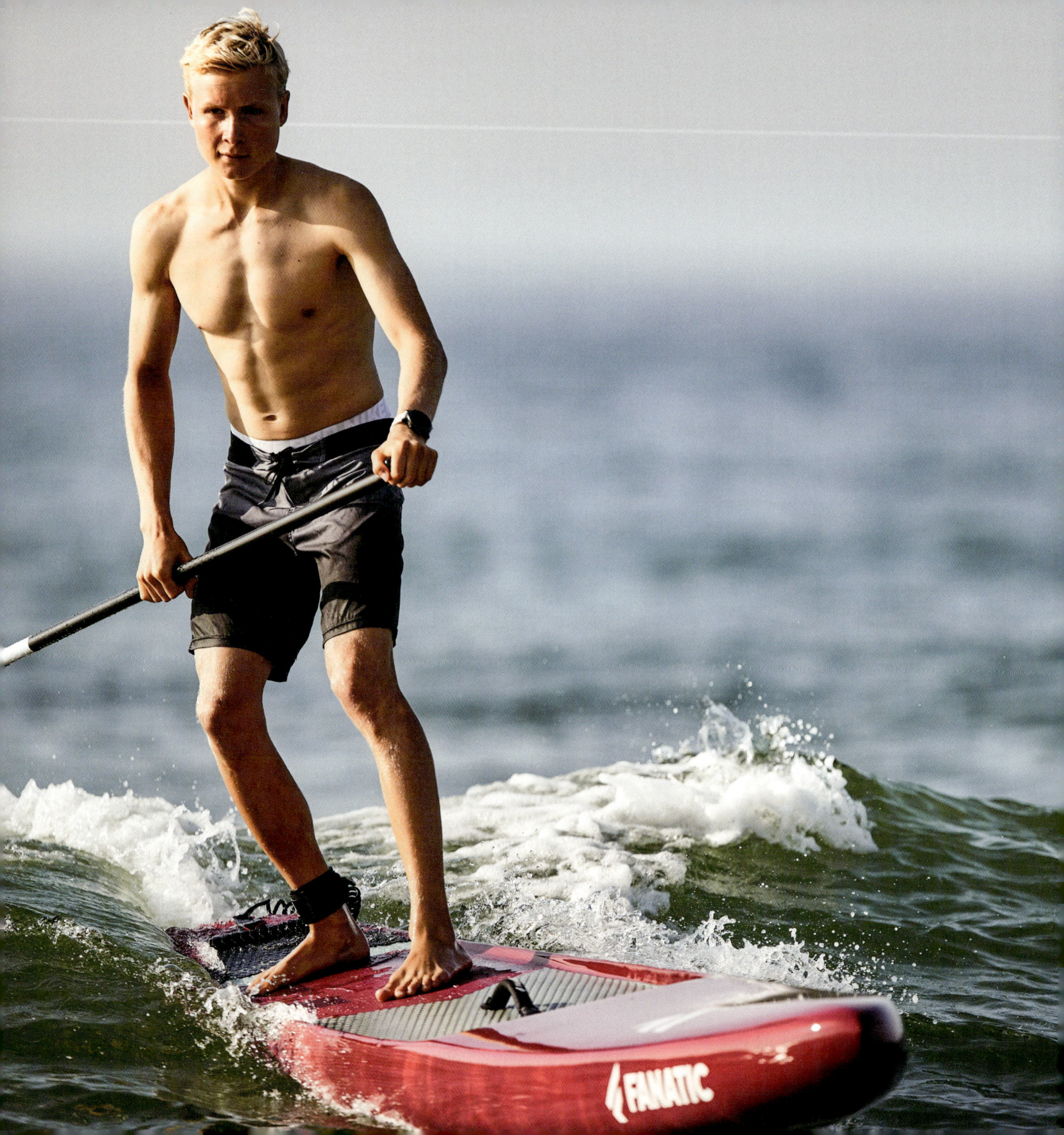
FANATIC

9
TECHNIK FÜR PROFIS

DER TAHITIANISCHE SCHLAG

Paddeln auf tahitianisch – kurz und schnell wie eine Nähmaschine einstechen, nach hinten ziehen, und vorn wieder einstechen. Diese Technik ist vor allem bei Rennen im Schlussspurt sinnvoll, ist aber auch bei starker Strömung oder heftigem Gegenwind effektiv. Im Grunde handelt es sich um den Basisschlag in erhöhter Frequenz.

DER HAWAIIANISCHE SCHLAG

Diese Technik sorgt bei korrekter Anwendung für hohe Geschwindigkeit. Dafür stichst du das Paddel so weit wie möglich vorn ein, der obere Arm ist gebeugt, der untere ist langgestreckt in Richtung Bug. Selbst der Oberkörper beugt sich Richtung Paddelseite. Das Paddel wird in einem Kreis weg vom Körper und zurück an den Bug geführt, dann erneut eingestochen. Bei dieser Technik kann man Kraft sparen, indem man das Paddelblatt in der Rückholphase so in den Wind dreht, dass es kaum Widerstand leistet. Das nennt man auch Feathering und ist nicht nur für Profis geeignet, sondern kann auch von Anfängern schnell erlernt werden.

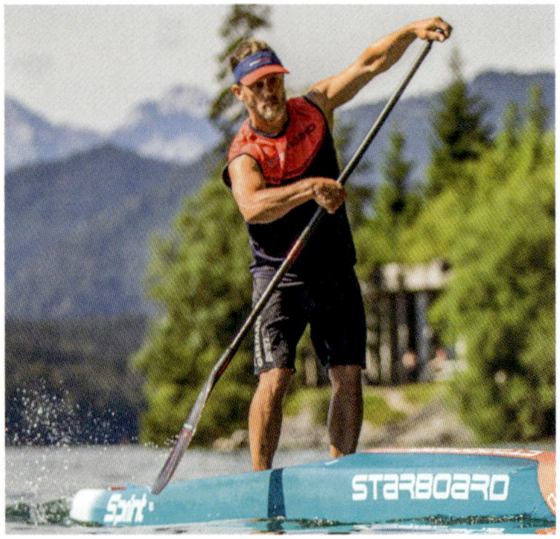

DER PIVOT TURN

Die Profiwende, die richtig Eindruck schindet: auf dem Brett gehst du zügig so weit nach hinten, bis sich der Bug aus dem Wasser hebt, dann setzt du einen kräftigen Bogenschlag an. Wer dabei in die Knie geht, übt einen noch größeren Druck aufs Paddel aus und schafft die 180 Grad mit zwei Schlägen. Anschließend bewegst du dich zurück in die Brettmitte und kannst weiterpaddeln. Radikal ausgeführt heißt die Wende Slam Turn.

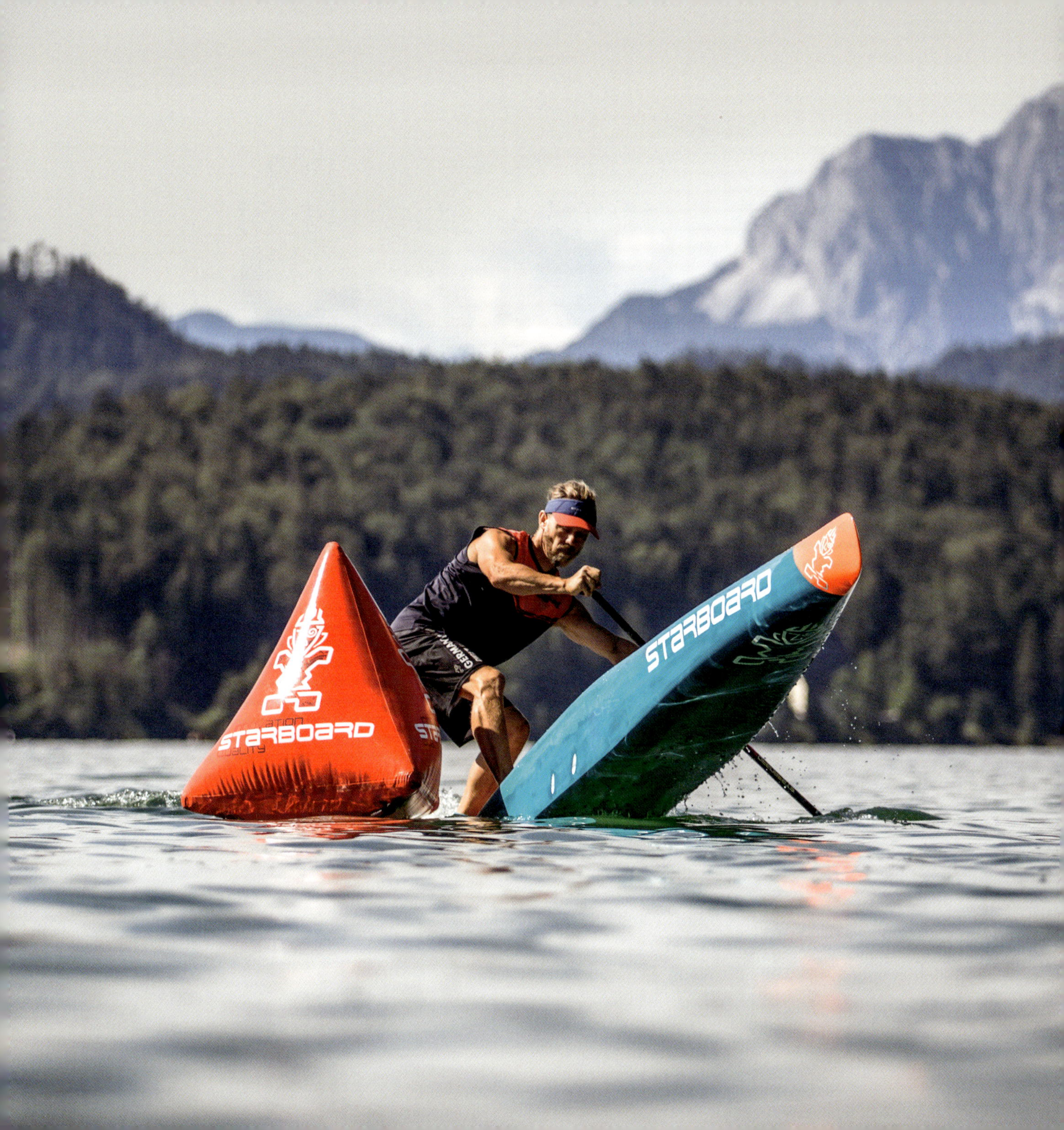
STARBOARD
STARBOARD
GERMANY

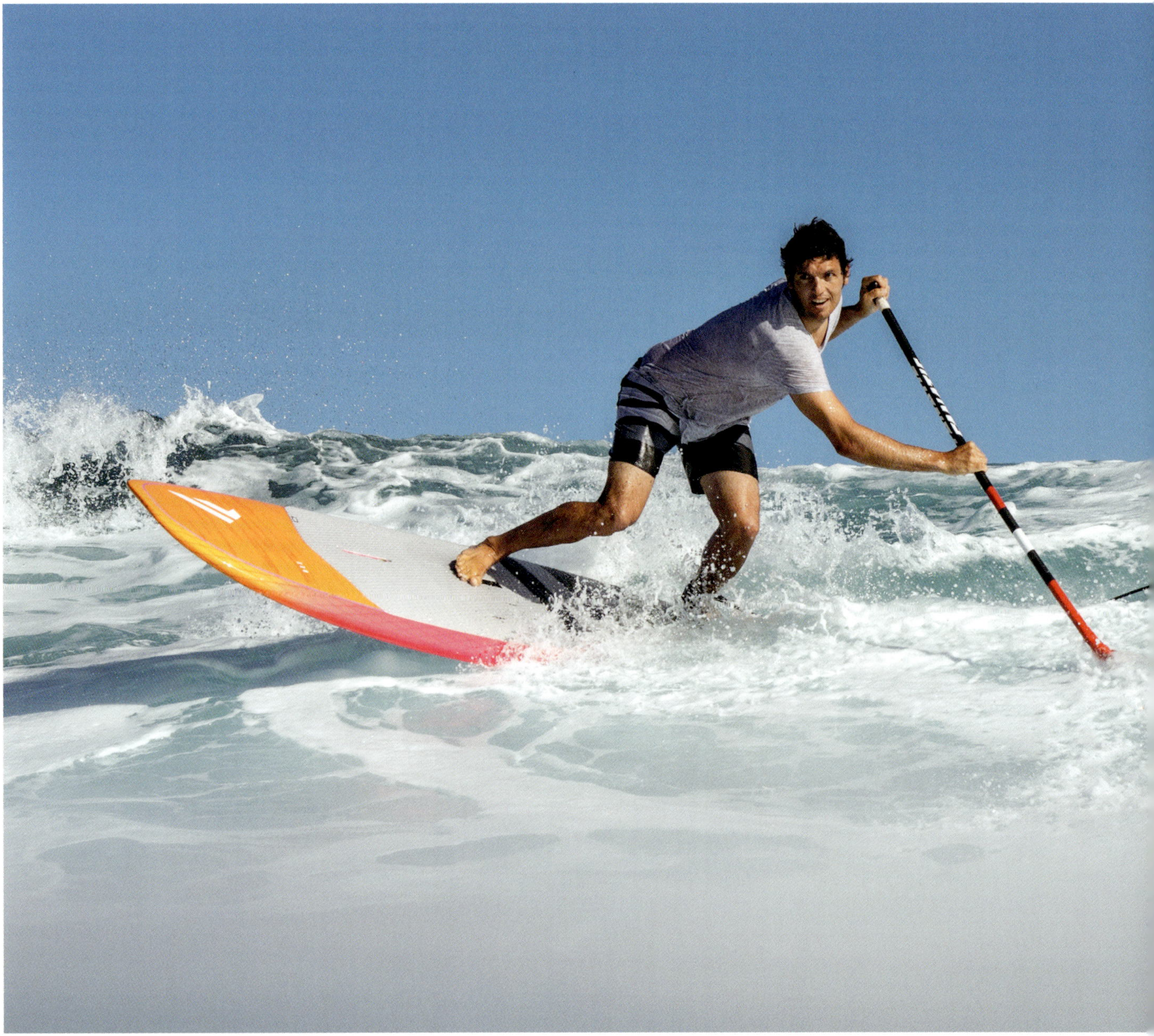

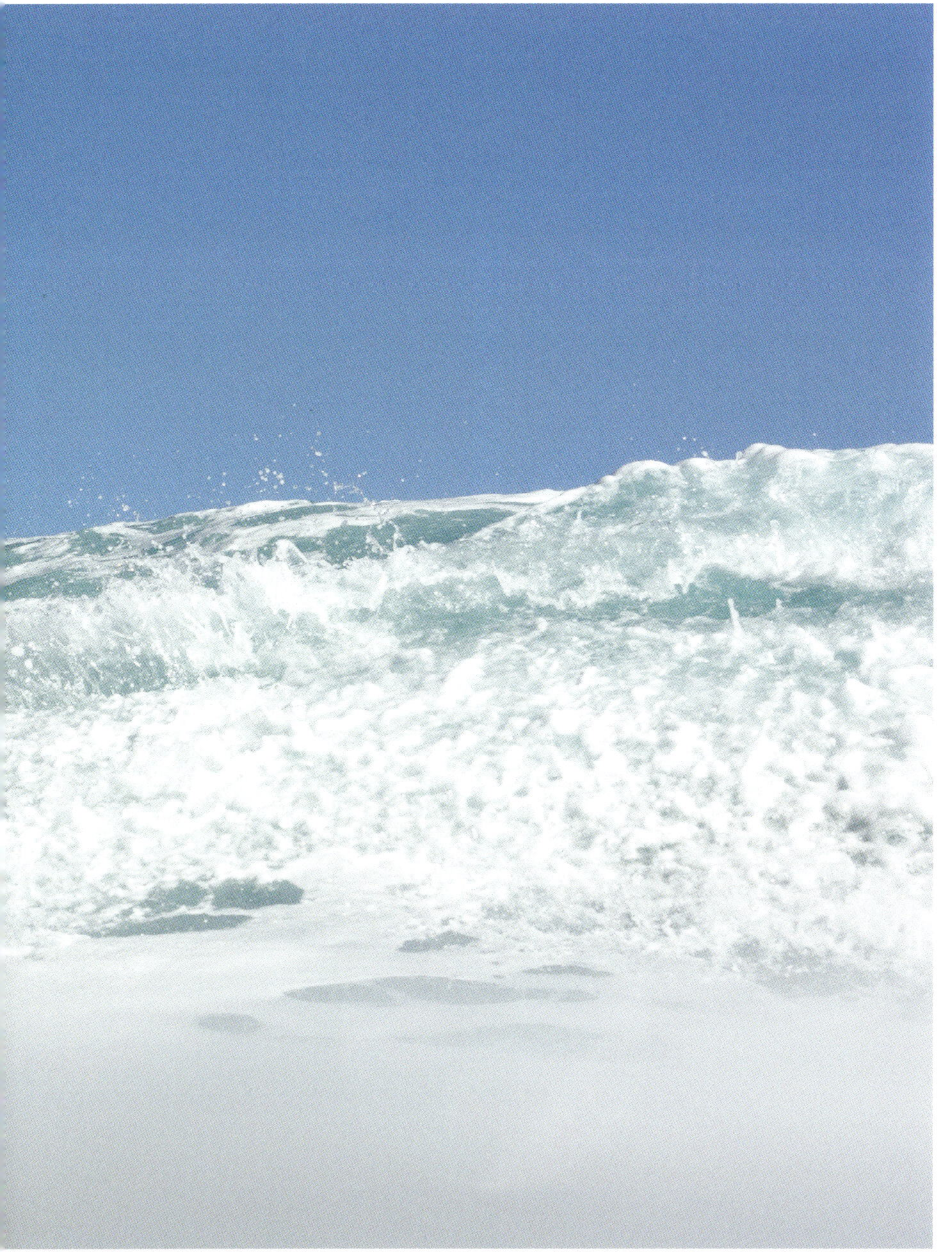

DIE ZIEHWENDE

Die Ziehwende ist bei guter Ausführung schick anzuschauen und vor allem im Fluss und beim SUP-Surfen sinnvoll. Im Flachwasser hilft die Technik, um den Kurs zu korrigieren und Wenden einzuleiten.

Natürlich geht auch diese Wende radikal und mit hohem Tempo: schnell Richtung Heck gehen und den Bug anheben, das Paddel weit außen einstechen, Oberkörper in die Kurve legen, Ziehschlag vorn, außen ansetzen und das Brett um 90 Grad drehen. Mit viel Übung funktioniert der Turn auch auf 180 Grad.

Ideal für radikale Manöver in der Welle: Paddel tief einstechen und das Brett Richtung Paddel ziehen.

DIE SWITCHWENDE

Dieses Manöver wird auch Cross-Bow-Turn genannt und ist besonders für das Drehen mit langen Brettern sinnvoll, da sich diese nur schwer wenden lassen. Sie sieht auf den ersten Blick kompliziert aus, ist aber einfach zu erlernen. Das Paddel wird auf der »falschen« Seite ins Wasser eingestochen und mit der Onside – also die Richtung, in die du schaust, in einem Bogen Richtung Brett gezogen.

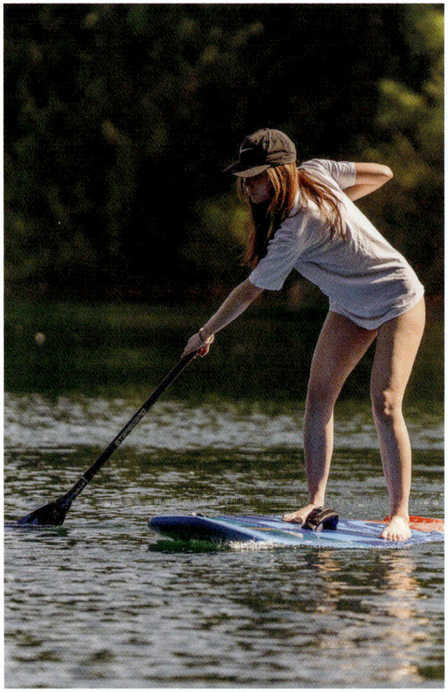

Stich das Paddel circa 45 Grad voraus neben dem Bug auf der »falschen Seite« ein.

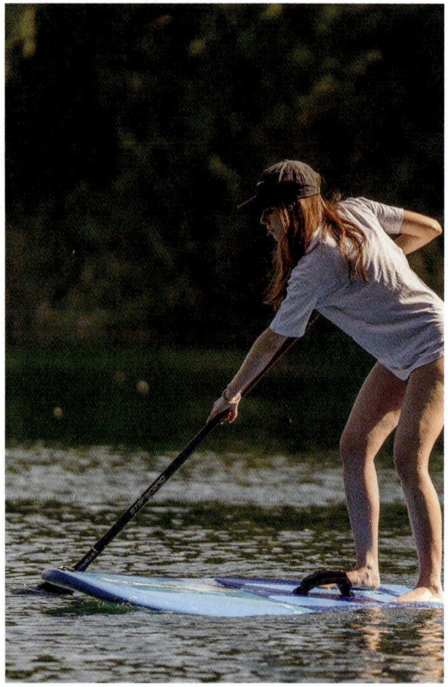

Führe nun einen Ziehschlag in Richtung Bug aus.

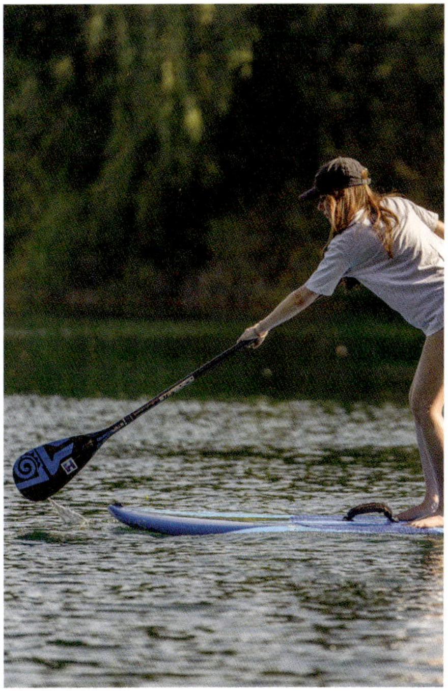

Wenn das Paddel den Bug fast erreicht hat, hebe es aus dem Wasser über den Bug hinweg.

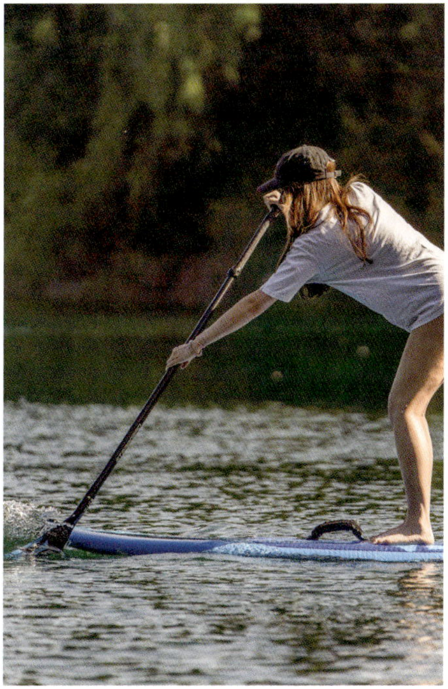

Stich das Paddel auf der »richtigen Seite« weit vorn wieder ein und führe einen Bogenschalg (wie auf Seite 90 beschrieben) aus.

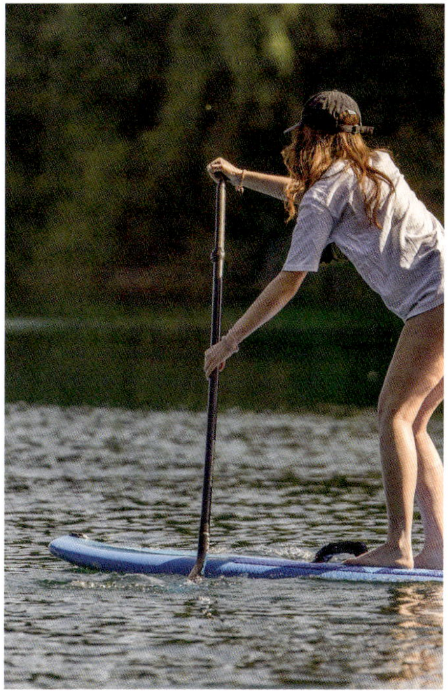

Wenn die Richtung stimmt, setze deine Fahrt mit Basis-Paddelschlägen fort.

RÜCKSEITIG PADDELN

Das Backside-Paddeln fühlt sich nicht nur völlig falsch an, sondern hat auch nur in seltenen Fällen in der Welle oder im Fluss Sinn, zum Beispiel, wenn dich die Strömung sowieso in die andere Richtung treibt. Häufig sieht man vor allem Einsteiger, die aus Versehen Backside paddeln und sich wundern, warum sich dieser Sport so unangenehm anfühlt.

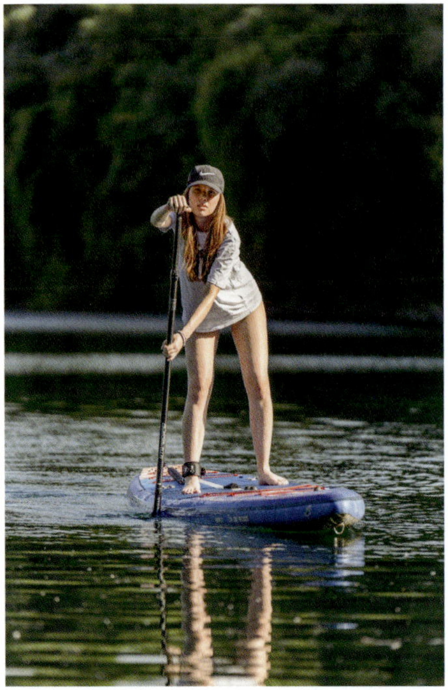

Manche Einsteiger paddeln aus Versehen rückseitig. Einfach untere Hand nach oben, obere nach unten, und schon fühlt sich SUPen super an!

DER C-SCHLAG

Diese Technik ist eine Mischung aus dem One-Side-Stroke und dem J-Stroke (siehe Seite 92). Dabei setzen wir das Paddel möglichst weit vorn außen ein, machen eine Bewegung Richtung Brett, ziehen das Blatt nach hinten und wenden es erneut nach außen wie beim J-Stroke. Mit dieser Technik können wir auf einer Seite paddeln und dabei möglichst viel Kraft sparen.

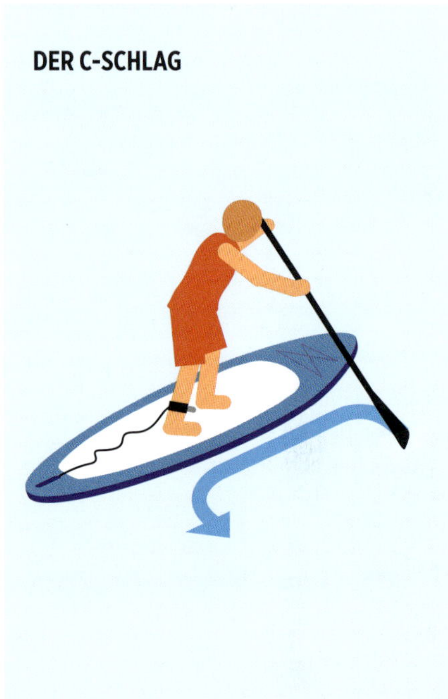

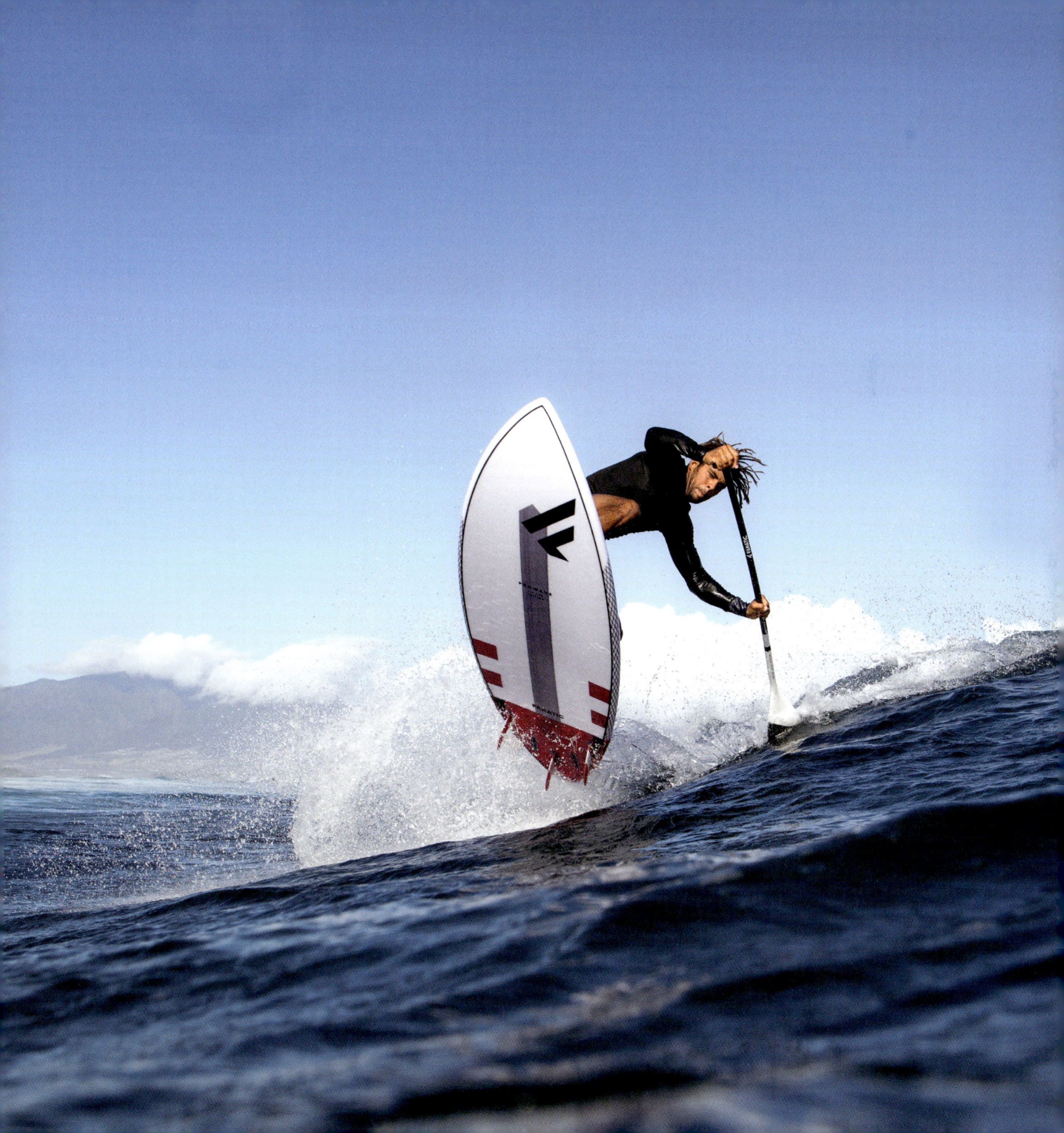

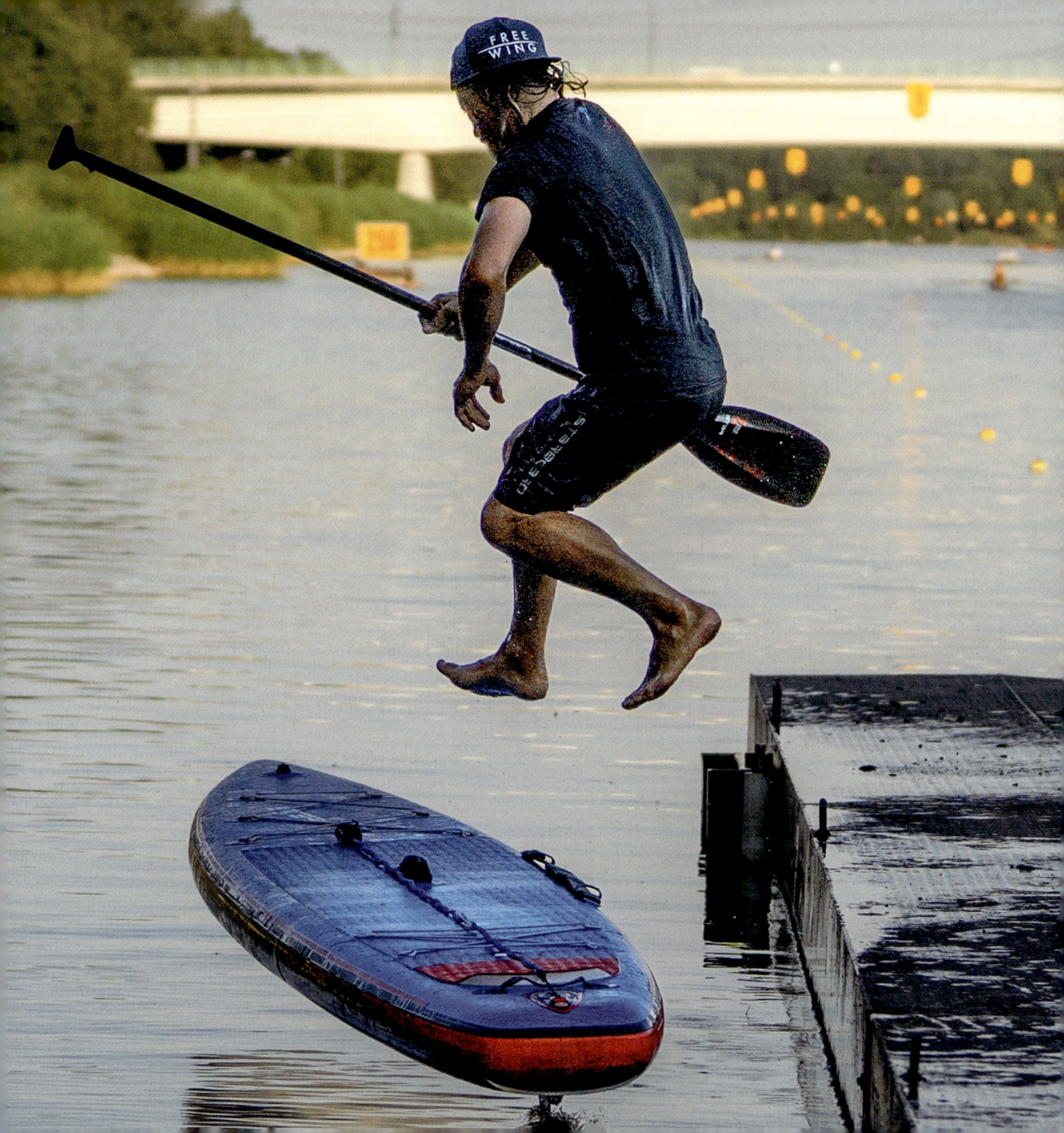
FREE
WING

10
STARTS FÜR PROFIS

DER SPRUNGSTART

Da das SUPen mit Skateboarden, Wakeboarden, Boogieboarden oder Skimboarden verwandt ist, kommen viele Techniken aus diesen Sportarten auch beim Stand Up Paddeln zum Einsatz. Schnelle Starts braucht man eigentlich nur im Wettkampfbereich, aber es macht einfach Spaß, sein Brett aufs Wasser zu schmeißen, hinterherzuspringen und loszupaddeln – oder reinzufallen und es noch einmal zu versuchen.

Gerade von Stegen ist dieser Start die eleganteste Möglichkeit, ins Wasser zu kommen.

Versuche beim Absprung das Board so zu platzieren, dass es leicht vor dir landet.

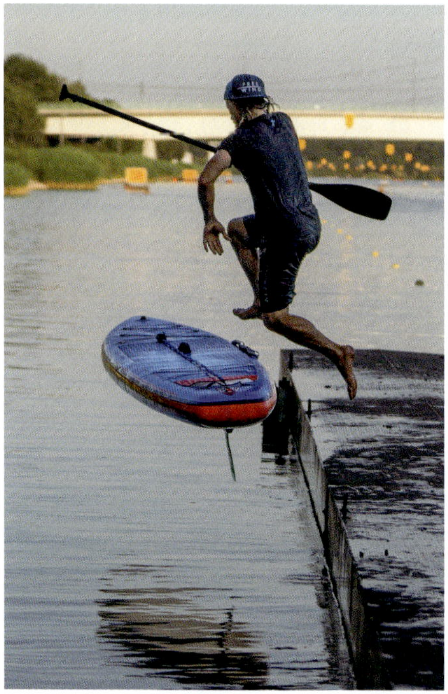

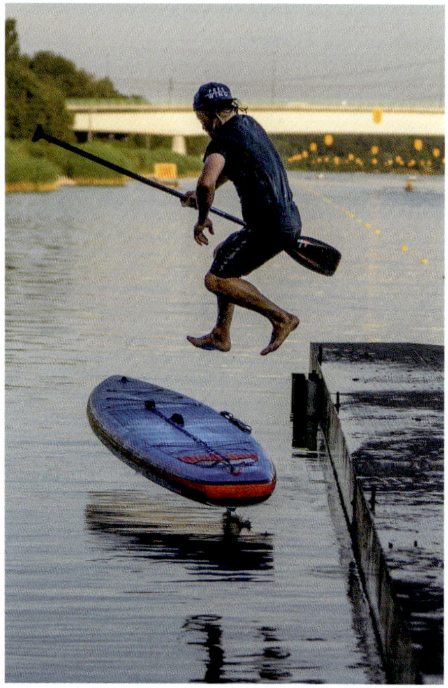

Visiere die Boardmitte, deinen Landeplatz, an.

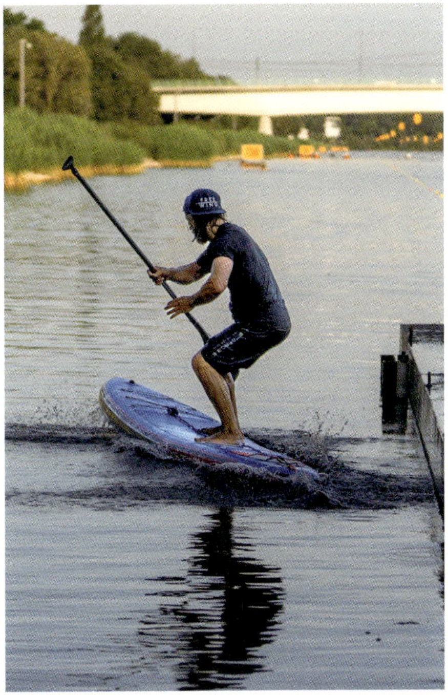

Halte die Knie leicht gebeugt und versuche, die Füße im Surf-Stand in der Boardmitte aufzusetzen.

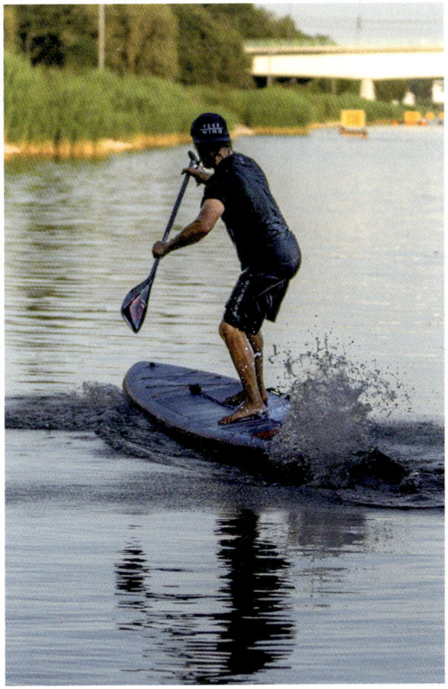

Spätestens wenn beide Füße auf dem Board sind, greife dein Paddel mit beiden Händen – du brauchst es gleich.

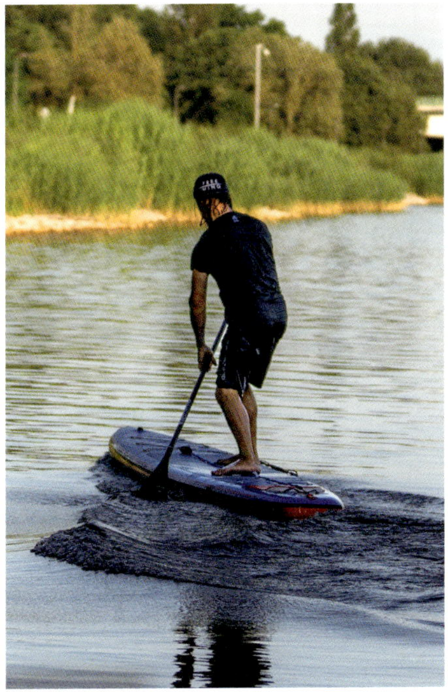

Jetzt kommt die Paddelstütze: Schlage das Paddel (ähnlich wie beim Stoppschlag) auf Höhe der Füße flach ins Wasser und drücke dich kräftig am Paddel nach oben ab, sodass du nicht den Halt verlierst.

DER STRANDSTART

Die coolste Art, mit trockenen Füßen aufs Brett zu kommen. Gerade von Wiesen und Stränden, ist dieser Start die Wahl des Profis. Damit das Brett nicht von Strömung, Wind oder Wellen abgetrieben wird, kann die Nase ruhig an Land aufliegen. Bei der Rückwärtsfahrt nicht vergessen, dass das Brett mit der Finne in Fahrtrichtung völlig anders reagiert als bei der Geradeausfahrt.

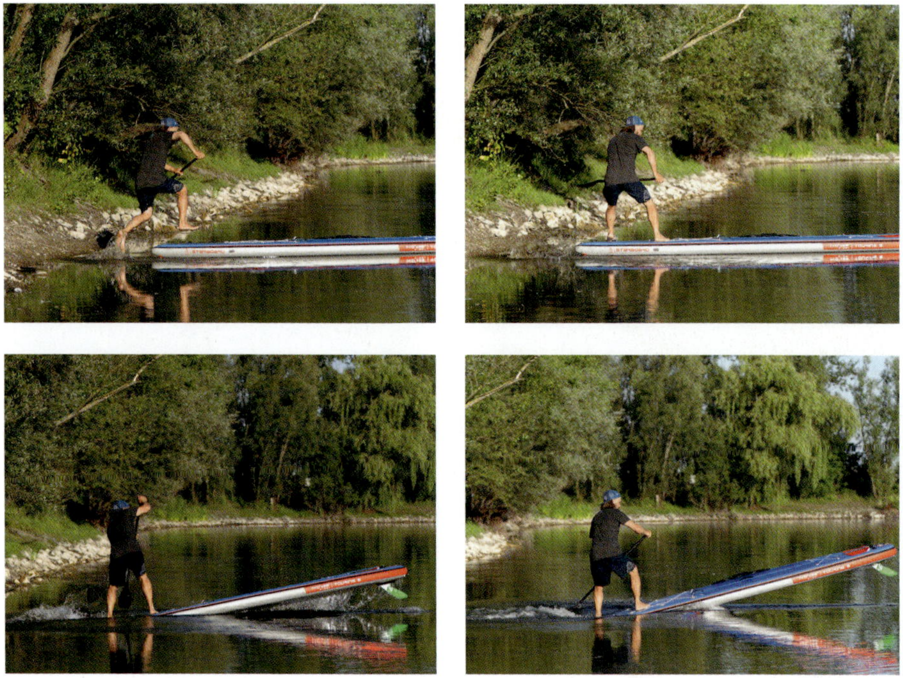

Super elegant und genauso schwierig. Der Strandstart will lange geübt werden ...

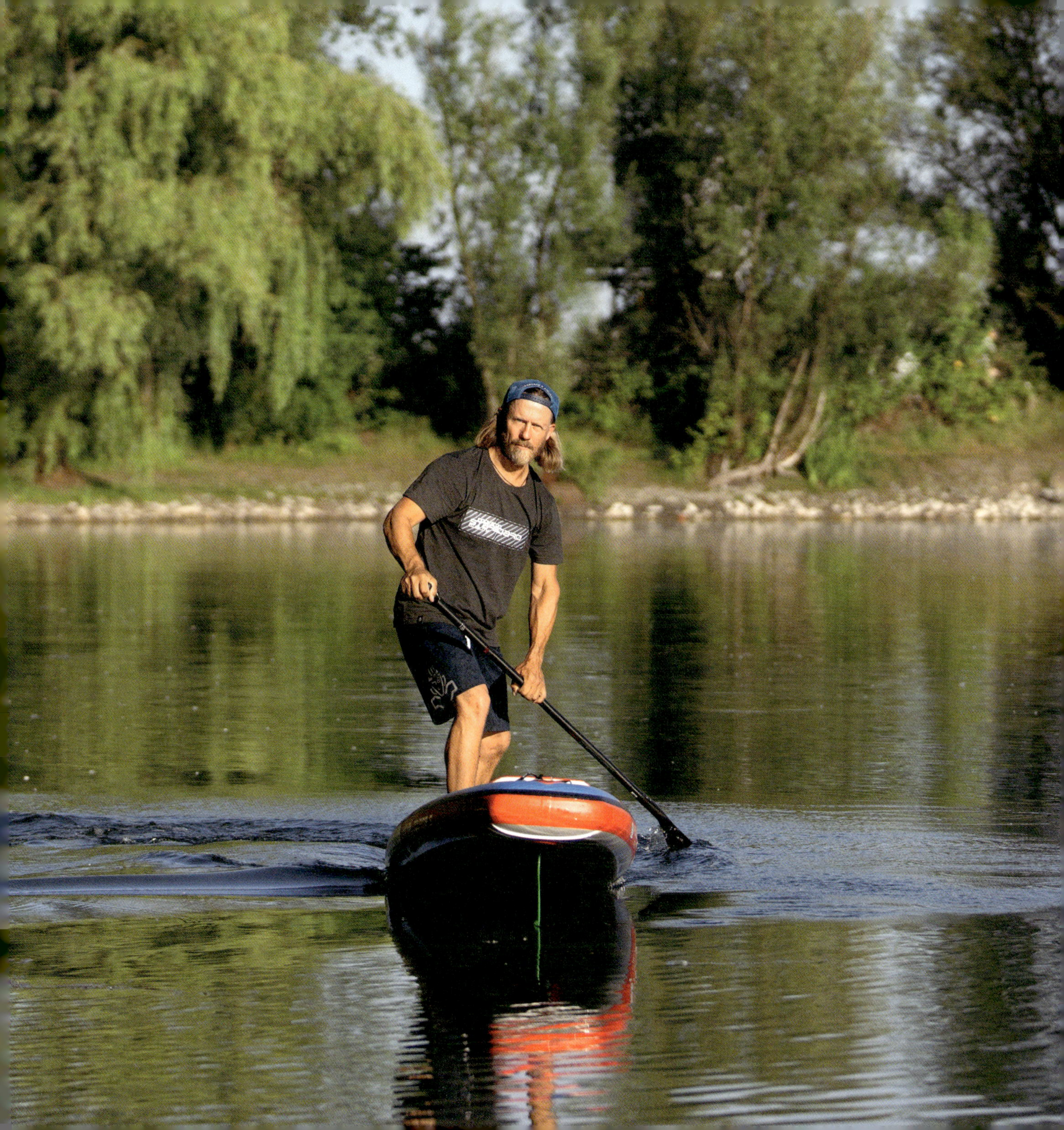

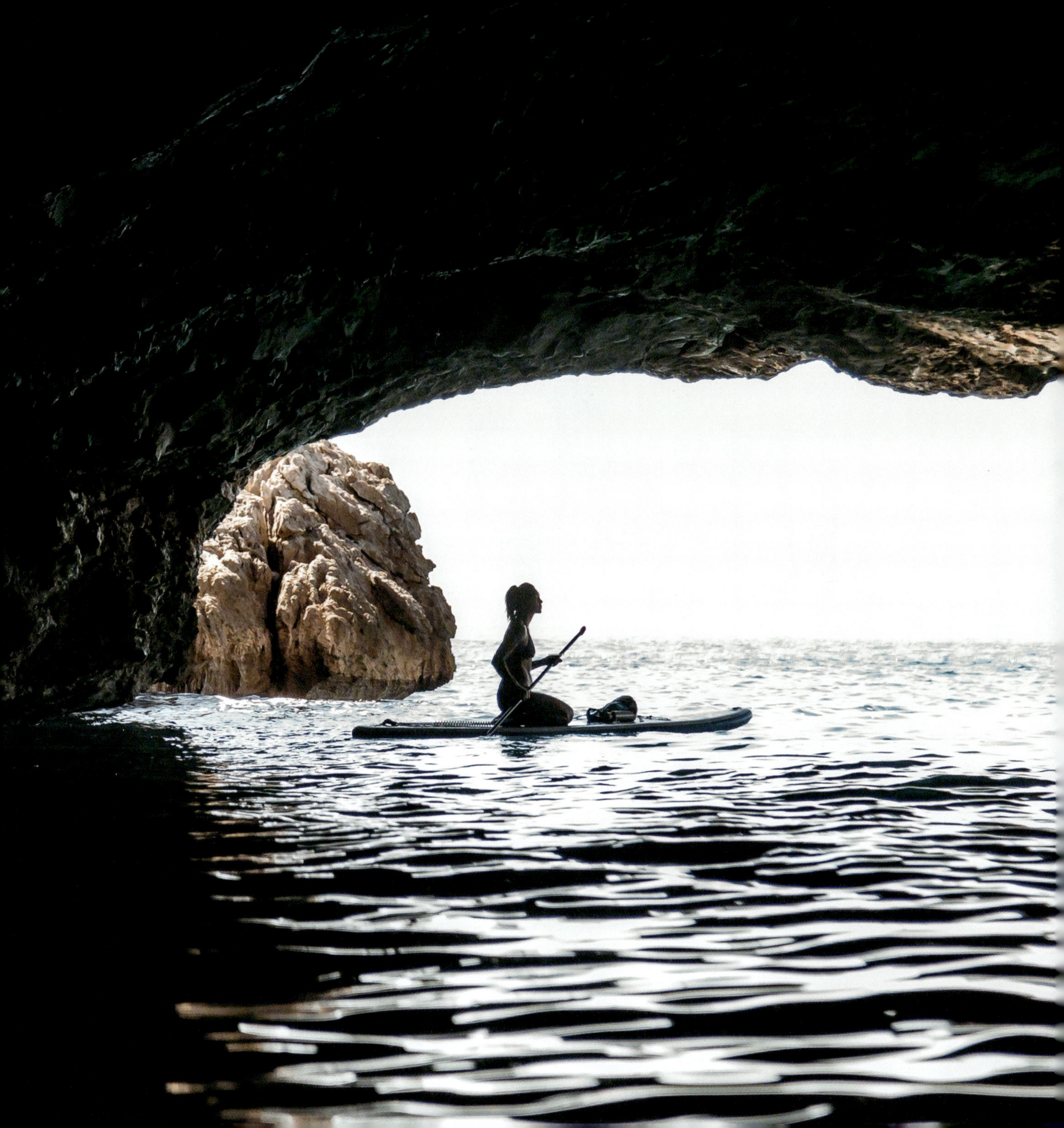

11 NATURSCHUTZ

Jedem SUPer muss klar sein, dass er ein Eindringling in die Natur ist. Natürlicherweise gehören Menschen nicht aufs Wasser. Brut- und Rastplätze können beispielsweise von SUPern gestört werden, Wasserlebewesen beunruhigt und verschreckt und die Vegetation möglicherweise beim Ablegen zerstört werden. Vögel können ihre Fluchtdistanzen nicht mehr einhalten und verlassen deshalb ihre Nester, bevor die Eier ausgebrütet sind. Immer häufiger werden Ufersteifen abgeriegelt, ganze Gebiete gesperrt oder Wassersport generell verboten – und das ist gut so! Pflanzen und Tierarten müssen geschützt werden. Immer mehr Lebewesen landen auf einer roten Liste, weil sie vom Aussterben bedroht sind.

Diese Problematik muss jedem Wassersportler klar sein, bevor er sich aufs Wasser stellt. Im Idealfall nimmt sich jeder einen Beutel mit und sammelt Plastik, um das Gewässer sauberer zu hinterlassen, als es vorgefunden wurde. Auf diese Weise können Wassersportler ihren Beitrag leisten.

Die schwersten Verunreinigungen entstehen durch die Industrie. Da wir in einem System der hemmungslosen und perversen Profitmaximierung leben, wird die Industrie niemals von sich aus Rücksicht auf die Umwelt nehmen, sondern diese so weit wie möglich ausbeuten. Milliarden von Quadratkilometern Meeresboden sind bereits tot. Kunstdünger, Mikroplastik in Waschmitteln oder Kosmetika, Salze, Pflanzenschutzmittel, Fäkalien, Stickstoff, Öl oder Schwermetalle belasten unsere Gewässer extrem und sorgen dafür, dass die Welt kurz davor steht, den Point of no Return zu überschreiten. Die Überfischung trägt ihr Übriges dazu bei. Salmonellen, Blaualgen oder Streptokokken in fast jedem Gewässer sind die Folge. Hinzu kommen Viren, Pilze und Algenbildung, deren Wachstum so viel Sauerstoff benötigt, dass das Leben in den Gewässern erstickt.

Jeder einzelne hat die Möglichkeit, bestimmte Produkte wie Billigfleisch, alles nichtbiologisch Angebaute, Nano- und Mikropartikel oder Plastikverpackungen zu meiden. Wenn wir eine gesunde Natur befahren möchten, müssen wir Verantwortung übernehmen und die Augen offenhalten, ob die Industrie ihren Dreck in unsere Gewässer leitet, um sofort die Naturschutzbehörden zu informieren.

JEDER SUPER SOLLTE ZUM UMWELTSCHÜTZER WERDEN

Beim SUPen betrittst du eine neue Welt: die Wasserwelt – deine Sorgen bleiben an Land. Auf dem Wasser bist du mitten in der Natur, siehst Seerosen, Wassergräser, bizarre Bäume, Delfine, Seekühe, Mondfische, Schildkröten, Fischschwärme oder sogar Wale. Dieser Sport wird deine Liebe zum Wasser und damit auch zum Planeten immer weiter steigern. Jeder aktive Wassersportler wird automatisch zu einem Naturliebhaber, der die Umwelt schützen, auf seinen Touren Plastik sammeln und Müll vermeiden sollte, der ökologischer als zuvor lebt und versucht, der Erde zu dienen, statt sie auszubeuten. Jeder geht dabei seine eigenen individuellen Schritte. Wir werden nie zu 100 Prozent ökologisch leben können – aber schon zehn Prozent sind besser als null. SUPer dieser Welt vereinigt euch.

DIE ZEHN GOLDENEN UMWELTREGELN

1.

MÜLL SAMMELN

Nimm einen großen Beutel mit aufs Wasser und sammel so viel Plastik wie möglich, das auf dem Wasser treibt oder am Ufer liegt.

2.

ELEKTROMOTOREN

Animiere Wassersportfreunde dazu, auf Elektromotoren umzusteigen. Die deutsche Firma Torqeedo beispielsweise stellt großartige Motoren her, die in Zukunft hoffentlich auf den meisten Gewässern vorgeschrieben sein werden.

3.

NIEMALS DIE NATUR STÖREN

30 Meter Mindestabstand zu Röhrichtbeständen, Schilfgürteln und allen sonstigen dicht bewachsenen Uferpartien, Kies-, Sand- und Schlammbänken (Rast- und Aufenthaltsplatz von Vögeln) sowie Ufergehölzen, seichtem Gewässer (Laichgebiete), insbesondere solchen mit Wasserpflanzen.

4.

VORSCHRIFTEN BEACHTEN

In Naturschutzgebieten unbedingt die geltenden Vorschriften befolgen. Häufig ist Wassersport in Naturschutzgebieten ganzjährig, zumindest zeitweilig, völlig untersagt oder nur unter bestimmten Bedingungen möglich. In »Feuchtgebieten von internationaler Bedeutung« besonders rücksichtsvoll sein! Diese Gebiete dienen als Lebensstätte seltener Tier- und Pflanzenarten und sind daher besonders schützenswert.

5.

STARTEN UND ANLADEN

Die dafür vorgesehenen Plätze benutzen oder solche Stellen, an denen sichtbar kein Schaden angerichtet werden kann.

6.

LEBENSRÄUME

Auch von Land aus Schilfgürtel und sonstige dicht bewachsene Ufervegetation meiden, um nicht in den Lebensraum von Vögeln, Fischen, Kleintieren und Pflanzen einzudringen und diese zu gefährden.

7.

IM WATT

Keine Seehundbänke betreten, um Tiere nicht zu stören oder zu vertreiben. 300 bis 500 Meter Abstand zu Seehundliegeplätzen und Vogelansammlungen einhalten und in der Nähe des markierten Fahrwassers bleiben.

8.

BEOBACHTUNG

Fotografieren von Tieren nur aus der Ferne.

9.

SAUBERES WASSER

Hilf mit, das Wasser sauber zu halten. Abfälle gehören nicht ins Wasser.

10.

INFORMATION

Verinnerliche diese Regeln und informiere dich vor jeder Tour über die bestehenden Bestimmungen. Sei anderen ein Vorbild!

DIE ZEHN GOLDENEN SUP-REGELN

LASS DICH VON EXPERTEN BERATEN

Erfahrene SUPer zeigen dir Tricks, auf die du nie selber kommen würdest. Zum Beispiel die richtige Paddelhaltung, Themen zur Sicherheit, Tricks bei Gegenwind und so weiter. Erst wenn du die Sportart korrekt ausführst, macht sie Spaß und tut deinem Körper gut.

ACHTE IMMER AUF DIE UMWELT

Paddele nur dort, wo es erlaubt ist, damit du Wildtiere wie nistende Vögel nicht störst. Halte dich an vorhandene An- und Ablegestellen. Sammele allen Müll auf, der dir auf dem Wasser oder am Ufer auffällt.

RESPEKTIERE DIE KRÄFTE DER NATUR

Überschätze nicht deine eigenen Kräfte. Sei immer demütig der Natur gegenüber, denn sie ist stärker als du.

BEACHTE GELTENDE REGELN AUF DEM WASSER

Paddele auf Flüssen stromabwärts immer auf der rechten Seite. Halte dich von allen Wassersportlern und -fahrzeugen fern. Wisse, dass Berufsschifffahrt immer Vorfahrt hat. Es ist auch sinnvoll, deinen Namen und deine Anschrift wasserfest auf dein Brett zu schreiben, falls es verloren geht oder geklaut wird.

TRAGE KORREKTE KLEIDUNG

Schütze dich immer vor Kälte und Hitze. Trage im Winter Neopren oder Trockenanzug und im Sommer eine Basecap oder ähnliches. Auch Sonnenmilch schadet nicht. Passe dein Outfit der Wassertemperatur an – nicht der Lufttemperatur! Mit der richtigen Kleidung kannst du 365 Tage im Jahr paddeln.

SICHERHEIT

Trage bei Wind und auf dem Meer immer eine Leash. Ein Handy ist auf dem Wasser auch immer sinnvoll. Es hilft dir bei der Orientierung, außerdem kannst du mit dem Handy Hilfe rufen, falls nötig. Auch Licht solltest du immer dabei haben, falls es mal länger wird und die Dunkelheit einsetzt. Eine Rettungsweste oder eine Restube können lebensrettend sein, wenn dein Brett Luft verliert.

PLANUNG

Gehe nie unvorbereitet auf Tour. Checke immer das Wetter und mach dich mit dem Revier vertraut. Achte auf die Strömung, auf Hindernisse wie Wasserkraftwerke oder Sperrungen. Fahre zuerst immer gegen den Wind, damit der Rückweg bei Erschöpfung nicht zur Qual wird.

PFLEGE DEIN EQUIPMENT

Gerade wenn du auf dem Meer bist, musst du dein Equipment ordentlich reinigen. Salzwasser in Verbindung mit der Sonne zerstören jedes Material – vor allem Gummi. Spüle dein Equipment am besten nach jeder Tour gründlich durch und lagere es dann im Schatten.

MACHE PADDELN ZU DEINER FITNESSGARANTIE

Kaum eine Sportart ist so effektiv wie das Stand Up Paddeln. Gehe regelmäßig auf »deine« Runde und steigere deine Fitness. Triff dich gern mit Freunden oder in Clubs, um eine Routine zu erzeugen. Gerade die kleinen, tiefliegenden Muskeln werden es dir danken.

BENIMM DICH IMMER VORBILDLICH

Liebe deinen Sport und sei ein Vorbild. Zeige anderen, wie man sich auf dem Wasser zu verhalten hat und kläre sie über die zehn Regeln auf. Beharre nie auf dein Recht, gib nach und sei klug. Wir sind jetzt schon so viele, dass die Masse zum Problem wird, wenn sie sich nicht vorbildlich verhält.

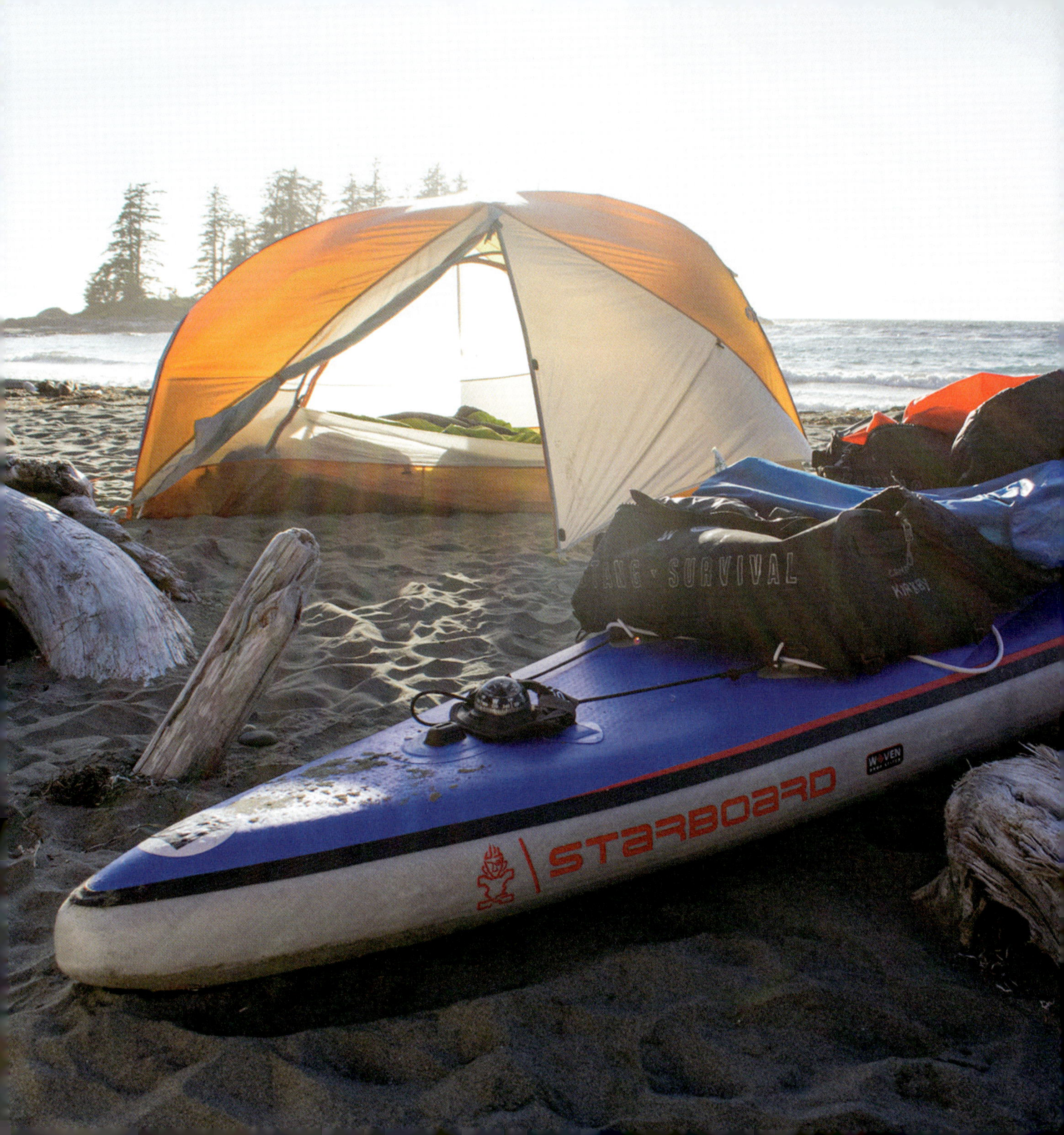
STARBOARD

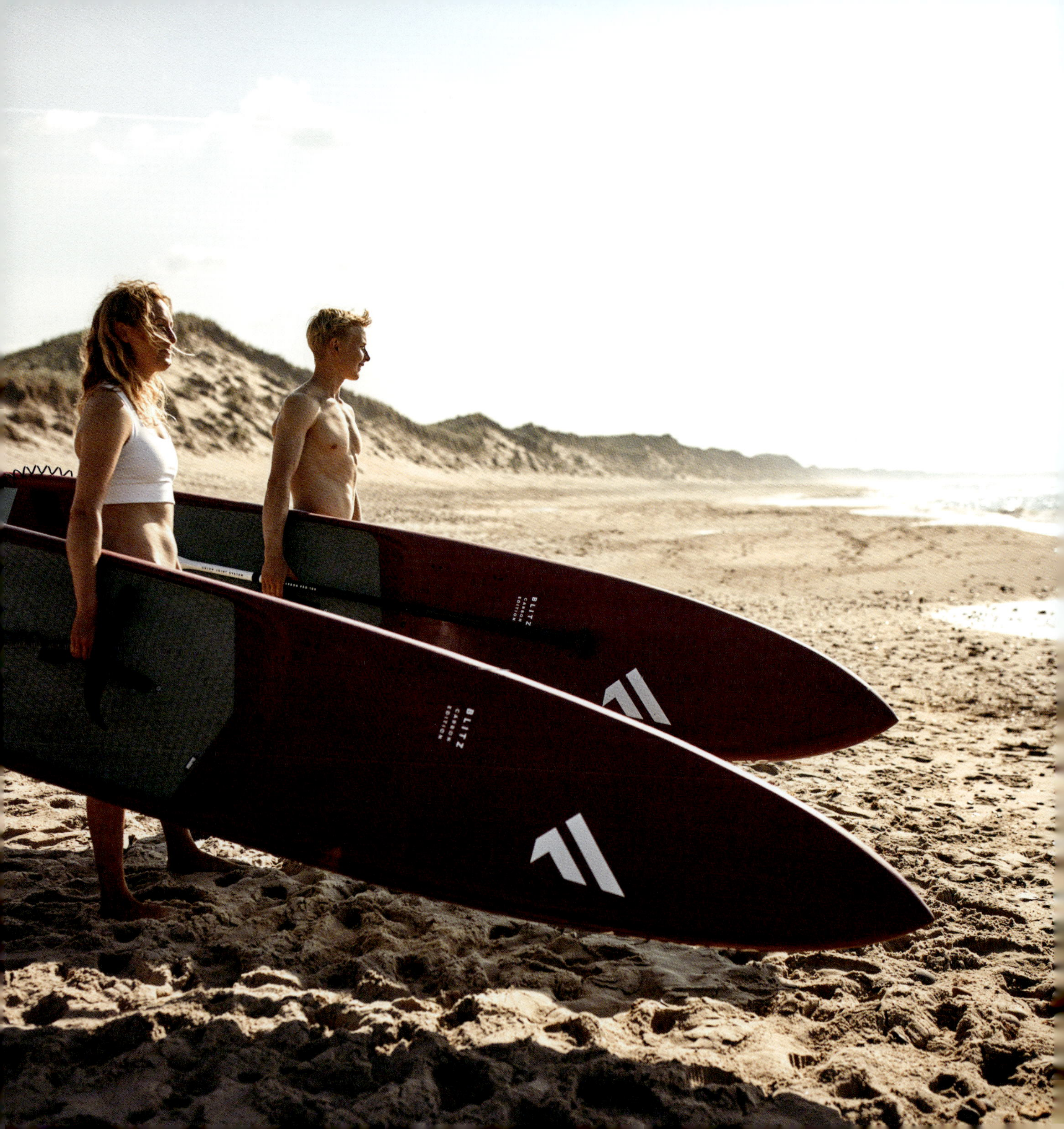
BLITZ
BLITZ

12 REVIERTYPEN

FLÜSSE

Die Fahrrinne auf Flüssen ist häufig mit roten und grünen Tonnen ausgeschildert. Rot ist links, rechts ist grün – überall auf dem Wasser. Auf allen Flüssen in Deutschland, außer auf dem Rhein, wird die Betonnung in Richtung Meer ausgelegt. Wer also die Elbe von Tschechien Richtung Nordsee runterpaddelt, hat rechts grüne Tonnen und links rote. Auf dem Rhein ist es aus unerklärlichen Gründen genau umgekehrt.

Auf Flüssen funktionieren alle bereits aufgeführten Manöver. Ein kurzes Paddel ist im stark strömenden Fluss sinnvoll, ebenso die einseitige Paddeltechnik, da oft keine Zeit für den Seitenwechsel bleibt.

FAHRWASSERTONNEN AUF FLÜSSEN UND IM MEER

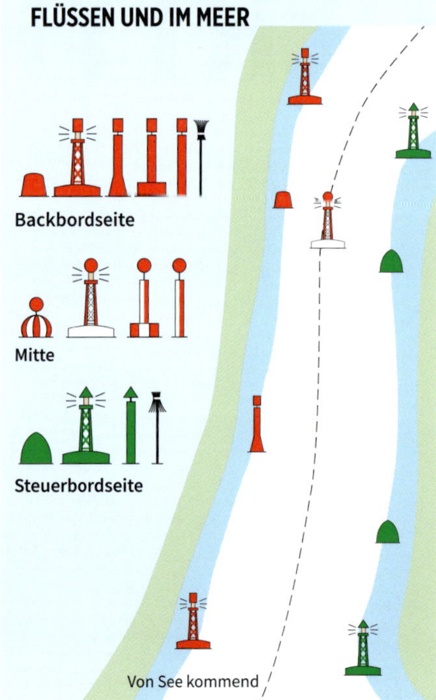

Jeder Fluss hat seine eigene Hochwassergrenze. Es erfordert einige Erfahrung, um zu entscheiden, wann geSUPt werden kann und wann nicht. Grundsätzlich gilt: Je höher das Wasser, desto stärker die Strömung. Wichtig ist auch, die Pegelstände der Flüsse zu recherchieren. Hier bietet sich die Website *https://www.pegelonline.wsv.de* an.

Auch in Flüssen mit leichter Strömung gibt es Naturerscheinungen wie Kehrwasser und Verschneidungslinien, die sich durch verschiedene Strömungen bilden. Paddler erkennen diese Phänomene leicht am gekräuselten Wasser oder an einer Kante auf dem Fluss. An diesen Stellen besteht erhöhte Gefahr, vom Brett gefegt zu werden, da schwimmende Gegenstände naturgemäß dieser neuen Strömungsrichtung folgen.

Auf allen fließenden Gewässern sollte erhöhte Aufmerksamkeit herrschen!

Wer im Fluss stürzt, sollte unbedingt versuchen, mit den Füßen nach unten zu fallen. Ein Kopfsprung kann tödlich enden, da ungewiss ist, ob sich an dieser Stelle ein Unterwasserfelsen befindet.

WILDWASSER

Ins Wildwasser trauen sich nur die wenigsten SUPer – und das ist gut so. Schwimmweste, Schuhe und Helm sind ein Muss bei der Ausrüstung, und das Gewässer (mit seinen speziellen Anforderungen) sollte bekannt sein. Vor Wasserfällen ist die Strömung häufig so stark, dass es kein Zurück mehr gibt. Auch Stromschnellen, Verwirbelungen, Felsen oder Steine können eine akute Gefahr darstellen. Jedes Jahr sterben SUPer im Wildwasser. Dieses Metier sollte den Profis überlassen werden.

Wer sich trotzdem aufs Wildwasser traut, sollte ein hervorragender SUPer mit viel Erfahrung sein. Auf stark strömenden Flüssen sollte ein kurzes Paddel benutzt werden. Einseitige Paddeltechnik ist gerade an schwierigen Stellen sinnvoll, da keine Zeit für Seitenwechsel besteht. Jeder Wildwasser-SUPer sollte auch die Seilfähre beherrschen – also die Traverse über den Fluss. Dabei wird das Board in 45 Grad gegen die Strömung gestellt und auf einer Seite gepaddelt.

TIPP

Grundsätzlich raten wir vor Wildwasser-SUPen ohne Erfahrung auf eigene Faust ab. Eine solide SUP-Ausbildung im Fließgewässer und reichlich Erfahrung sind die Grundvoraussetzung. Wer keine SUP Fließwasser-Schule in der Nähe hat, sollte mindestens den Fließwassergrundkurs der SUP Online Academy machen. Die vermitteln auch erfahrene Coaches, wenn man nett fragt.

Nur Profis sollten sich ins Wildwasser wagen.

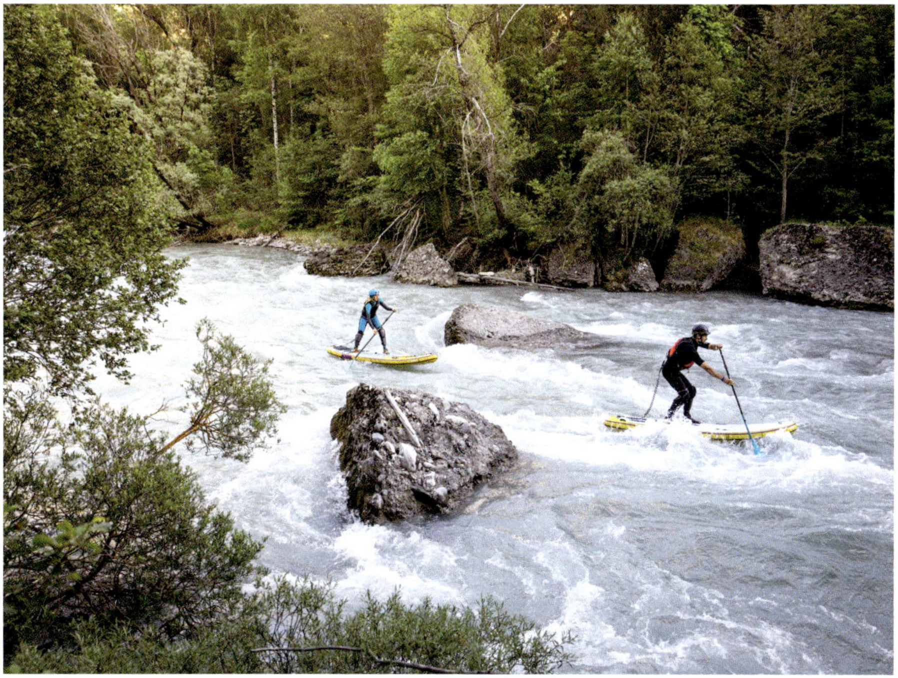

WEHRE UND SCHLEUSEN

An Wehranlagen sterben jedes Jahr Wassersportler. Wer einmal in den Rücklauf dieser Anlagen geraten ist, kommt nicht mehr hinaus und ertrinkt. Auch kleine Wehre können starken Wasserrücklauf bilden und somit lebensgefährlich sein. Wehre sind im deutschsprachigen Raum immer gekennzeichnet und sollten umtragen werden – also an Land gehen, Brett und Equipment um das Wehr tragen oder mit dem Ziehwagen ziehen und wieder zu Wasser lassen. Lieber einmal zu viel schleppen, als elendig zu ertrinken.

PROFITIPP

Es gibt nur zwei Sorten von Wehren: tödlich oder fahrbar. Selbst für geübte Augen sind sie rein äußerlich kaum voneinander zu unterscheiden – egal wie unscheinbar sie wirken. Also: Umtragen, denn mit Wasser kann man nicht verhandeln!

Auf der deutschen Donau beispielsweise gibt es kleinere Staustufen, die mit dem SUP überwunden werden können. Wenn kein Schild mit »Lebensgefahr« aufgestellt ist, besteht auch keine Lebensgefahr. Wir können das Brett nach dem Absteigen also vor uns von der Strömung ziehen lassen und halten es an der Leash am Heck fest und steigen vorsichtig hinterher. Hier besteht vor allem die Gefahr des Ausrutschens.

Schleusen müssen SUPer fast immer umtragen. Es gibt zwar Schleusen, die einen Selbstbedien-Mechanismus haben, diese dauern aber in der Regel mindestens eine halbe Stunde. Hinzu kommt, dass die Bedienung kompliziert ist und häufig nicht vernünftig funktioniert.

MEER

Für viele ist dies das Königsrevier des Stand Up Paddelns. Und vermutlich fand die Sportart genau hier ihren Ursprung – siehe auch das Kapitel zur SUP-Geschichte. Auf sämtlichen Meeren unseres Planeten wird geSUPt. Für viele ist es die einfache Möglichkeit, die Küsten vom Wasser aus zu sehen und kleine Ausflüge zu nahegelegenen Inseln zu unternehmen. Wir können aber natürlich auch mit unseren Brettern in die Welle gehen.

Die Leash muss zu Bord und Welle passen: eine zu dünne Leash kann schnell reißen und SUPer und Surfer damit in lebensbedrohliche Situationen bringen. Erkundige dich beim Fachhändler, welche Leash für dich und deine Ansprüche passt. Dein Brett ist deine Rettungsinsel. Treibst du ab oder verlassen dich die Kräfte, dann kannst du dich auf dein Brett retten. Die Chance im offenen Meer ohne Board gefunden zu werden, ist äußerst gering. Bedenke auch, dass es ab einer gewissen Windstärke kein Zurück gibt, die Abdrift macht ein Anlanden am Ausgangspunkt unmöglich. Der Weg zum Ausgangspunkt an Land geht dann nur über Fahrdienste oder Freunde, die einen abholen. Auf dem Wasser hilft Beten nicht!

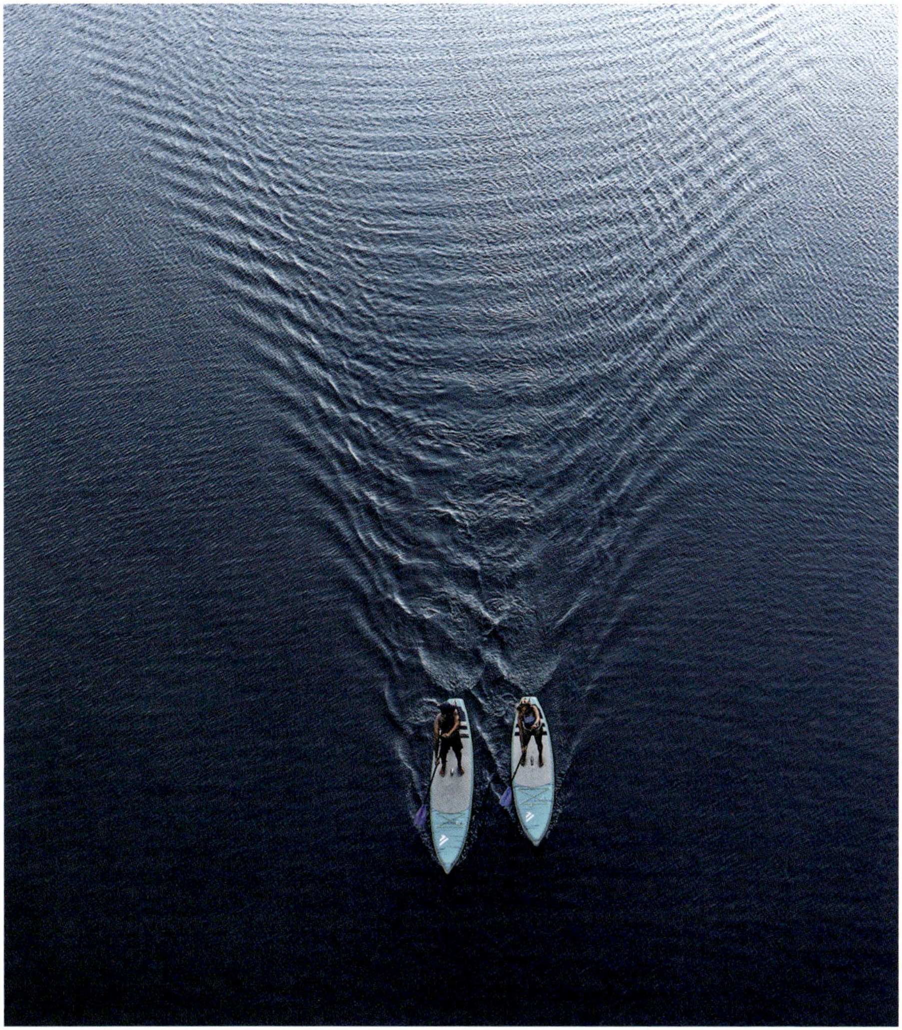

PROFITIPP

Generell liegt man mit der Faustregel richtig, dass die Leash so lang sein sollte, wie das Board. Coiled Leashes, also Leashes, die wie eine Kordel aufgerollt sind, haben den großen Vorteil, dass sie nicht durchs Wasser gezogen werden und das Brett bremsen.

DOWNWINDER SUPEN

Beim Downwinder nutzt man den Rückenwind, um über die entstehenden Wellen in Windrichtung zu surfen. Bei eher schwachen Winden und flachen Wellen, hat es Sinn, sich etwas weiter vorn aufs Brett zu stellen, damit die Wellen von hinten besser das hochstehende Heck angreifen können, um dich nach vorn zu transportieren. Bei stärkeren Winden und höheren Wellen, stellt man sich eher nach hinten in den Surf Stance und reitet die Wellen runter wie ein Wellenreiter. Das Paddel wird in der Welle lediglich für Turns genutzt.

Beim Downwinder sind lange, schmale Bretter am sinnvollsten, da sie das höchste Tempo erreichen und spurstabil sind, also nicht so schnell nach links und rechts ausbrechen. Ein breites Heck ist ebenfalls von Vorteil, da hier die Wellen besser angreifen können, um den SUPer ins Gleiten zu bringen.

Der Downwinder gehört zu den anspruchsvolleren Unternehmungen mit dem SUP. Wer hier nicht immer wieder reinfällt, gehört schon zu den Profis. Essentiell ist das Tragen einer Leash, da einem sonst das Brett »vom Winde verweht« wird.

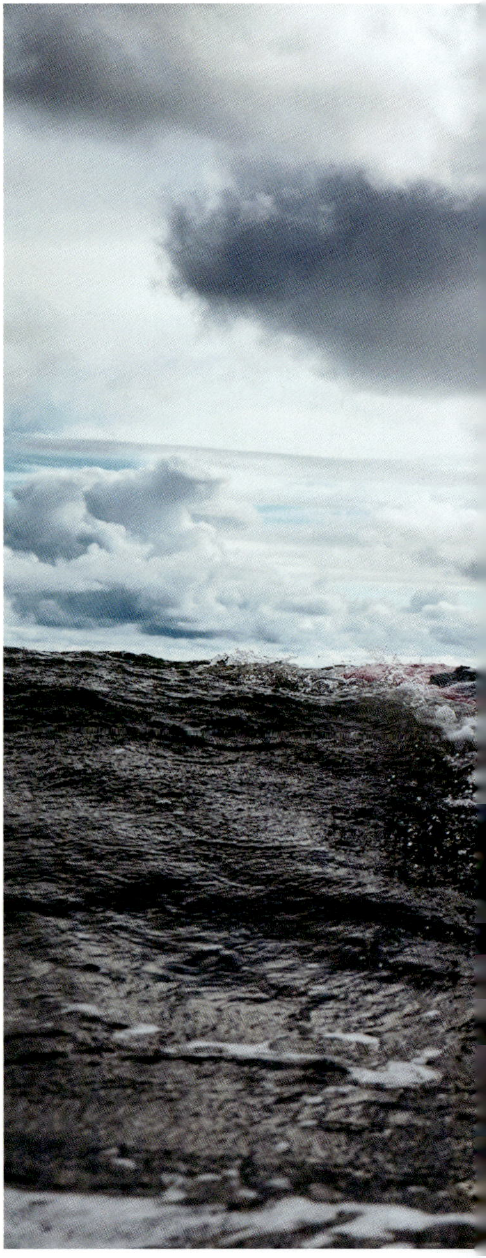

Mit Wind und Welle SUPen ist nicht einfach, macht aber wahnsinnig Spaß und bringt einen rasend schnell ans Ziel.

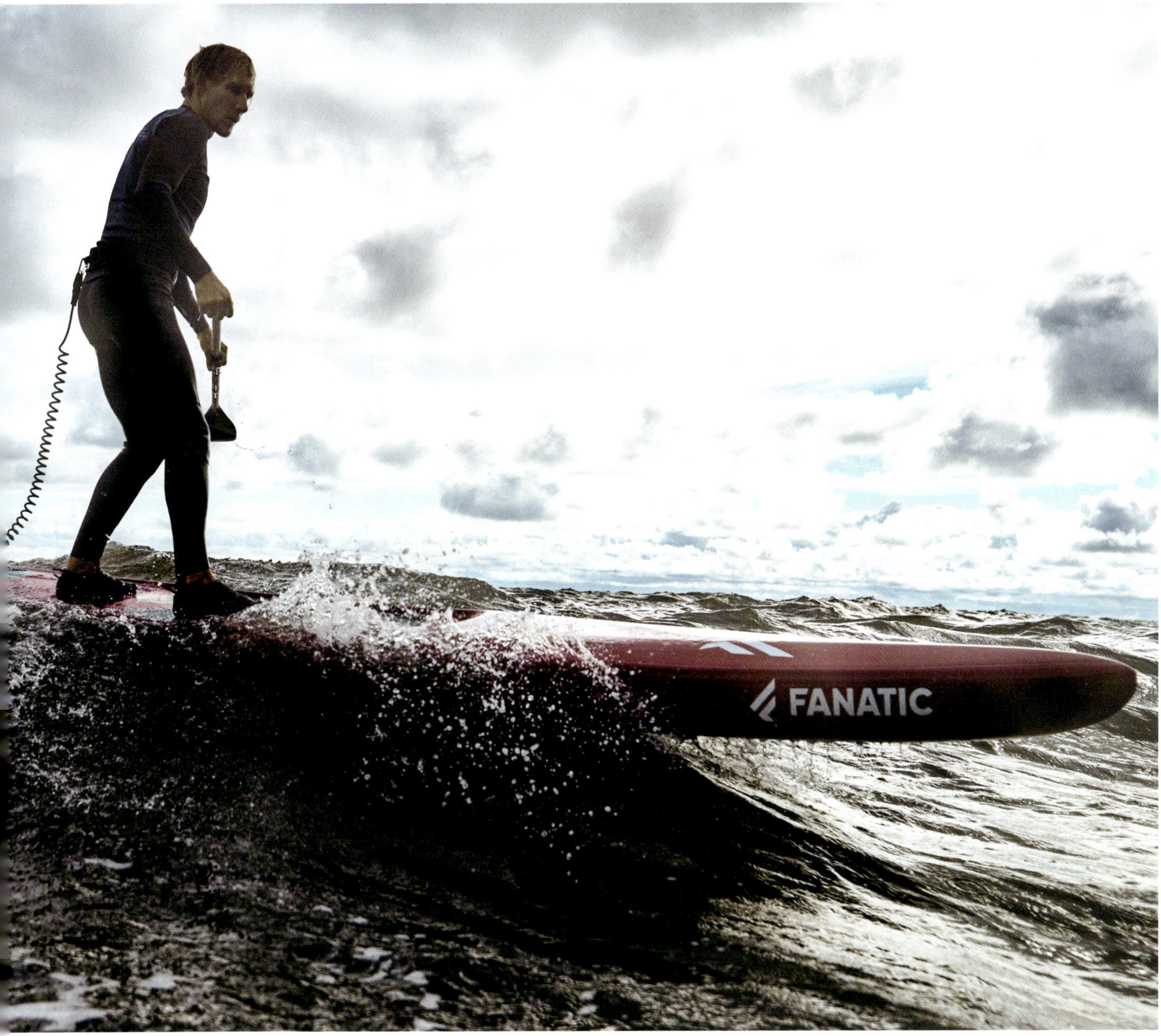
FANATIC

WAVE-SUPEN

Mittlerweile gehen SUPer auf der ganzen Welt in die Welle – auch wenn viele Wellensurfer SUPer hassen, weil diese ihnen die Wellen stehlen. SUPer sind auf ihren langen Brettern viel schneller und können daher die Wellen schon weiter draußen anpaddeln. Somit lassen sie den Surfern mit ihren kürzeren Boards keine Chance, auch mal auf die Welle zu kommen. Denn wer auf der Welle ist, hat immer Vorfahrt – auch wenn sich einige Surfer (häufig Locals) nicht an diese Regel halten.

SUP-Surfen bietet den riesigen Vorteil, dass man bereits steht, bevor die Welle kommt. Damit umgeht man den schwierigsten Teil des Wellenreitens, den Take-off. Mit dem Wave-SUP bekommt man gerade an kleinen Meeren wie der Ostsee oder dem Mittelmeer Wellen, bei denen herkömmliche Surfer längst frustriert an Land sitzen.

Zum Wellenreiten gibt es speziell geshapte SUPs, die etwas breiter als Surfboards und meist nicht länger als sieben bis acht Fuß sind. Diese recht großen Bretter können schnell eine echte Gefahr für andere Surfer und natürlich Schwimmer darstellen. Daher ist es beim Wave-SUPen ratsam, ein bisschen abseits vom Pulk zu surfen.

HÖRTIPP

Um Feindseligkeiten auf der Welle vorzubeugen, hier ein Hörtipp: In dieser SUP-Podcast-Episode spricht Philipp Kuretzky (der ehemalige Präsident des Deutschen Wellenreitverbands) mit Peter Rochel über das Thema SUPer vs. Surfer. https://www.sup-onlineacademy.com/episode26/

Wave-SUPen ist die Königsdisziplin auf dem Brett. Kein Gefühl ist erhabener, als der Ritt auf einer Welle.

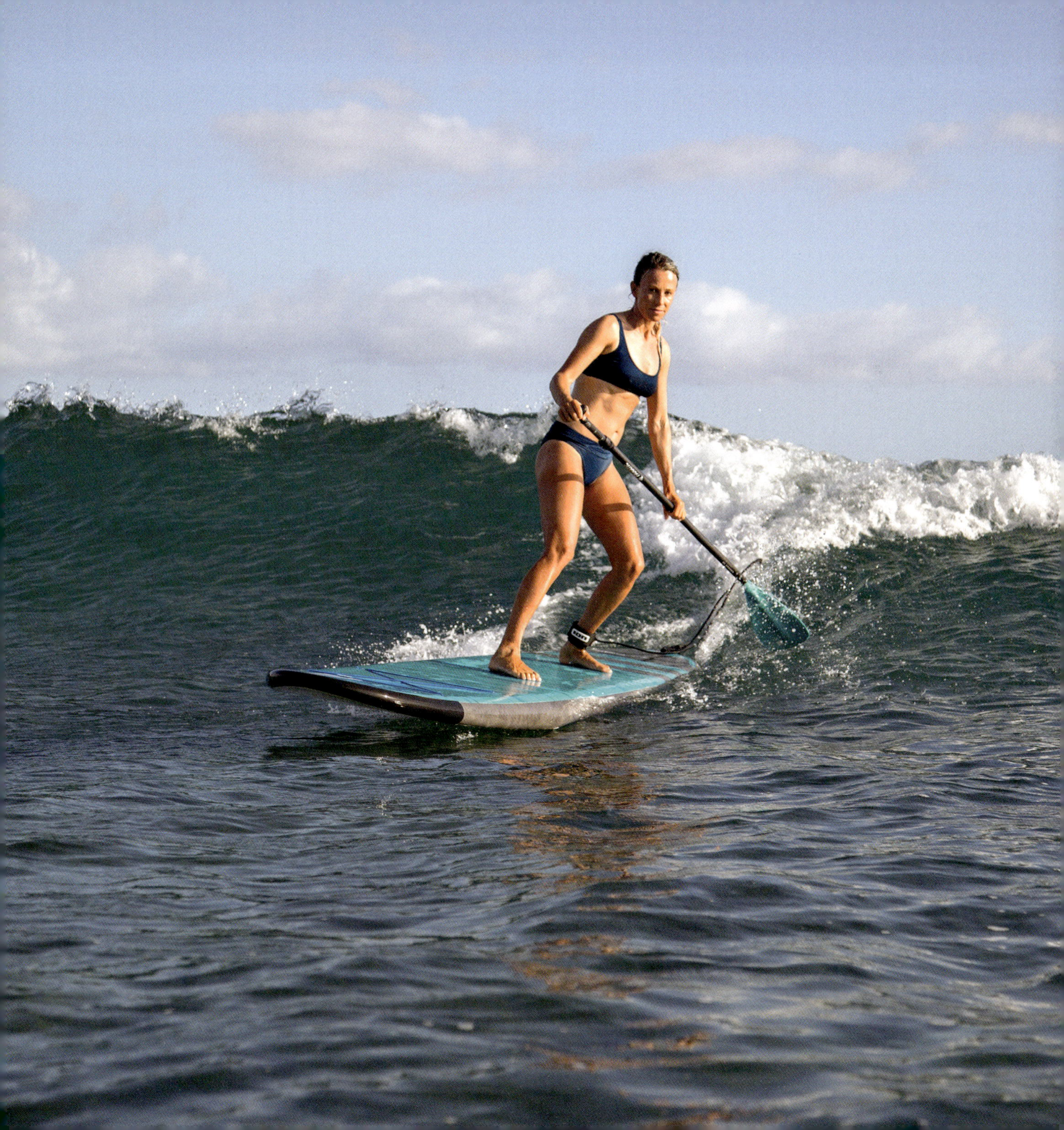

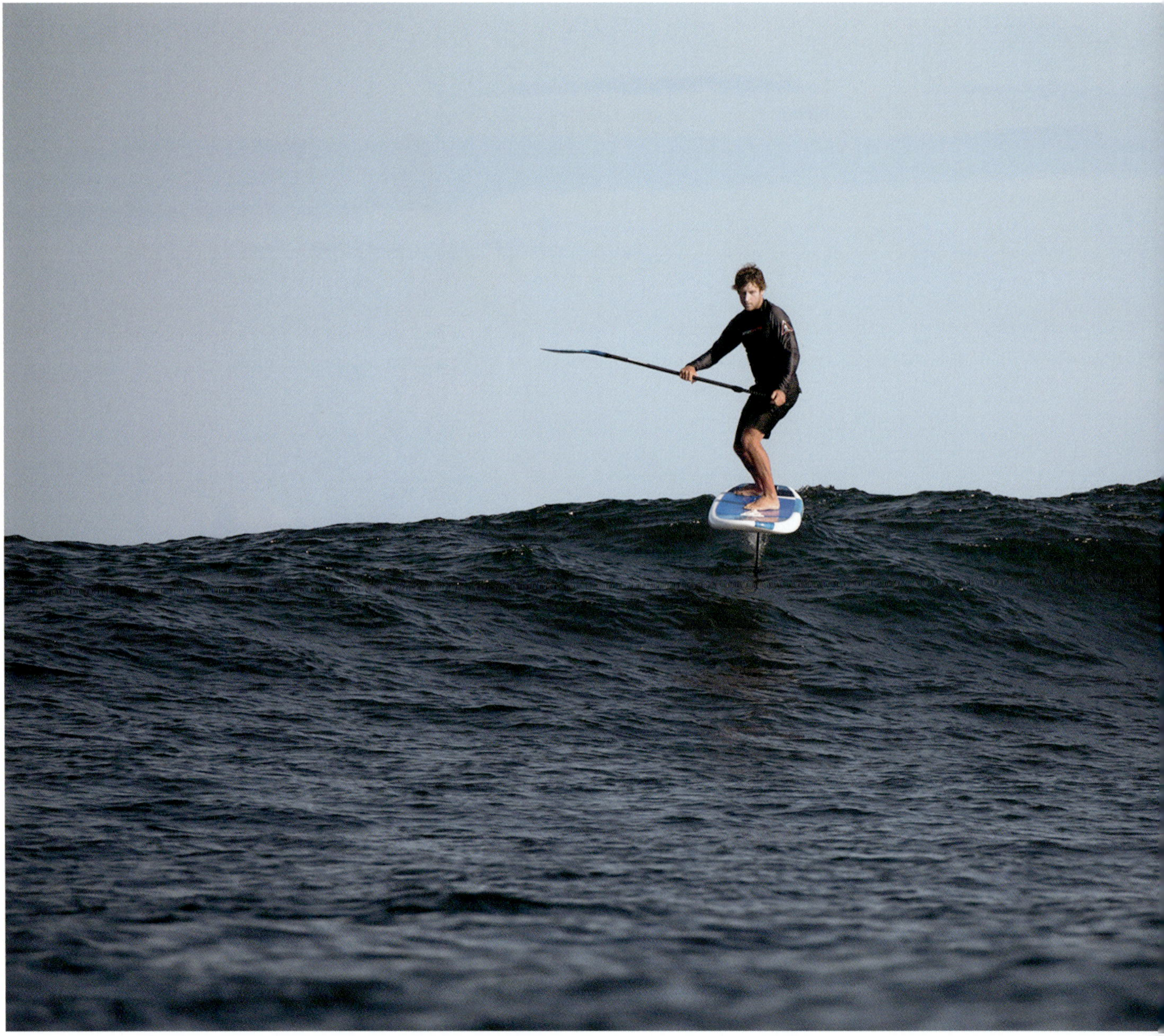

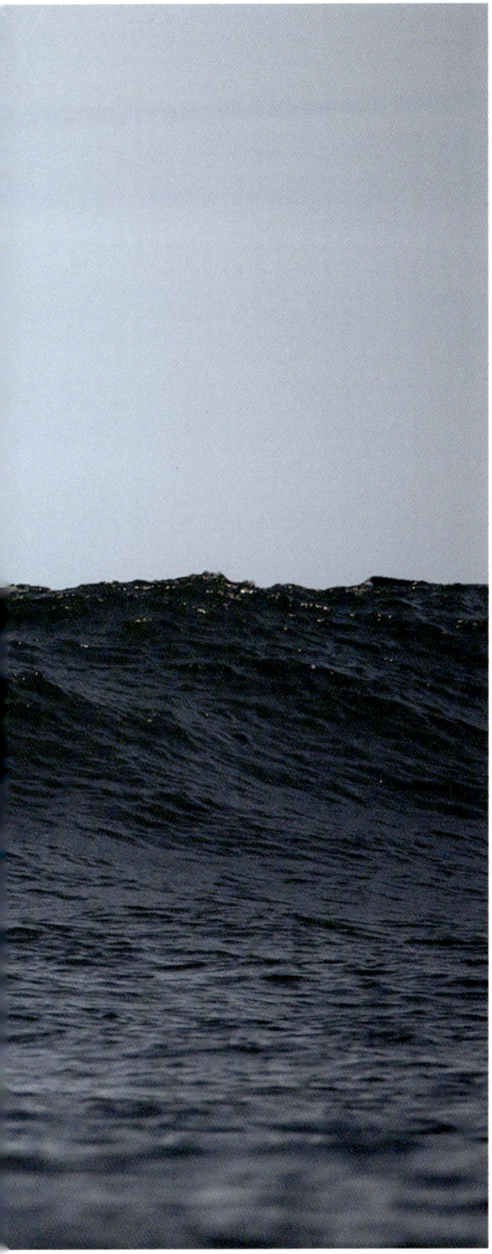

FOIL-SUPEN

Foiling ist der größte Boom seit Erfindung des Kitesurfens. Seit ein paar Jahren gibt es das Foil-SUPen. Ein Carbonschaft mit Tragflächen bildet das Foil, das unter das Brett geschraubt wird und ab einer gewissen Geschwindigkeit dafür sorgt, das Brett aus dem Wasser zu heben, sodass das Wasser fast keinen Widerstand mehr leistet.

Foil-SUPen ist der große neue Trend und wird sich in den kommenden Jahren auf allen Gewässern durchsetzen. Im Moment wird dieser Sport noch von wenigen Vorreitern betrieben.

Dort wo etwas Wind vorhanden ist, wird anstelle des Paddels zunehmend ein Wing verwendet, um den nötigen Lift zu erzeugen. Schon ist es nicht mehr SUP-Foilen sondern Wingfoilen, das geht wirklich auf fast jedem Gewässer.

Foilen ist der neueste Trend auf der Welle. Tragflächen an einem Schaft unter dem Brett lassen das Board schweben.

TOUREN-SUPEN AUF DEM MEER

Auf dem Meer funktionieren die gleichen Techniken und Manöver wie auf Seen und Flüssen. Gerade auf der Ostsee oder im Mittelmeer hat man selten mit stärkeren Brandungswellen zu kämpfen, die das Ablegen erschweren. In einigen Ländern, wie zum Beispiel Frankreich, ist es verboten, weiter als 300 Meter vom Ufer entfernt zu paddeln, es sei denn man trägt Rettungsweste und hat ein Kopflicht mit Positionslichtern an Bord.

Die größten Gefahren sind plötzlich aufziehende Gewitter, Muscheln und scharfkantige Felsen. Anfänger sollten auf keinen Fall bei ablandigem Wind aufs Wasser gehen. Auch erfahrene SUPer sollten an Land Bescheid geben, wenn sie aufs Meer SUPen. Gerade am Mittelmeer kann der Wind drehen und eine Rückfahrt unmöglich machen. Im Meer schadet es nie, eine Leash zu tragen.

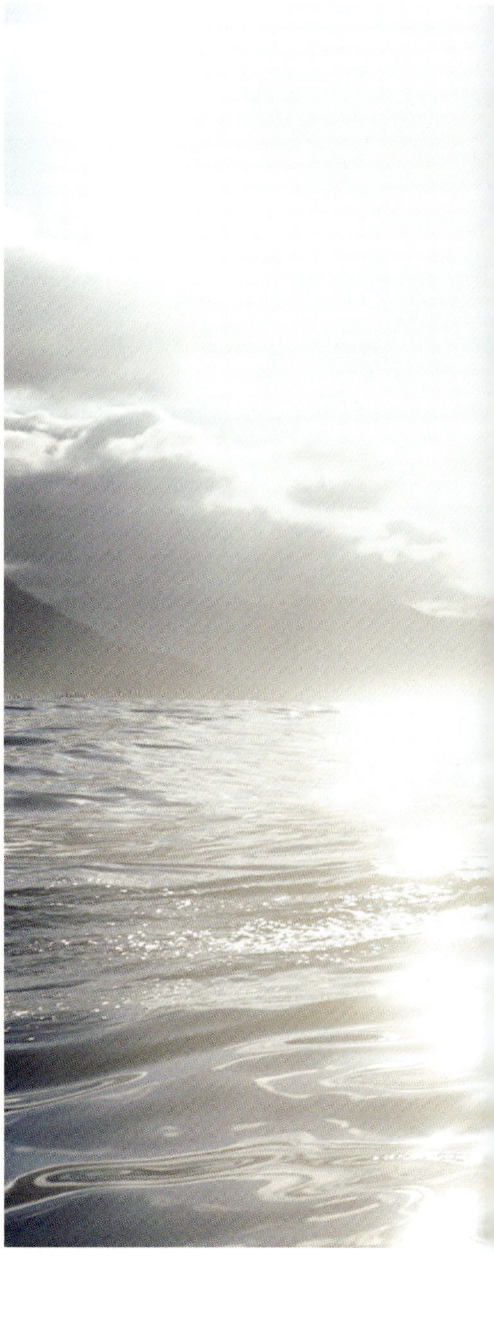

Wer auf dem Meer auf Tour geht, sollte ein passionierter Waterman sein. Wind, Welle und Strömung können schnell gefährlich werden.

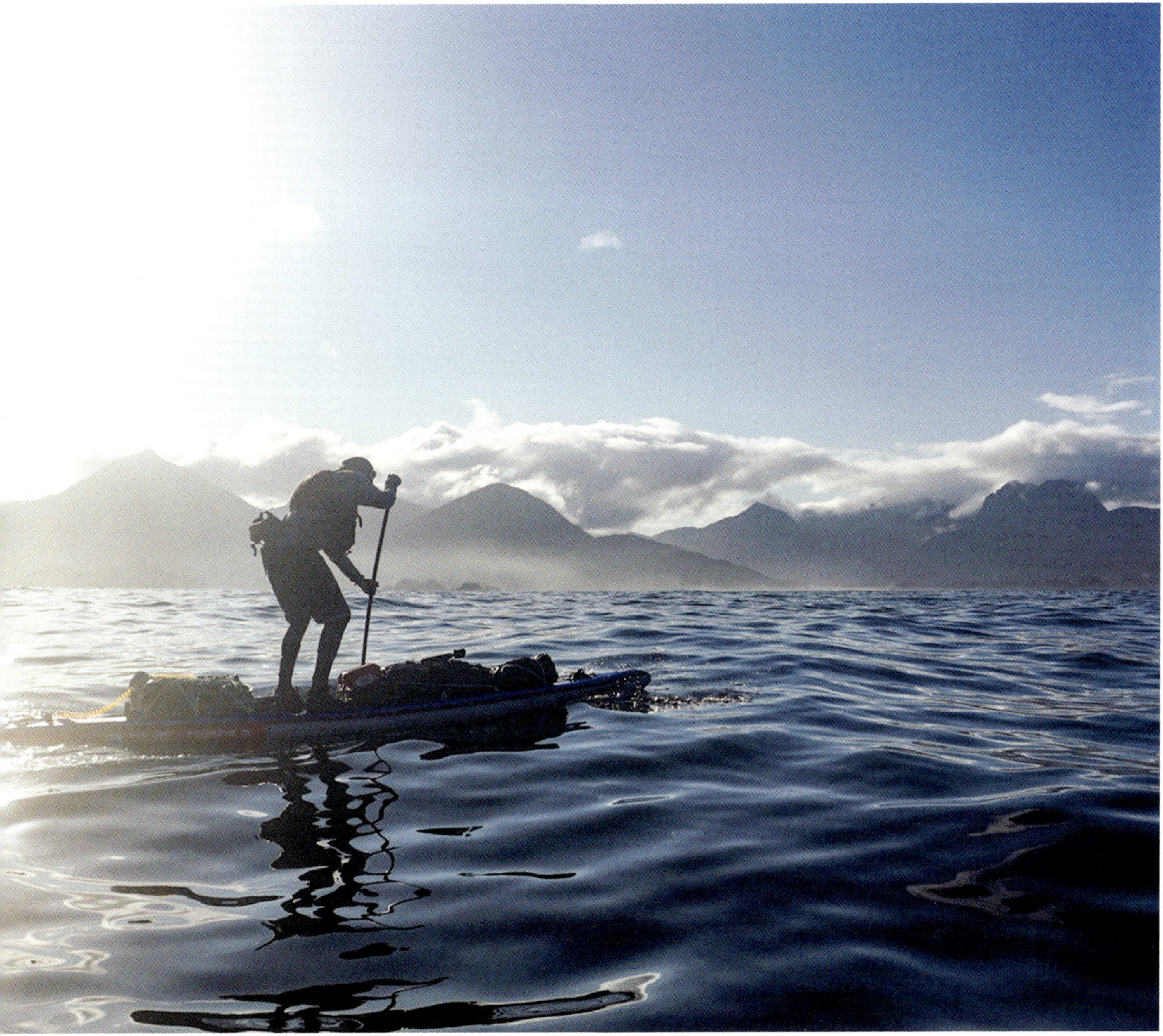

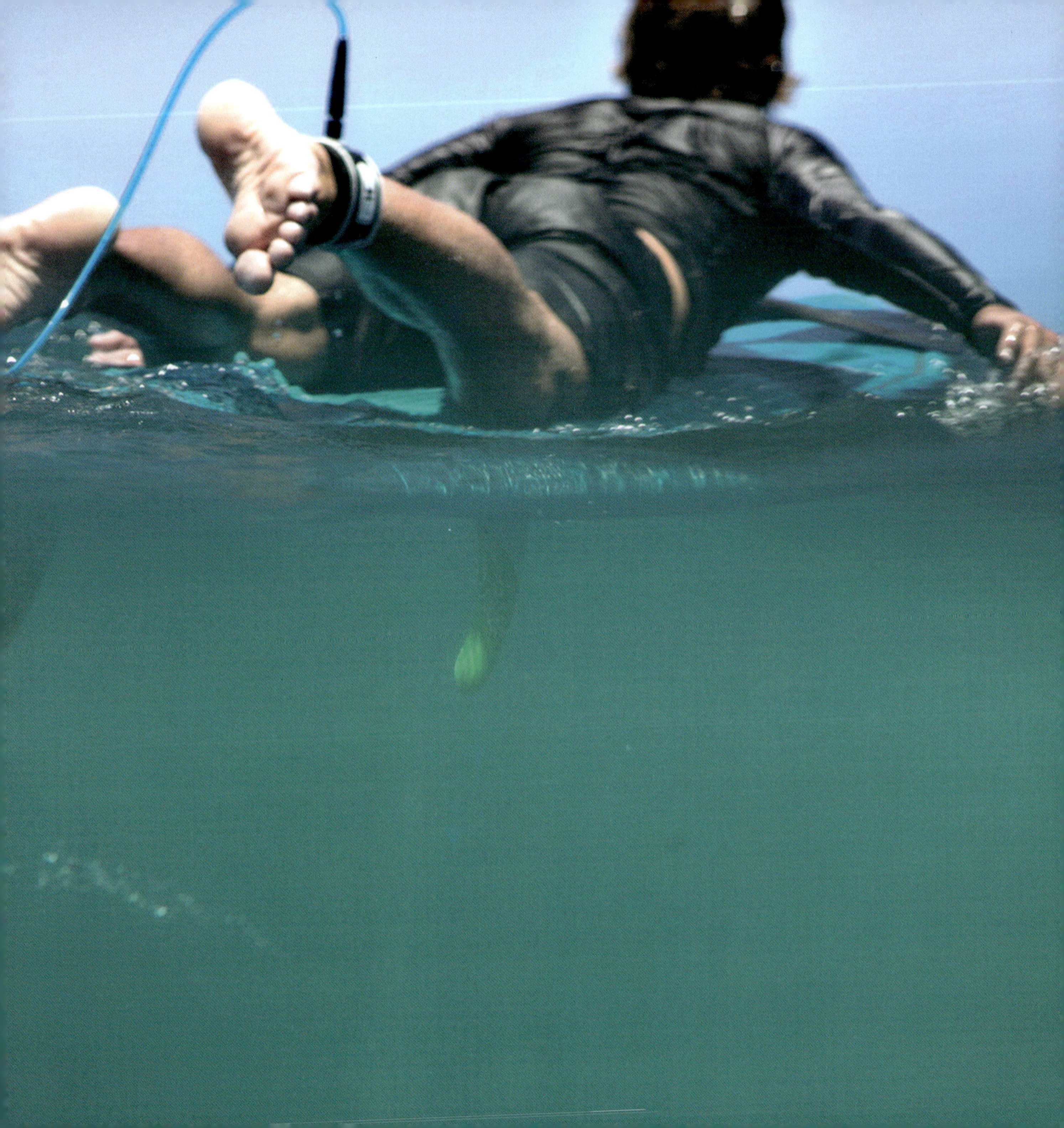

13
TOUREN UND EQUIPMENT

PLANUNG

Zuerst solltest du das Ziel festlegen und anschließend die Witterungsverhältnisse prüfen. Am unkompliziertesten ist die Navigation mit dem Smartphone. Kompass und Karte funktionieren natürlich auch, nehmen aber Platz weg und sind im Zweifel, je nach User nicht so gut wie Google Maps. Eine Karte mit an Bord zu haben, schadet natürlich nie, denn der Akku vom Smartphone hält nur begrenzt oder es kann ins Wasser fallen.

PROFITIPP

Wenn du hin- und zurückpaddeln musst, paddle immer zuerst gegen den Wind. Es sei denn, die Wettervorhersage verspricht eine Windänderung – auf die du dich wirklich verlassen kannst.

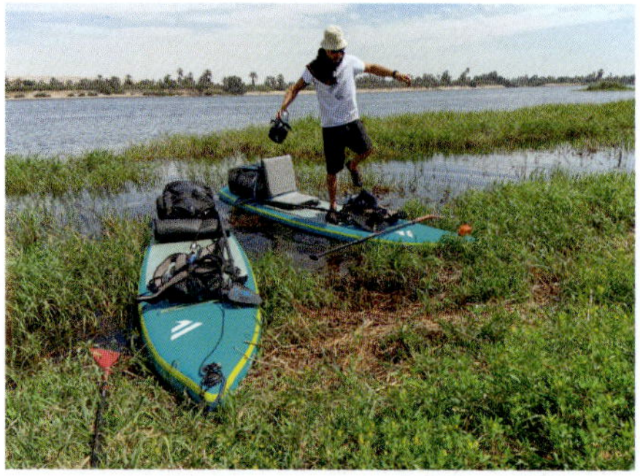

Gerade auf Flüssen, die ins Meer fließen, darauf achten, dass es Ebbe und Flut gibt und man schnell auf dem Trockenen steht.

PROFITIPP

Tennisgriffbänder fürs Paddel, um Blasen zu vermeiden. Die Bänder geben der unteren Hand mehr Gripp, und es kommt dadurch zu weniger Reibung und somit zu weniger Blasen.

Zum Wasserwandern eignen sich vor allem größere Touringbretter, aber auch Race-Boards sind in ruhigen Gewässern gut geeignet. Je länger die Bretter sind, desto besser – Länge läuft und kippelt weniger. Bei den Paddeln unbedingt Vollcarbon statt Alu kaufen, da nach Stunden auf dem Wasser jedes Gramm zählt.

Die meisten Touringbretter sind mit Laschen ausgerüstet, sodass man sein Gepäck gut befestigen kann. Man kann aber auch weitere Laschen aufkleben, um das Gepäck besser verteilen zu können.

Wichtig sind wasserdichte Säcke, Taschen oder Tonnen und ein Ersatzpaddel. Carbonpaddel können bei unvorsichtiger Handhabe schon mal brechen. Ansonsten Kocher, Geschirr, Kopflicht, Leine, gern auch eine Picknickdecke, Schlafsack, aufblasbare Isomatte und Zelt. Das Übliche, was man so zum Campen braucht. Alles passt locker aufs Brett plus Lebensmittel und Getränke. Natürlich gilt auch hier, dass jedes Gramm eine höhere Last bedeutet und durchs Wasser bugsiert werden muss.

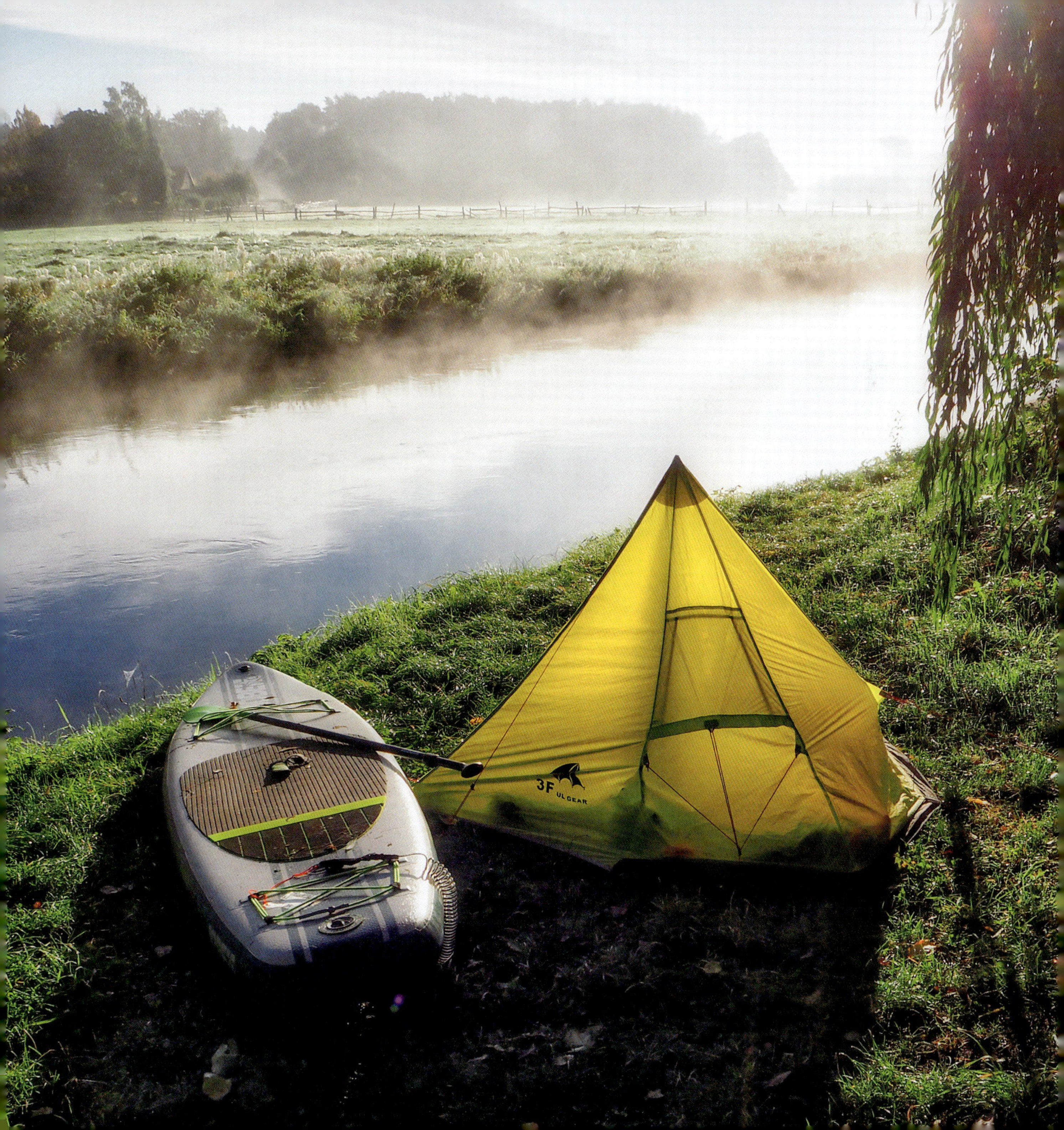
3F UL GEAR

WAS MUSS ICH MITNEHMEN?

Im Grunde ist SUP-Wandern wie Camping mit dem Brett. Gerade auf iSUPs kannst du alles an Equipment und Nahrung mitnehmen, was du benötigst. 30 Kilogramm Gepäck plus Trinkwasser sind überhaupt kein Problem. Natürlich musst du bedenken, dass jedes Kilo die Fahrt durchs Wasser erschwert.

PACKLISTE FÜR TOUREN	WIRD BENÖTIGT	WIRD NICHT BENÖTIGT	IST GEPACKT
BOARD & CO.			
Board			
Paddel			
Ersatzpaddel			
Pumpe mit Schlauch und Adapter			
Finne mit Finnschraube & Plättchen			
Ersatzfinne mit Finnschraube & Plättchen			
Kurze Finne für flache Gewässer			
Elektropumpe mit vollem Akku			
Leatherman oder anderes Werkzeug			
Reparaturkit inkl. Ventilschlüssel			
WETTER- UND KÄLTESCHUTZ			
Sonnencreme			
Schuhe			
Wechselsachen			
Sonnenbrille			
Lyrca			
Neoprenanzug			
Regen-/Paddeljacke			
Mütze/Kappe/Hut			
Handtuch			
Organisation			
Routenbeschreibung mit Gefahrenstellen, Ein- und Ausstiegspunkten			

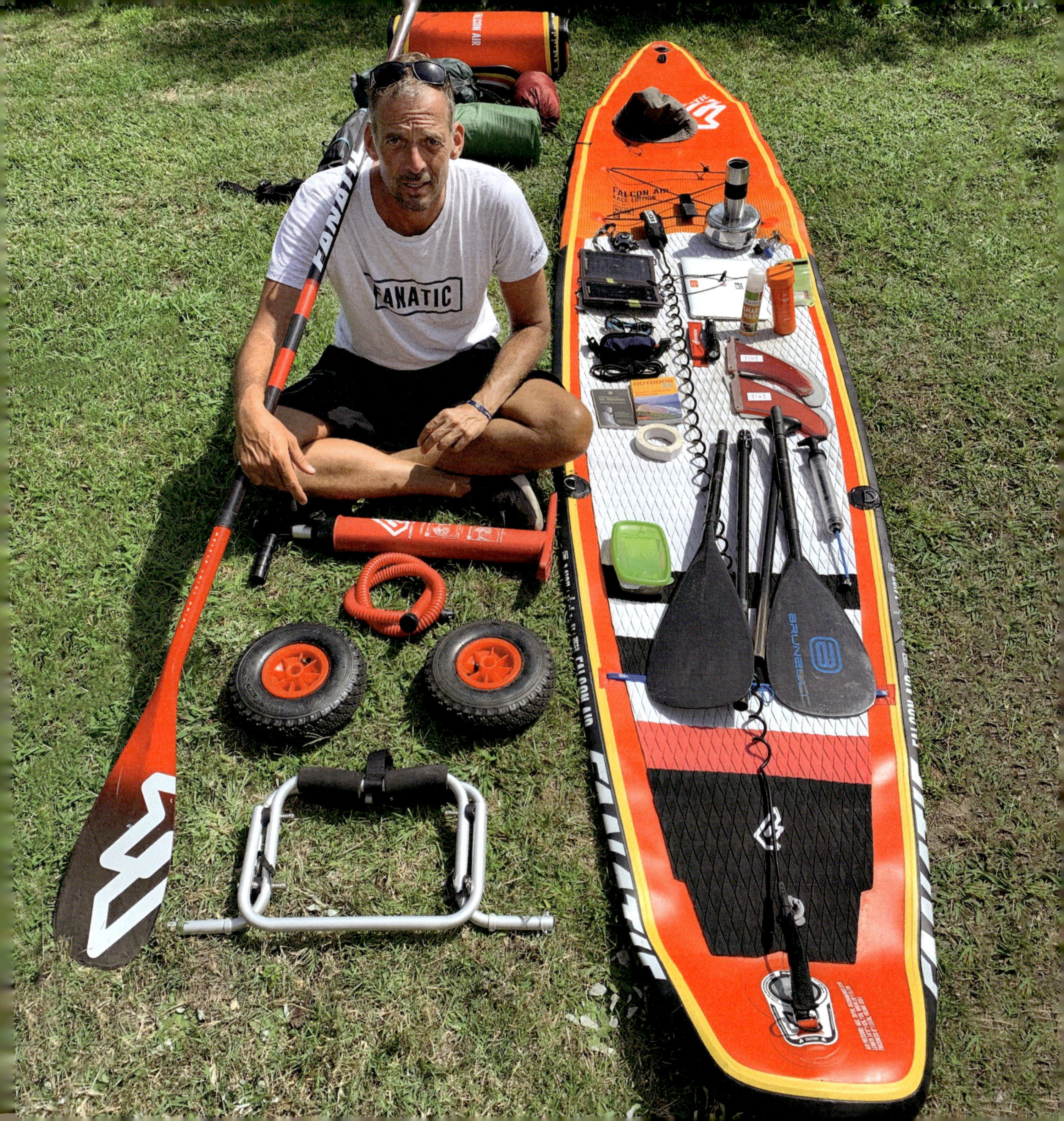
FANATIC
FALCON AIR
OUTDOOR

WAS VOR JEDER TOUR ZU BEACHTEN IST

1

DARF MAN HIER ÜBERHAUPT SUPEN?

2

WAS GILT IN BEZUG AUF UMWELT UND SICHERHEIT?

Die Donau zum Beispiel darf in einigen Abschnitten aus Naturschutzgründen nur an bestimmten Monaten befahren werden.
SUP- und Kanuverleih-Stationen haben alle wichtigen Infos.

3

GIBT ES IN EINEM BESTIMMTEN GEBIET WICHTIGE AUSRÜSTUNG, DIE UNBEDINGT VONNÖTEN IST?

4

MEISTGENUTZTE SUP-APPS FÜR PLANUNG, PEGEL, WETTER:

Waterspeed
RiverApp
Canua
Diese drei Apps liefern alle Infos über Wind und Wetter, sie tracken vernünftig und machen Tourenplanung simpel.

BUCHTIPP

Die Revierbibel für Fließgewässer: Der Gewässerführer für die einzelnen Regionen vom Kanu-Verlag, www.kanu-verlag.de.

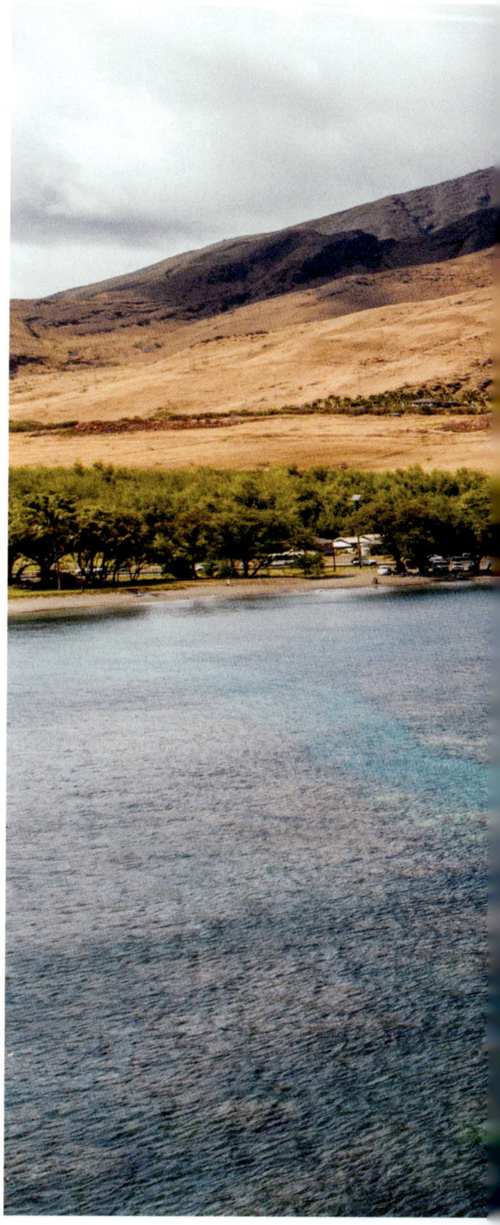

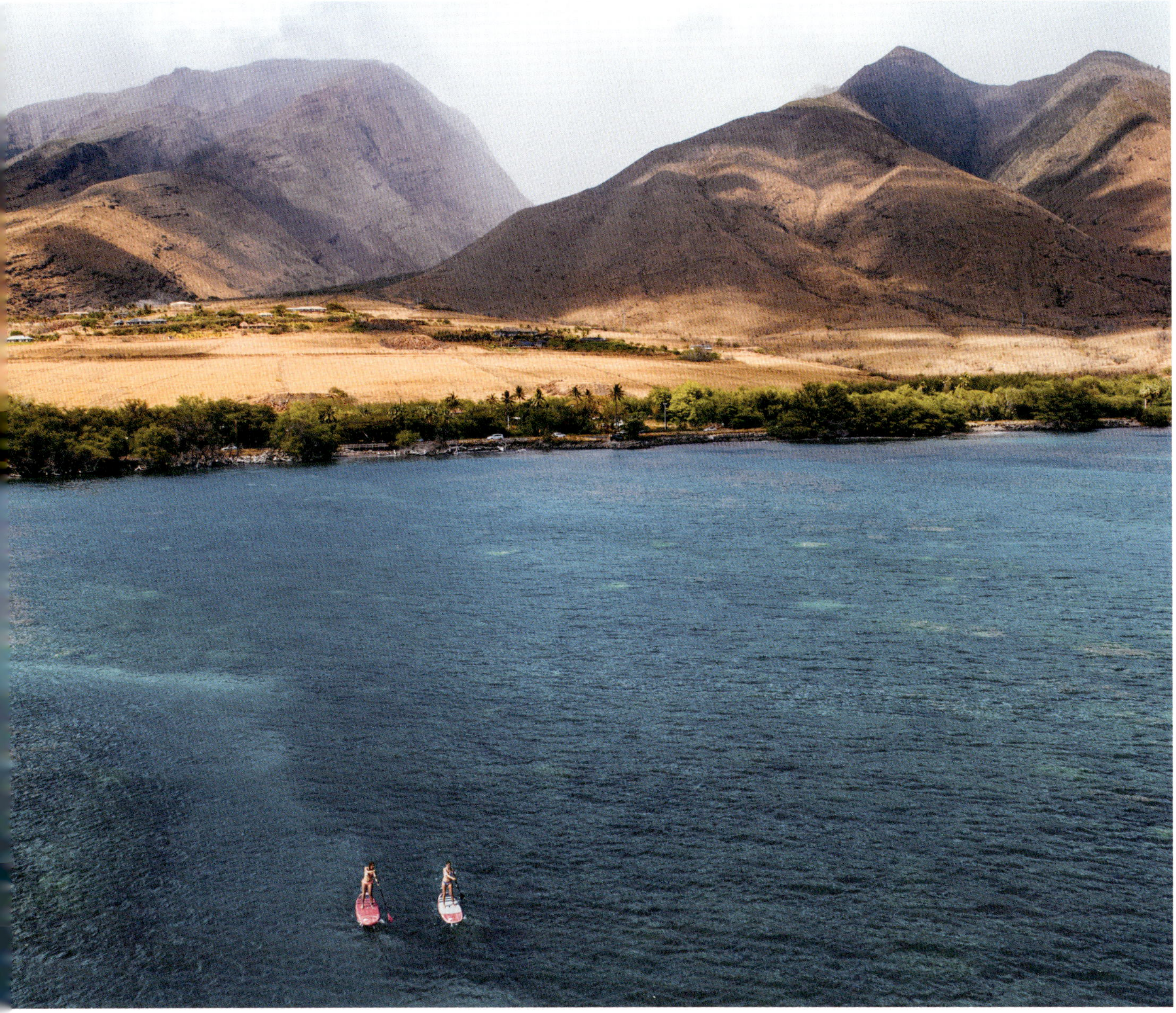

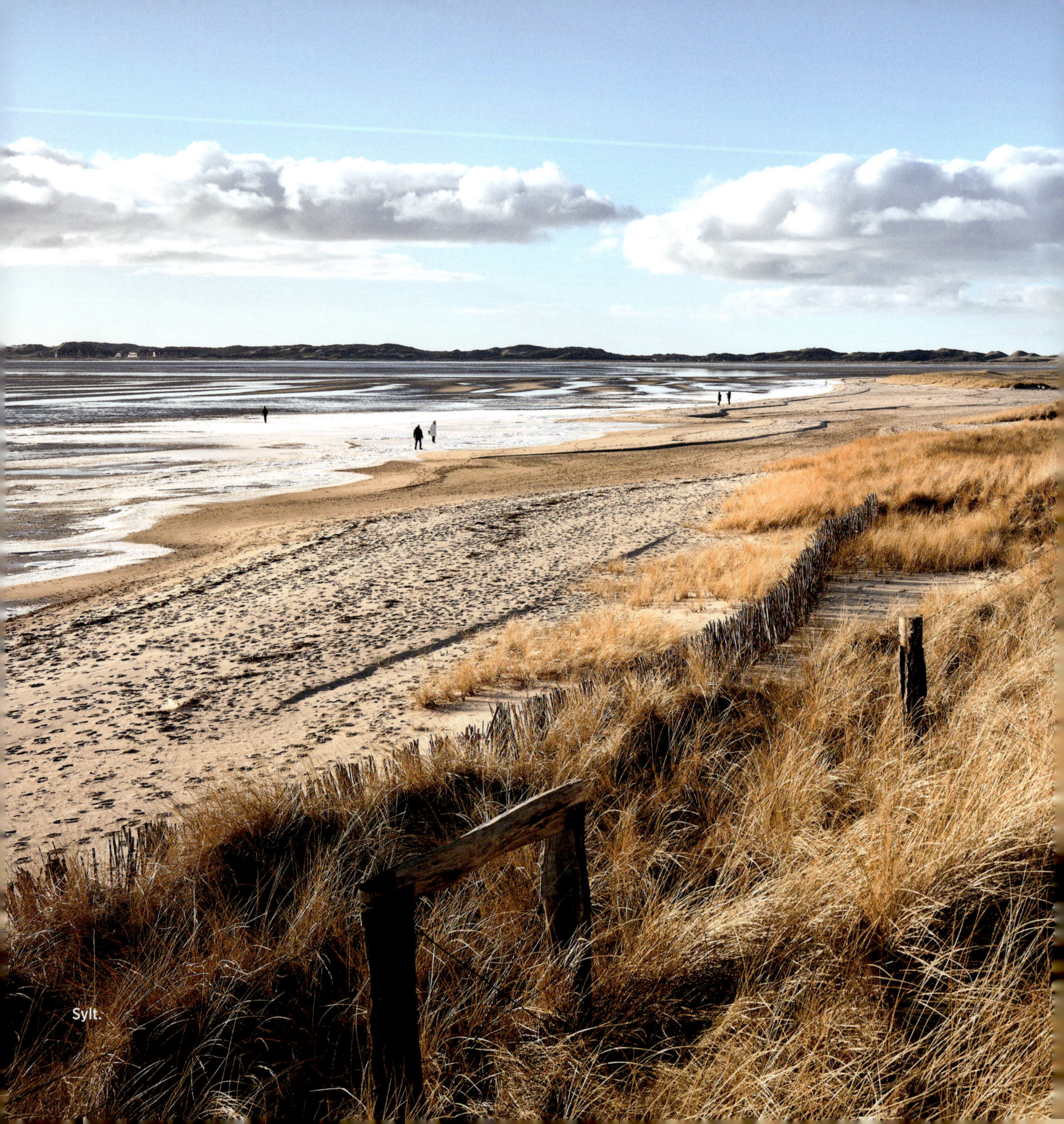

Sylt.

14
DIE BESTEN SPOTS IN UND UM DEUTSCHLAND

Deutschland verfügt über die Küsten der Nord- und Ostsee, über Tausende von Seen und Hunderttausende von Flusskilometern. Jahrelang haben viele die Schönheit unseres Landes unterschätzt – erst seit Corona und den erheblichen Schwierigkeiten des Reisens ins Ausland, gibt es einen Boom auf Deutschland.

Hier stelle ich die schönsten Spots vor – eingeteilt in Welle, See und Fluss. Es herrscht kein Anspruch auf Vollständigkeit. Dies ist lediglich ein kleiner Ausschnitt der Möglichkeiten. Natürlich sind die Saar, der Main, die Lippe und so viele weitere Flüsse ebenfalls traumhaft schön! Nicht zu vergessen die östliche Ostsee ab Travemünde, besonders für Touren und Welle. Hierüber gibt es ausreichend Literatur.

Hier können sich SUPer viel von den Kanuten abschauen, die seit Jahrzehnten die besten Spots kennen und hierüber gute Literatur veröffentlicht haben – beispielsweise: *Deutschland zu Fluss: Die 50 schönsten Kanurouten an Flüssen und Seen* vom Bruckmann Verlag. Mit vielen Tipps zur Planung und Durchführung. Für erfahrene Kanuten, Anfänger und Familien mit Kindern geeignet.

WELLE

SYLT, WESTERLAND

Hier gibt's die zuverlässigsten Wellen in Deutschland. Und wenn die Welle in Westerland nicht bricht, dann vielleicht in Rantum oder Hörnum. Kaum ein Revier ist so zuverlässig wie Deutschlands teuerste Insel. Auch der eigene Bulli kann mit auf die Insel genommen werden. In Nebenstraßen, zum Beispiel in Rantum, kannst du unbehelligt übernachten. Sylts Nachteile liegen auf der Hand: die Insel ist schwer zu erreichen, überteuert, überlaufen. Eine gute Alternative ist die kleine, dänische Insel Römö, wo ebenfalls traumhafte Bedingungen herrschen können.

SANKT PETER-ORDING

Hier kann man sogar bis auf den Strand fahren. Außerdem spart man sich die nervige Anreise wie bei Sylt. Wer mit dem Bulli ein bisschen Richtung Norden ausweicht, findet grandiose Stellplätze in der Natur und ein paar versteckte Wellenspots, die vor allem im Herbst richtig Freude machen können.

MÜNCHEN, EISBACH

Die berühmteste surfbare Welle in Deutschland, die nicht am Meer liegt. Leider ist der Eisbach mittlerweile Tag und Nacht, von Januar bis Dezember überfüllt. Hier wird manchmal sogar Flutlicht aufgebaut, damit die langen Winternächte nicht ungesurft verstreichen. Aber es gibt die Möglichkeit, die etwas unbekanntere Welle im Englischen Garten zu surfen. Ganz früh morgens kann man hier länger als ein paar Minuten auf dem Brett stehen und muss danach nicht für eine Stunde anstehen.

Außerdem gibt es sehr ordentliche Flusswellen, die sich rund ums Jahr lohnen: Nürnberger Dauerwelle, Pipeline Bad Ischl, Wellenwerk Berlin, Surf Langenfeld.

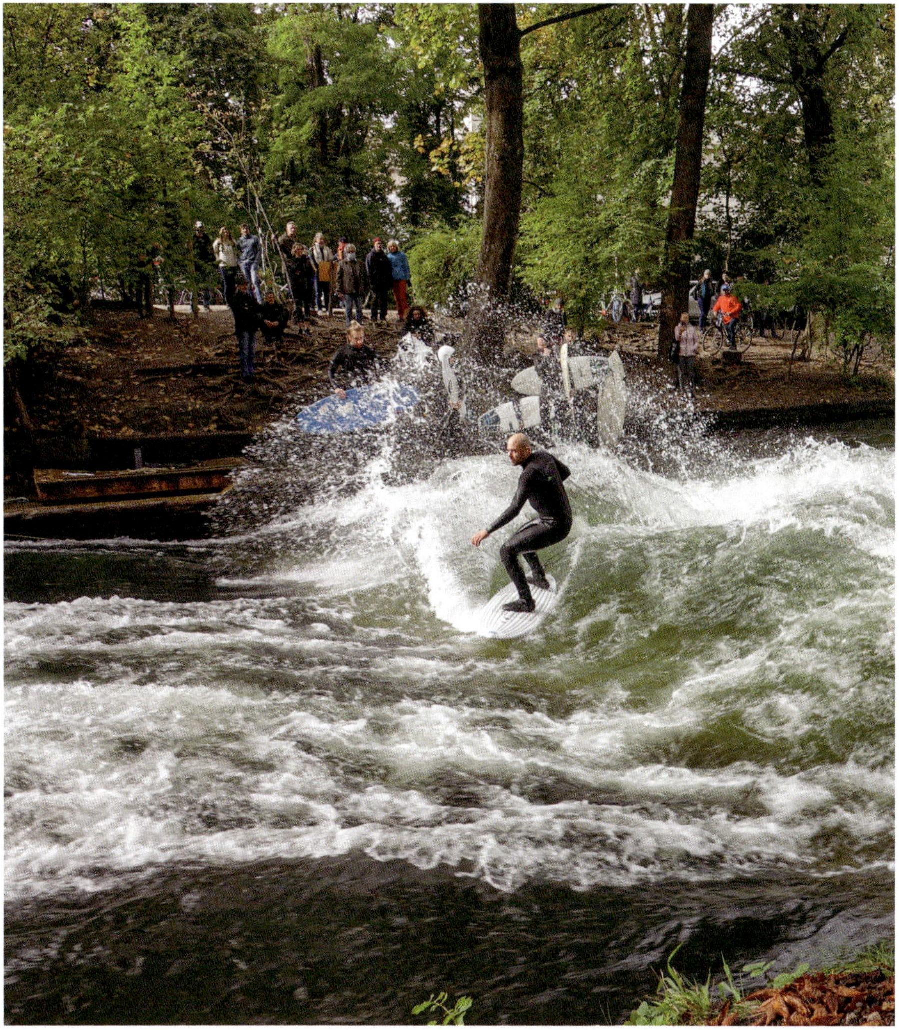

SEEN

BADEN-WÜRTTEMBERG, SCHWARZWALD, TITISEE

An den Wochenenden ist dieser See zwar überlaufen, aber unter der Woche bietet er eine besondere Idylle aus dichten Wäldern und glasklarem Wasser. Es gibt verrückte Legenden um diesen Bergsee: angeblich ist er an einer Stelle unendlich tief, er soll einst eine ganze Stadt verschlungen haben und sogar Monster beherbergen. Egal – für SUP-Anfänger ist er perfekt: friedlich, meist windstill und in anderthalb Stunden auch von Ungeübten zu umrunden. Außerdem gibt es einen guten SUP-Verleih (Action Forest SUP Station), hervorragende Übernachtungsmöglichkeiten, schöne Biergärten und einen Strand mit Karibiksand.

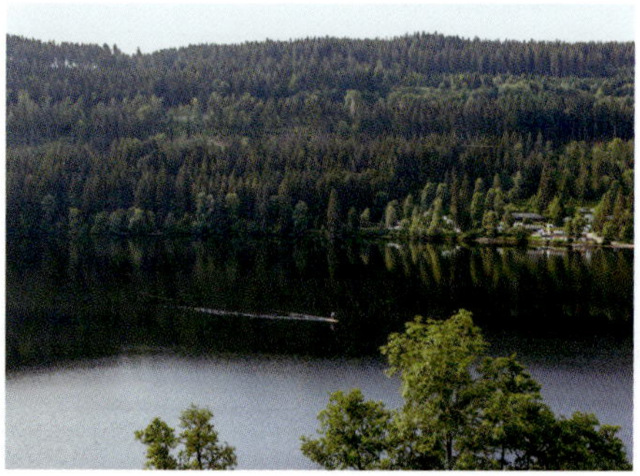

SCHWEIZ, ZÜRICHSEE

Zürich vom Wasser aus zu sehen, gibt dieser Stadt noch mal mehr Glanz. Die Lage zwischen den Alpen und dem wunderschönen grünen See, macht Zürich zum SUP-Hotspot der Schweiz. Ein guter Startpunkt für eine Tour ist irgendwo am westlichen Ufer. Von dort geht's Richtung Innenstadt, vorbei am Springbrunnen Aquaretum, bis zum Anfang des Sees: die Limmat. Bei genügend Pegel kannst du hier noch ein paar hundert Meter in die Stadt paddeln, doch dann musst du irgendwann umdrehen oder aus dem Wasser, weil die Strömung zu stark wird.

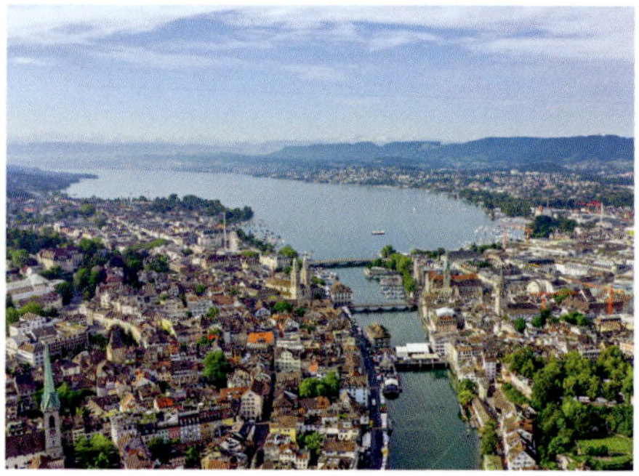

DER BODENSEE

Hier gibt es unendlich viele SUP-Möglichkeiten, denn der Bodensee ist überall wunderschön. Dort wachsen sogar Palmen und Bananenstauden. Das Klima erinnert an Italien und die Menschen am See sind unglaublich entspannt – was daran liegen könnte, dass die meisten ziemlich wohlhabend sind.

Eine großartige SUP-Tour verläuft rund um die Insel Reichenau. Eine Allee führt über einen Damm auf die Insel mit ihren Buchten, Gärten und historischen Gebäuden – die ideale Kulisse für SUPer. Es gibt eine SUP-Station (Lake SUP), wo man sich über die aktuellen Bedingungen erkundigen kann. Je nach Wind ist es sinnvoll im oder gegen den Uhrzeigersinn zu paddeln. Die Tour dauert drei bis vier Stunden.

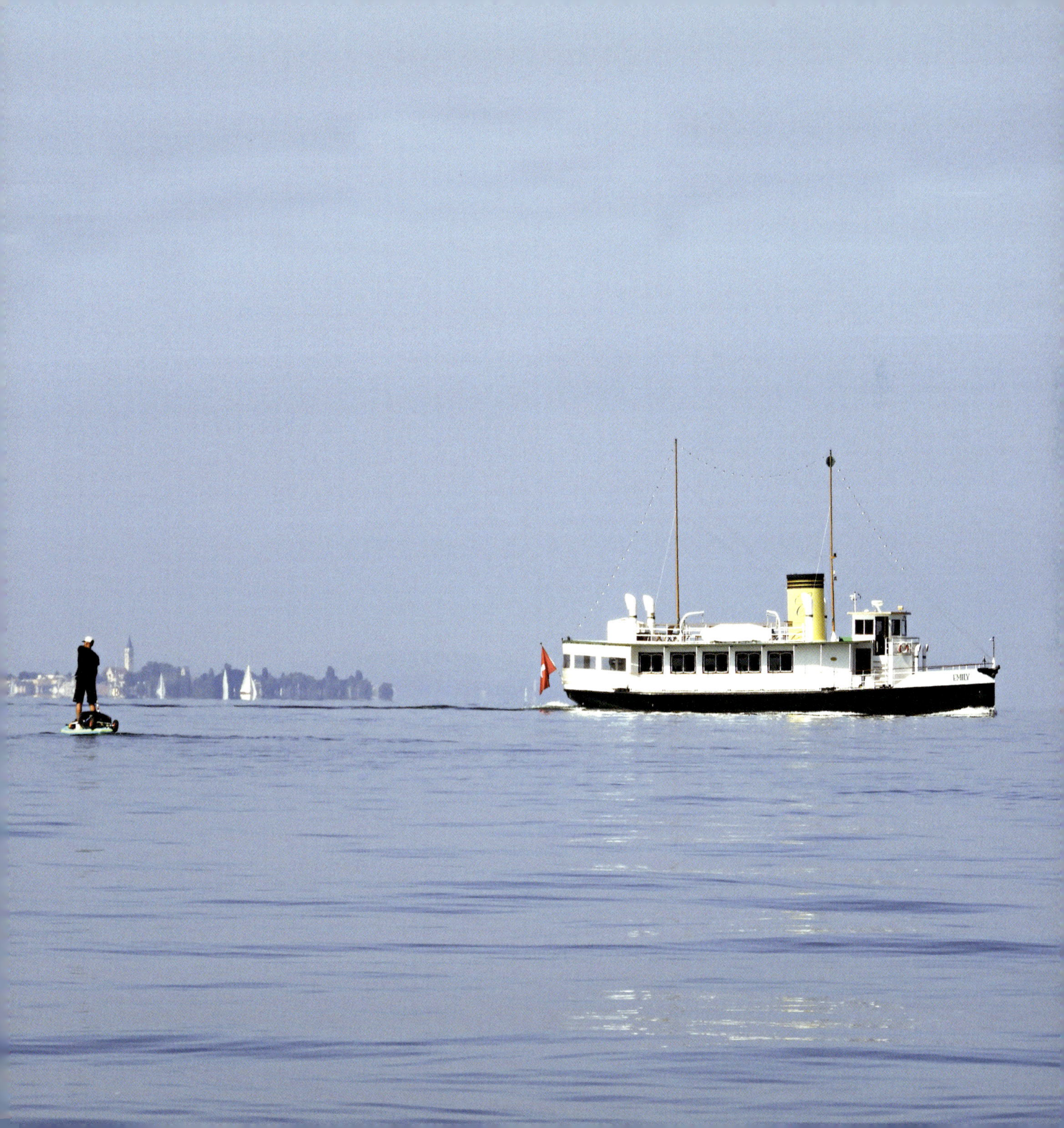
EMILY

SCHWEIZ, INTERLAKEN: THUNERSEE UND BRIENZERSEE

Das Städtchen Interlaken hat gleich zwei Seen zu bieten und beide sind großartige SUP-Reviere – und das mitten im Berner Oberland mit fantastischem Panorama. Man kann im Brienzersee starten und dann mit der Aare durch Interlaken in den Thunersee paddeln. Zwar gibt es ein paar Wehre zu umtragen und die Fließgeschwindigkeit der Aare kann ordentlich Fahrt aufnehmen, aber die Tour lohnt sich allemal. Ziel könnten die St. Beatus-Höhlen sein – ein gigantisches, weitverzweigtes Labyrinth aus Stalagmiten und Stalaktiten. Und wer ein bisschen Fantasie hat, kann sich gut vorstellen, dass der heilige St. Beatus mit Kreuz und heiliger Dreifaltigkeit von hier aus einen grausigen Drachen in den See getrieben hat, in dem das Biest unter Gebrüll ertrank.

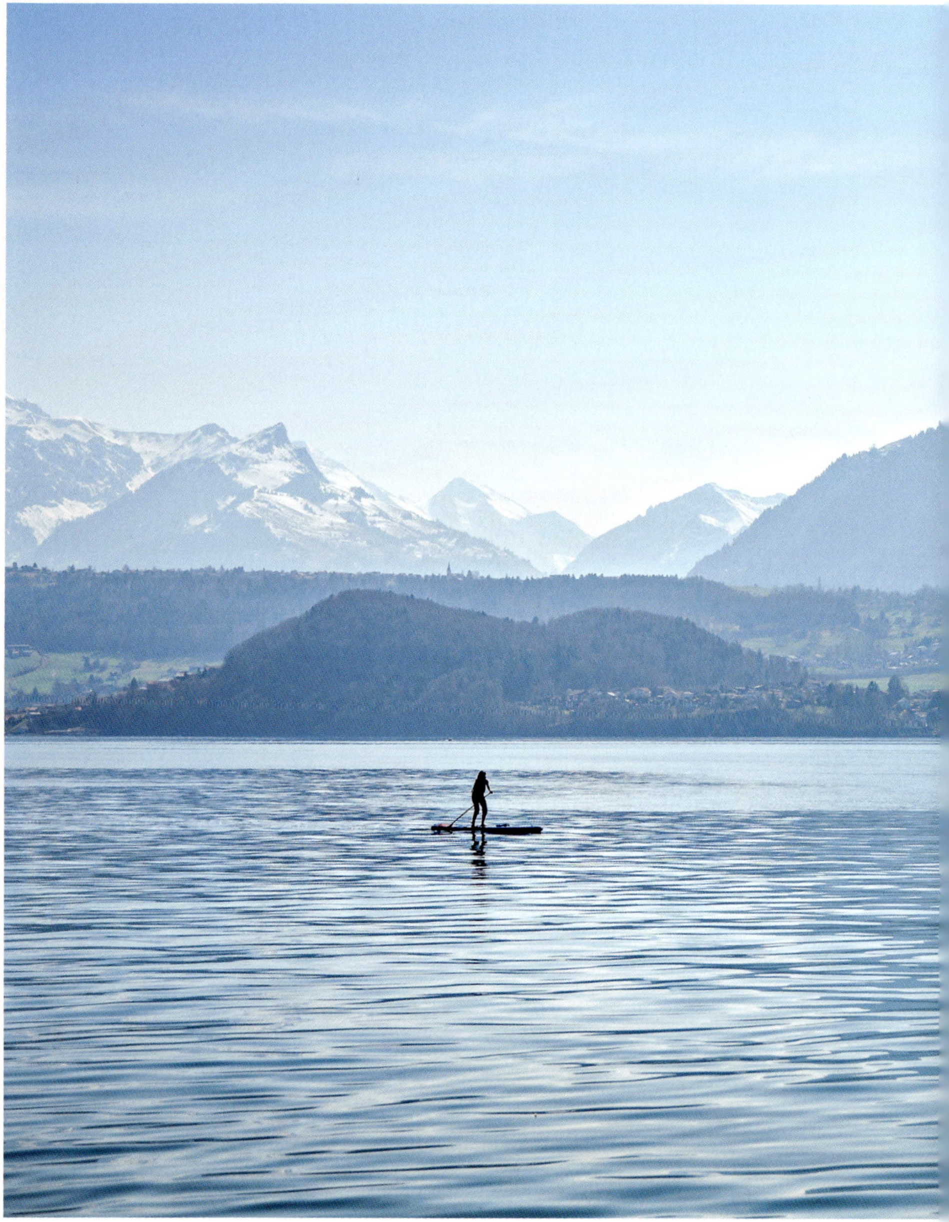

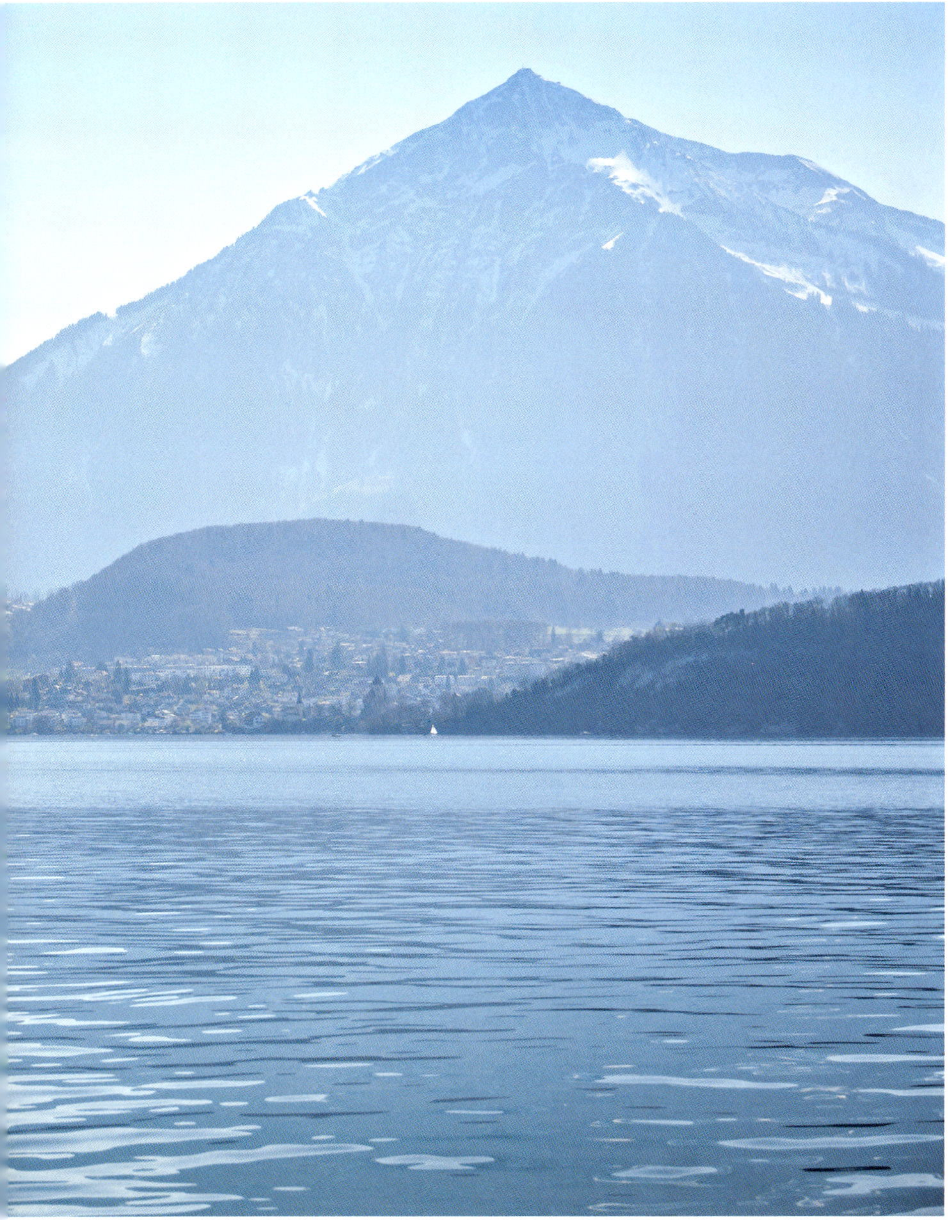

BAYERN, FORGGENSEE

Deutschlands schönster und größter Stausee bietet ein bisschen Disneyland: Hier paddelt man nämlich an den weltberühmten Schlössern Hohenschwangau und Neuschwanstein vorbei. Viel grandioser kann die Kulisse in unserem Land nicht mehr werden. Walt Disney besuchte Neuschwanstein in den Dreißigern, baute das Schloss mehrfach nach und nahm es sogar in sein Logo auf. Auch wenn das Schloss zu Recht im Ruf steht, von asiatischen Touristen überlaufen zu sein, so lohnt ein Besuch unbedingt! Vom SUP aus erst recht. Auch wenn man noch ein paar Kilometer vom See bis zum Schloss laufen muss.

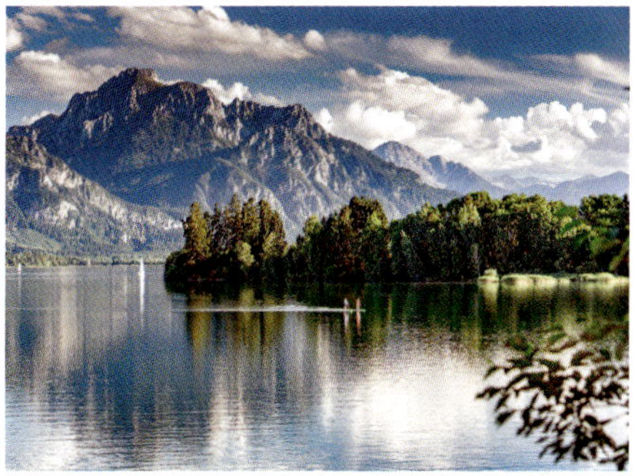

NORDRHEIN-WESTFALEN, RURSEE

Hört sich nach Ruhrpott an, liegt aber am Rande der Eifel und ist mit seinen engen Windungen und romantischen Dörfern ein absoluter Geheimtipp unter Deutschlands Seen. Dass die Nazis die Rurtalsperre 1938 errichteten, gehört zum schwarzen Kapitel dieses Sees. Dennoch muss man eingestehen, dass seitdem Überschwemmungen besser kontrolliert werden können und die Wasserversorgung für die Umgebung gesichert ist. Er ist zudem der einzige See der Eifler Seenplatte, der für den Wassersport genutzt werden darf. Mit seinen fast zehn geschlängelten Kilometern stellt er auch für geübte SUPer eine Herausforderung dar – vor allem bei Gegenwind, der hier recht heftig durchs Tal fegen kann. Die Befahrung des Rursees ist allerdings gebührenpflichtig: für SUPs beträgt die Wochengebühr 3,00 €.

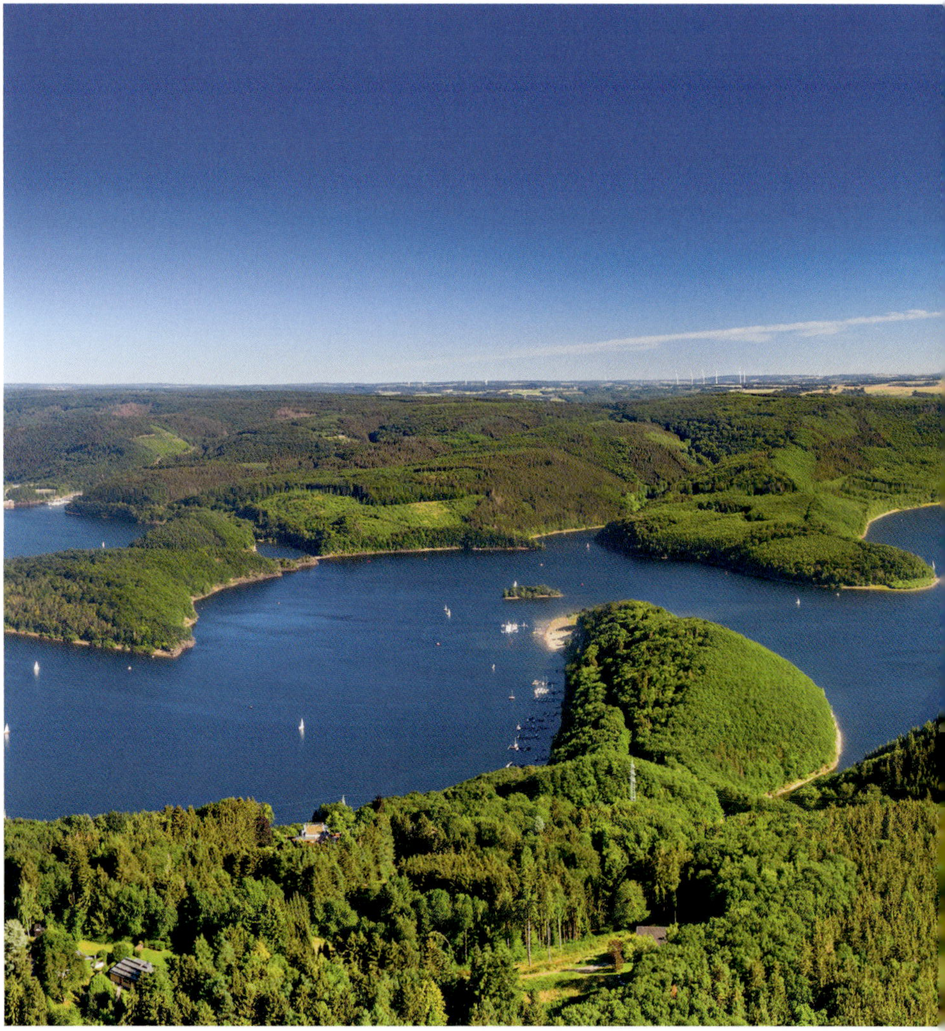

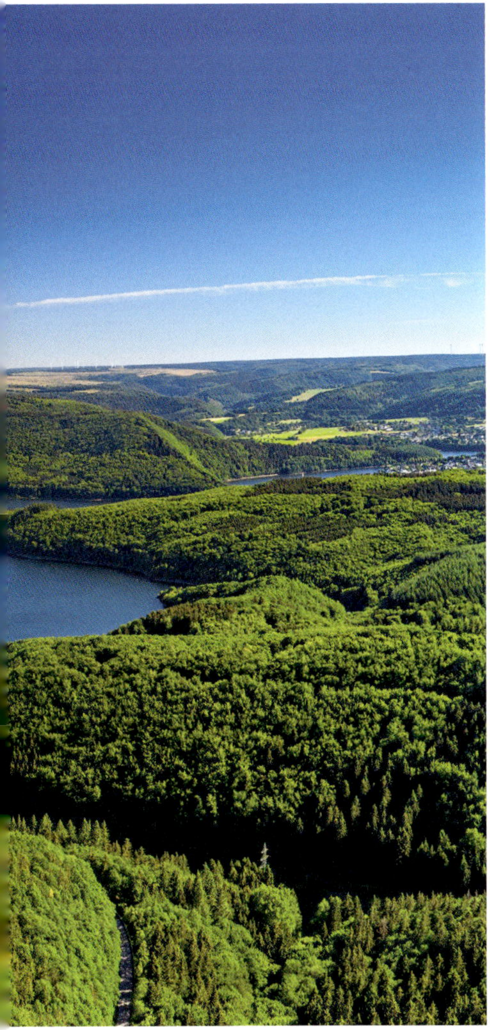

BAYERN, CHIEMSEE

Der Chiemsee ist so groß, dass ihn die Einheimischen das Bayrische Meer nennen. Eine der schönsten Touren geht rund um die Herreninsel, auf der du Versailles in klein besuchen kannst: das Neue Schloss Herrenchiemsee. Mit etwas Glück kannst du im benachbarten Naturschutzgebiet Seeadler beobachten und an den Ufern bei Überlingen in den schönsten Biergärten Bayerns absteigen. Oder du kommst Ende April an den Chiemsee zum Outdoor-Testival, wo du Dutzende verschiedener SUPs testen kannst.

MECKLENBURG-VORPOMMERN, PLAUER SEE

Der Plauer See lag zu DDR-Zeiten fast im Zonenrandgebiet und ist deshalb einer der unberührtesten Seen Deutschlands. Der siebtgrößte See unseres Landes ist als europäisches Schutzgebiet ausgewiesen und somit ein Naturparadies für Seeadler, Eisvögel, jede Menge Fische und somit auch für Fischotter. Seine Ufer sind größtenteils unbebaut und naturbelassen. An manchen Tagen begegnet man keiner Menschenseele auf dem Wasser. Der Plauer See wurde aufgrund der Einzigartigkeit seines Ökosystems als Living Lake ausgezeichnet – gerade mal 60 Seen weltweit haben bisher diese Auszeichnung erhalten. Wer hier paddelt, sollte sich absolut diskret fortbewegen und die Natur in ihrem ganzen Reichtum in aller Stille genießen.

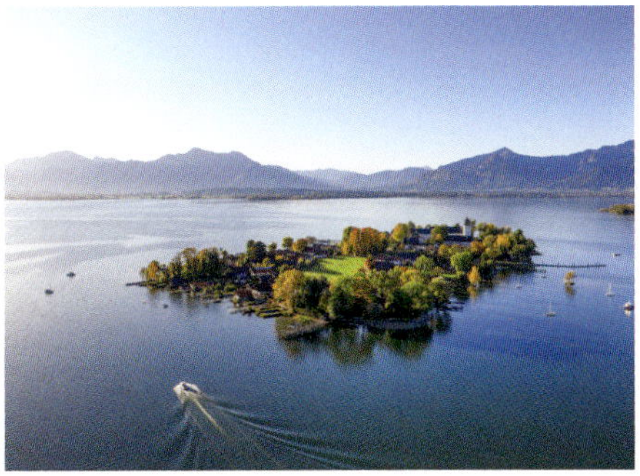

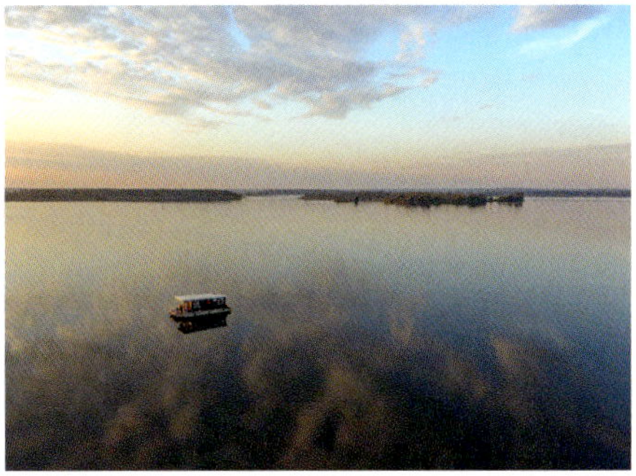

FLÜSSE

ÖSTERREICH, HALLSTÄTTER SEE

Die meisten kennen den Hallstätter See als Bildschirmhintergrund – denn das Dörfchen Hallstatt gehört zu den schönsten Orten der Welt. Die Bergkulisse ist überragend. Dazu die schnuckeligen Häuser und der tiefblaue See. Das Ambiente ist so kitschig, dass man es aus Geschmacksgründen als Postkarte nicht an die Pinnwand kleben würde. Aber in Natura ist dieser Ort vielleicht das Schönste, was Europa zu bieten hat. Deshalb wurde der Ort ebenfalls von Disney verbraten, diente südkoreanischen Soaps als Kulisse und wurde in China komplett nachgebaut. Natürlich ist Hallstatt UNESCO-Weltkultur- und Weltnaturerbe. Hier zu paddeln, hat etwas Erhabenes.

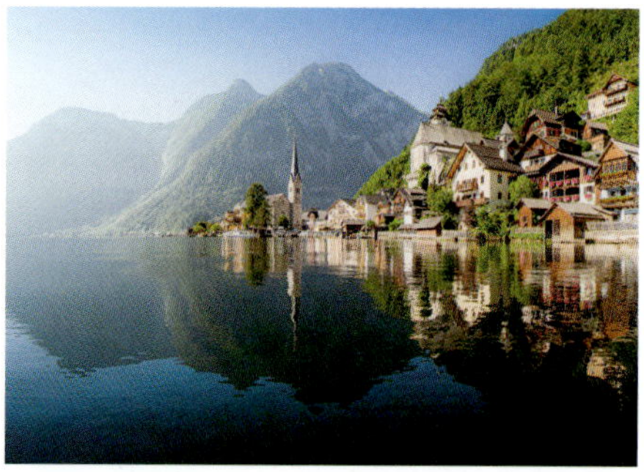

HAMBURG, AUSSEN- UND BINNENALSTER + KANÄLE

Hamburg hat mehr Brücken als Venedig und ist zum SUPen mit Abstand die beste deutsche Großstadt. Die Hansestadt bietet von den Kanälen aus ein völlig anderes Bild als von der Straße. Der Reichtum der Stadt versteckt sich nämlich dezent in den Hintergärten. Erst vom Wasser aus sieht man, in welchem Luxus einige Hamburger Familien wohnen – mit riesigen Wassergrundstücken, prächtigen Villen, Gärten voller Skulpturen und privaten Anlegestellen, die größer sind als bei einem Kanuverleih. Alle paar Hundert Meter warten Cafés und Kneipen, sodass die Hamburger Tour lang werden kann …

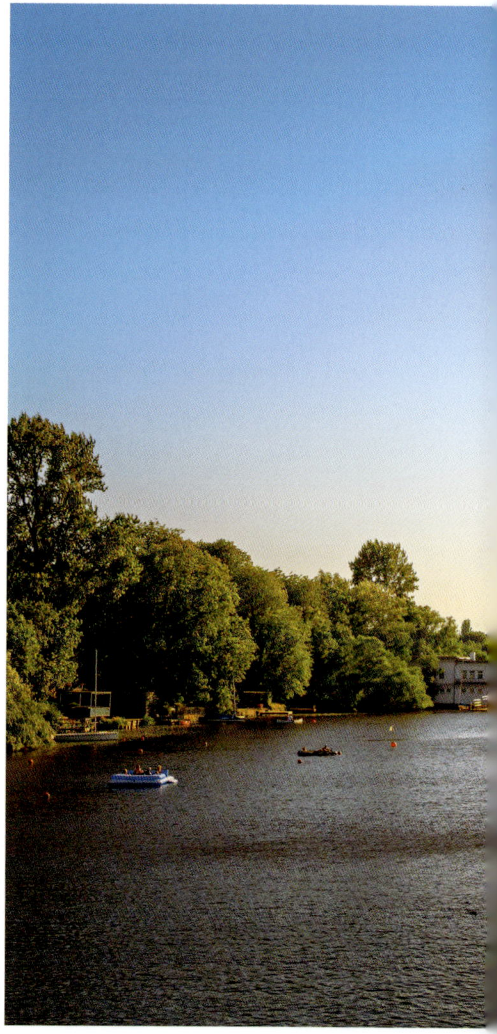

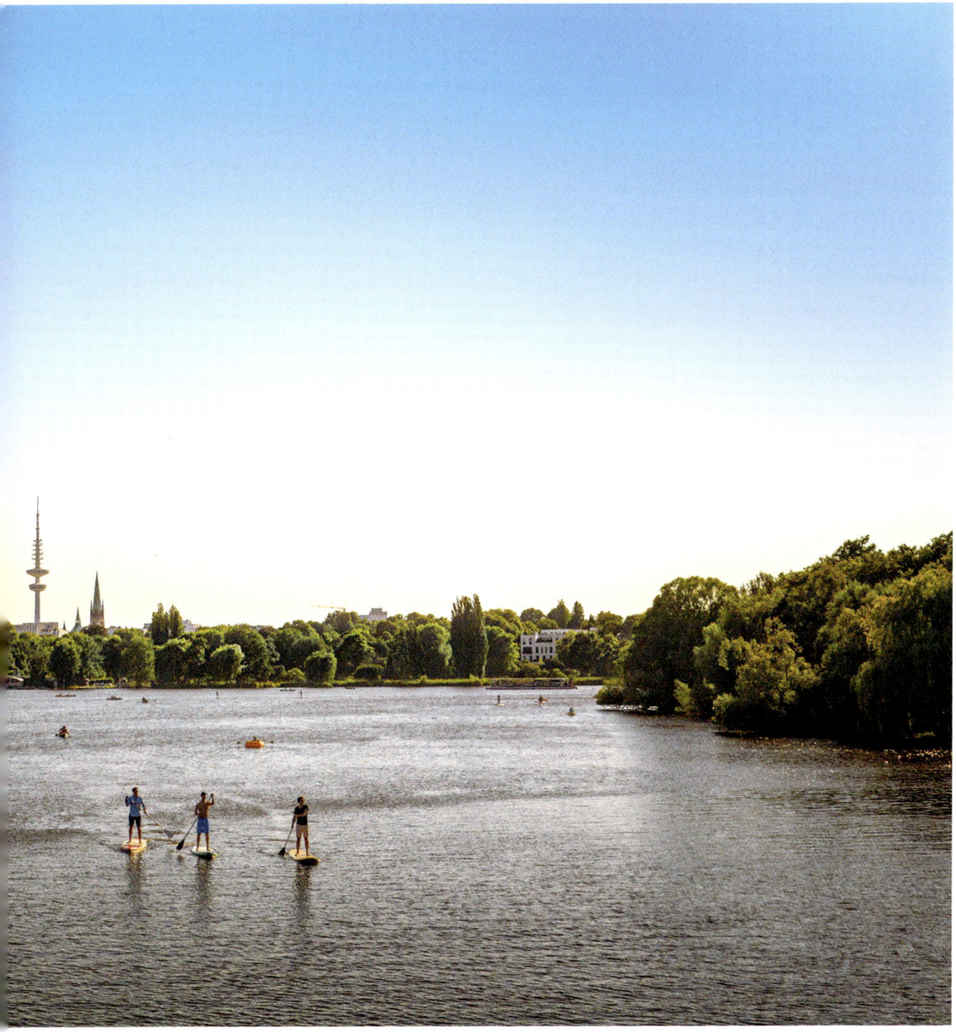

NECKAR

Wer Weinberge und Felsengärten liebt, darf sich den Neckar auf dem SUP nicht entgehen lassen. Die schönste Strecke fängt in Walheim an und endet im Idealfall an den Muschelkalkfelsen über den Weinbergen am Neckar. Und da der Necker von oben noch viel hübscher aussieht als vom Wasser, sollte man diese Tour mit einer Kletterpartie verbinden und hoch auf die Hessigheimer Felsengärten wandern. Danach geht's dann mit der Strömung wieder zurück an den Ausgangspunkt. Die Tour ist locker an einem Tag zu schaffen.

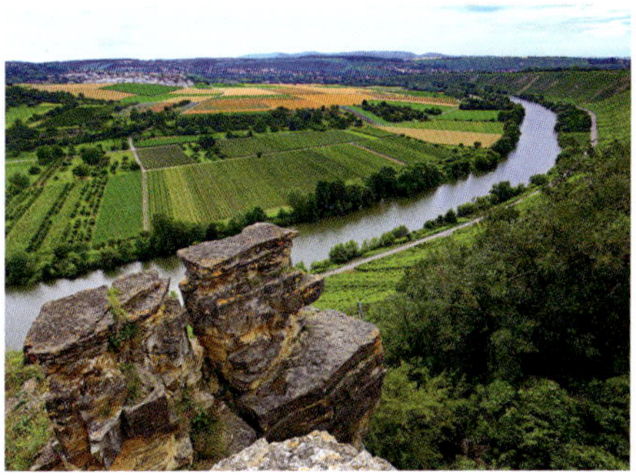

ELBE

Die Elbe gehört zu den wenigen großen Flüssen in Deutschland, die fast keine Wehre oder Schleusen haben – um genau zu sein: eine einzige vor Hamburg. Daher bietet sich die Elbe an, sie komplett zu paddeln: von der tschechischen Grenze bis nach Cuxhaven an der Nordsee. Vor allem für Kajakfahrer ist die Elbe daher der Fluss in Deutschland. Im Osten ist sie weiterhin fast unberührt. Beim SUPen begleiten einen Adler, Schwarzstörche und rote Milane. Der eindrucksvollste Abschnitt befindet sich gleich am Anfang im überwältigend schönen Sandsteingebirge. Eine der schönsten Fluss-Etappen überhaupt beginnt in Schmilka und geht bis nach Dresden bei großartiger Strömung.

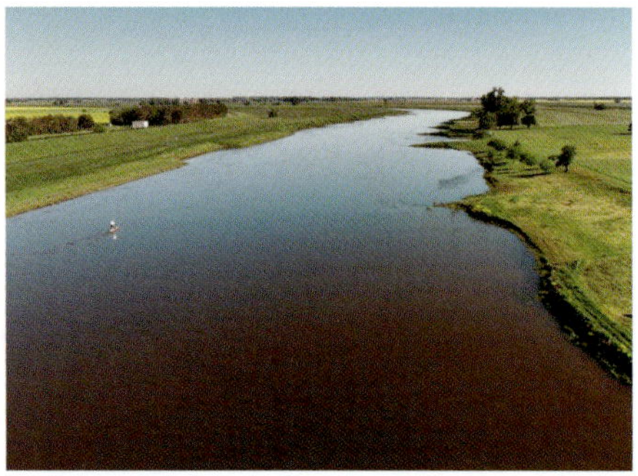

RHEIN

Vater Rhein schwebt als der deutscheste Fluss aller Flüsse über allen. Kein Strom ist mächtiger und legendenumwobener. Wer auf Burgen und Mittelalter steht, muss einmal im Leben die Strecke von Rüdesheim nach Koblenz gepaddelt sein. Hier geht es in atemberaubendem Tempo an mehr als 30 Burgen und Schlössern vorbei, bis nach einer steilen Kurve die Loreley auftaucht. Hier kann man sich genau gegenüber an einem schmalen Sandstrand ausruhen und sich fragen: warum ist es am Rhein so schön? Die Strecke ist allerdings nicht ungefährlich, da die Strömung mächtig, und der Rhein die verkehrsreichste Wasserstraße unseres Landes ist. Gerade in den Windungen kann es eng werden, und die Frachter lassen den Paddlern kaum Platz zwischen ihren Bordwänden und dem Ufer.

ENZ

Die Enz gehört zu diesen Flüssen, die kein Mensch kennt, wenn er nicht gerade dort wohnt. Und genau diese kleinen Flüsse bieten häufig wunderschöne SUP-Möglichkeiten. Wer bei Bietigheim einsteigt, paddelt durch herrliche Natur und vorbei an einem beeindruckenden Eisenbahnviadukt aus den 1850er Jahren. Das Gute: die Strömung ist recht schlapp, was Rundtouren möglich macht. Und wenn du jetzt noch das richtige Restaurant unter Zitronen- und Olivenbäumen findest, fühlt sich die Enz an wie Italien.

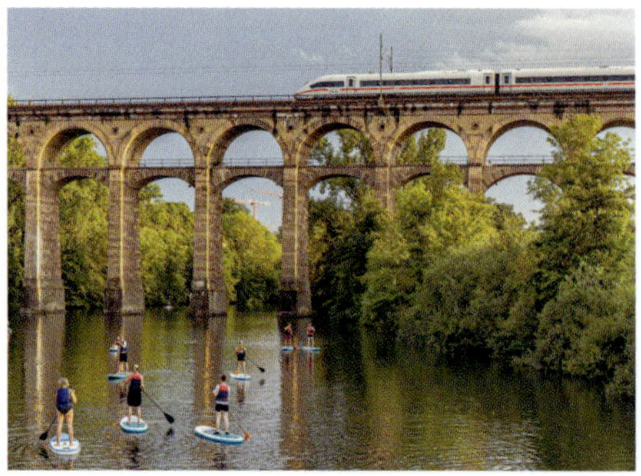

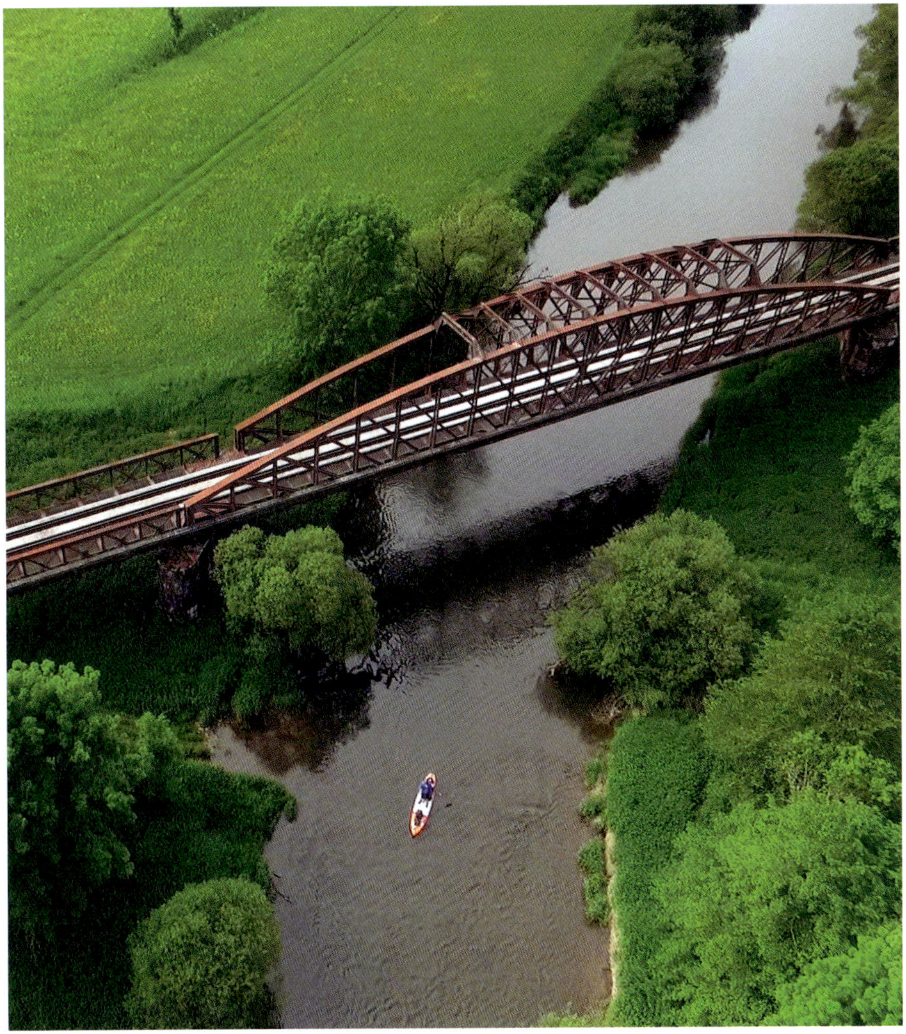

DONAU

Die Donau ist der internationalste Fluss der Welt, denn er fließt durch zehn Länder und vier Hauptstädte. Daher wird sie auch die Mutter aller Flüsse genannt. Und wer sie für längere Zeit gepaddelt ist, weiß, warum. Leider ist die Donau mit fast 200 Wehren und Schleusen ziemlich verbaut und bietet beispielsweise ab Ulm kein Paddelvergnügen. Aber bis Ulm ist sie nicht schiffbar und daher ein herrliches Naturparadies (teilweise aus Naturschutzgründen nicht fürs Paddeln freigegeben). Eine weitere schöne Etappe befindet sich bei Regensburg. Grandios ist es bei Passau. Hier fließt der Inn in die Donau und die Flüsse vermischen sich grau und blau miteinander in einem prächtigen Farbenspiel. Überall am Fluss finden sich traumhafte Zeltplätze in der Natur.

WÜRM

Die Würm war im Mittelalter einer der wichtigsten Mühlenflüsse Bayerns. Bis Mitte des letzten Jahrhunderts gab es hier mehr Badeanstalten als am Bodensee. Doch dann bekam die Isar plötzlich mehr Aufmerksamkeit und ist jetzt Bayerns Fluss Nummer 1. Das bringt den großen Vorteil mit sich, dass die Würm nie mit SUPern überladen ist, und man immer noch einen Hauch Mittelalter spüren kann. Eine schöne Tour beginnt im Starnberger See, der früher übrigens Würmsee hieß, bis nach Dachau. Dabei geht's durch Naturschutzgebiete, an Vogelparadiesen vorbei und wieder zurück zum See, der von der Würm aussieht wie das Meer.

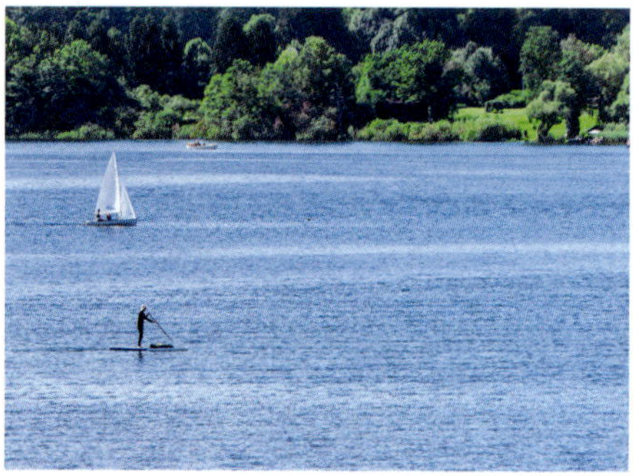

MOSEL

Wer's romantisch mag, darf die Mosel nicht verpassen: großartige Ruinen, verwunschene Dörfer und sattgrüne Weinberge. Dass der Fluss aus Frankreich kommt, merkt man,– denn überall gibt es hervorragende Restaurants an den Ufern. Leider hat die Mosel insgesamt 28 Staustufen und Wehre, sodass häufig umgetragen werden muss. Aber wer das in Kauf nimmt, kann in den Weinbergen übernachten, über den traumhaftschön mäandernden Fluss in Schleifen paddeln und viel mehr Ruhe erleben als beispielsweise auf dem benachbarten Rhein.

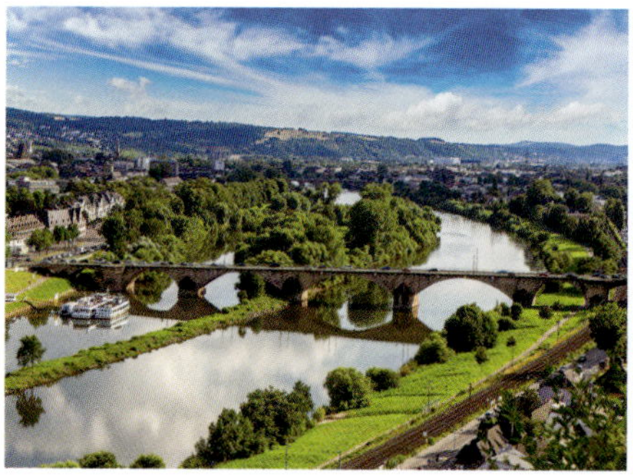

WESER

Wer mitten in Deutschland wohnt, dem bleiben häufig nicht allzu viele Möglichkeiten, um spektakulär zu SUPen. Eine großartige Möglichkeit bietet die Weser von ihrem Bergland bis in die Nordsee mit wunderschöner Natur, Fachwerkdörfern, der Porta Westfalica und einer Idylle, wie es sie nur in dünnbesiedelten Landstrichen geben kann. Trotzdem ist der Fluss Binnenschifffahrtsstraße mit allen Regeln und besitzt eine gute Strömung, die für ungeübte SUPer gewöhnungsbedürftig sein kann. Eine schöne Tour beginnt in Vlotho und endet in Minden.

SPREE

Hundert Kilometer südlich von Berlin taucht man in eine neue Welt ein – die Spreewelt. Das Biosphärenreservat Spreewald ist eine Märchenwelt aus Auenlandschaft, Kanälen, kleinen Inseln und nur vom Wasser aus erreichbaren Biergärten. Ein 1.500 Kilometer fein verzweigtes Wasseradersystem zwischen Bauernhöfen, Kuhweiden und endlos langen Feldern, wie es sie nur im Osten gibt. Ein riesiges Gebiet aus reiner Natur und Menschen, die diese Natur schätzen und pflegen. Hier zu SUPen ist ein herrliches Vergnügen – fast wie ein Spaziergang auf dem Wasser.

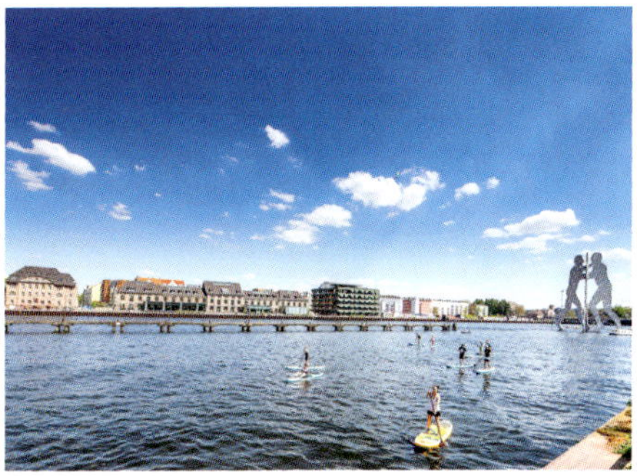

SCHWENTINE

Wer glaubt, in Kiel gäbe es nur die Ostsee, der täuscht sich. Die Schwentine fließt zwar in Kiel in die Ostsee, schlängelt sich aber vorher durch die Holsteinische Schweiz. Gerade, wenn es auf der Ostsee durch zu viel Wind kabbelig ist, bietet sich die 70 Kilometer lange Schwentine für einen längeren Ausflug an. Der Fluss führt an Brut- und Nistplätzen vorbei, seine Ufer sind teilweise unberührt und verwildert, und wer Glück hat, bekommt ein paar kanadische Schildkröten zu sehen – sie sind braun und ungefähr so groß wie eine Untertasse. Und wem das nicht reicht, der kann auf der Kieler Förde weiterpaddeln und an einem der Ostseestrände lagern.

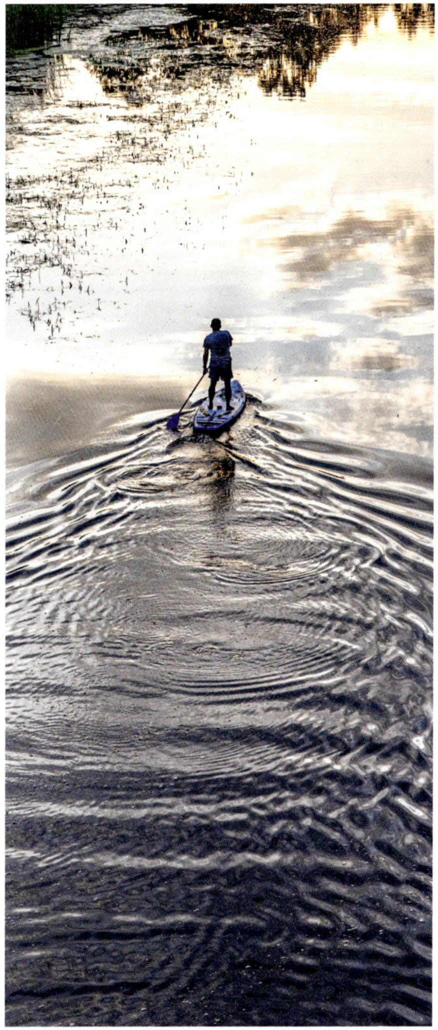

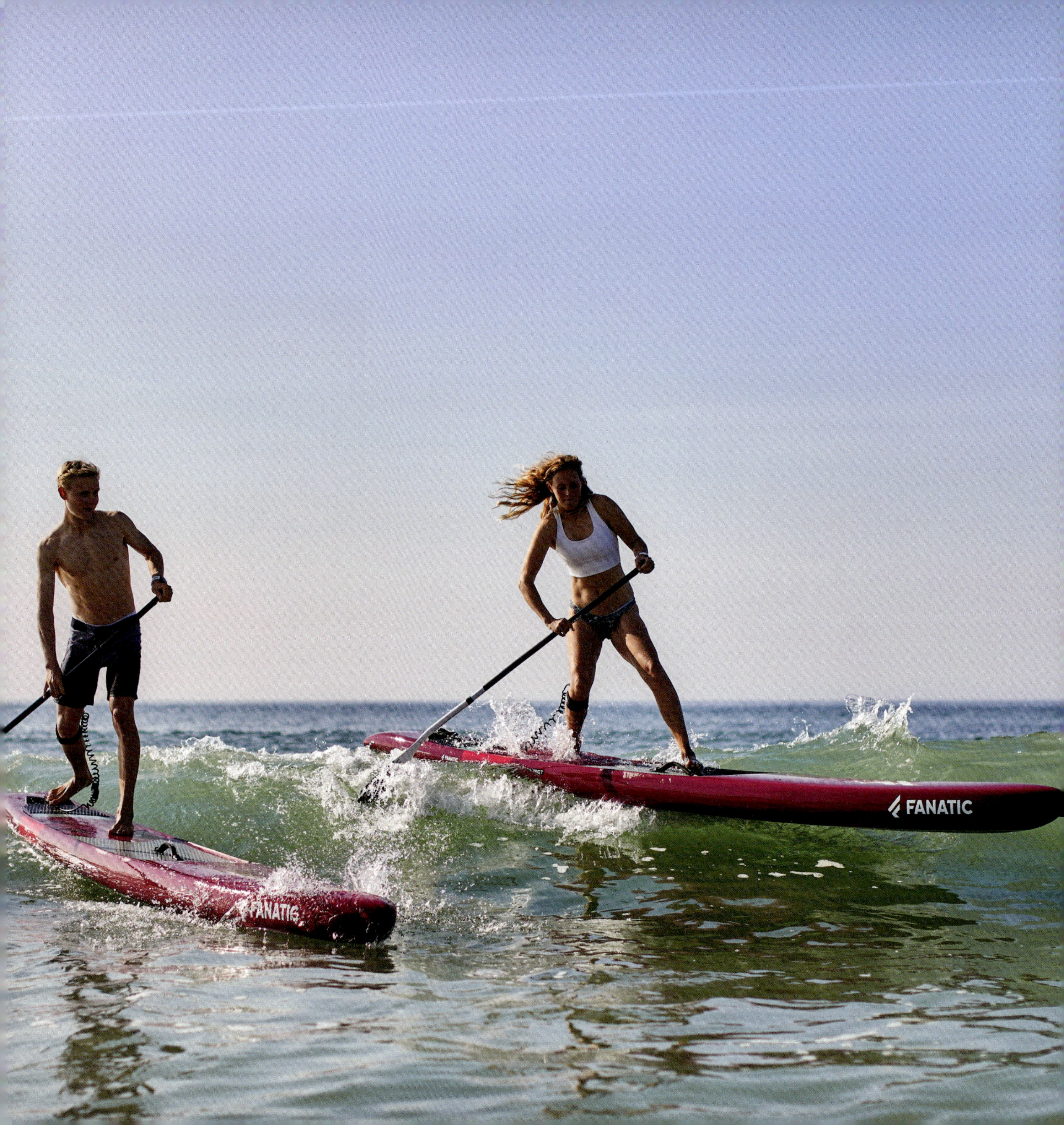
FANATIC
FANATIC

15
EIN PAAR UNGEHEIME TIPPS AUS ALLER WELT

Auch wenn das Reisen zu Coronazeiten schwierig ist und der persönliche ökologische Footprint deutlich tiefer wird, wenn's in die Ferne geht, darfst du zumindest von den besten internationalen SUP-Spots träumen. Auf dem gesamten Planeten gibt es Naturwunder, großartige Landschaften und unfassbar majestätische Tiere vom Brett aus zu bewundern:

FLORIDA, CHRYSTAL RIVER RESERVE

SUPen mit Manatees. Für Touristen werden Ausflugsboote zur Verfügung gestellt, um die Seekühe zu beobachten. SUPer können einfach vom Ufer aus starten und den Touris folgen. Man kommt bis auf wenige Meter an die Tiere heran, die offenbar an Menschen gewöhnt sind und sich angeblich nicht an uns stören. Sie lassen sich sogar tätscheln – wobei ich davon abrate.

INDIEN, GOA, ARAMBOL

SUPen mit Delfinen. Jeden Vormittag ab neun Uhr kommen die Delfine an die Küste und scheinen nur auf uns zu warten. Eine große Familie schwimmt um die SUPs herum und zeigt ihrem Nachwuchs, wie man am elegantesten durch die Luft fliegen kann. Danach kann man auf drei Fuß hohen Wellen Wave-SUPen gehen.

COSTA RICA, MANUEL ANTONIE NATIONALPARK

Hier schwimmen im November und Dezember die Buckelwale bis auf wenige hundert Meter an die Küste heran und zeigen ihre gewaltigen Körper. SUPer scheinen die Tiere zu animieren, schwanzschlagende Kunststücke vorzuführen. Bilder mit SUPern, die Buckelwale unter oder neben sich haben, und im Internet viral gehen, wurden meist hier geschossen.

SÜDAFRIKA, KAP DER GUTEN HOFFNUNG

Wer's echt wissen will, sollte sich einen ruhigen Tag suchen – wobei es am Kap keine ruhigen Tage gibt, und ums Kap der Guten Hoffnung SUPen. Das Wasser ist eiskalt, die Strömungen zum Teil heftig und die Wellen noch viel schlimmer. Und dennoch ist es machbar und mittlerweile für viele Hardcore-SUPer eine großartige Challenge.

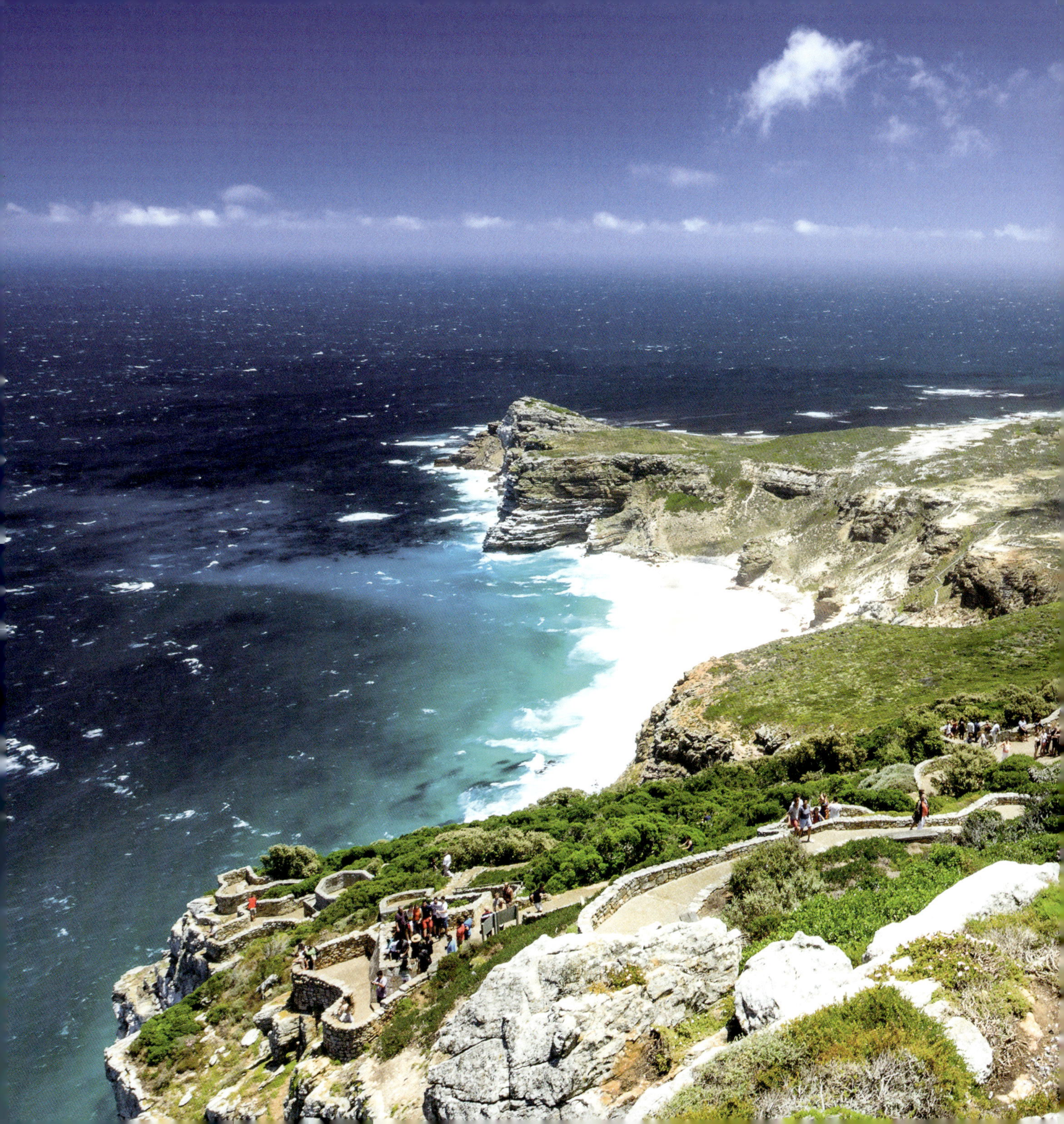

KANAREN, LA GOMERA, VALLE GRAN REY

Dieser Spot ist fast unbekannt und zum Wellenreiten ein Traum, weil hier eine lange rechte bricht, die zum Schluss sanft ausläuft. Ein bisschen heikel sind die Felsen, denen man bei höheren Wellen recht nahekommt.

KANAREN, FUERTEVENTURA UND LANZAROTE

Beide Inseln bieten großartige Wave-Bedingungen. Aber auch zum SUPen sind sie wie geschaffen. Man kann kilometerlang an der schroffen Küste entlangpaddeln und die Vulkane bestaunen. Auch für Downwinder sind beide Inseln prädestiniert.

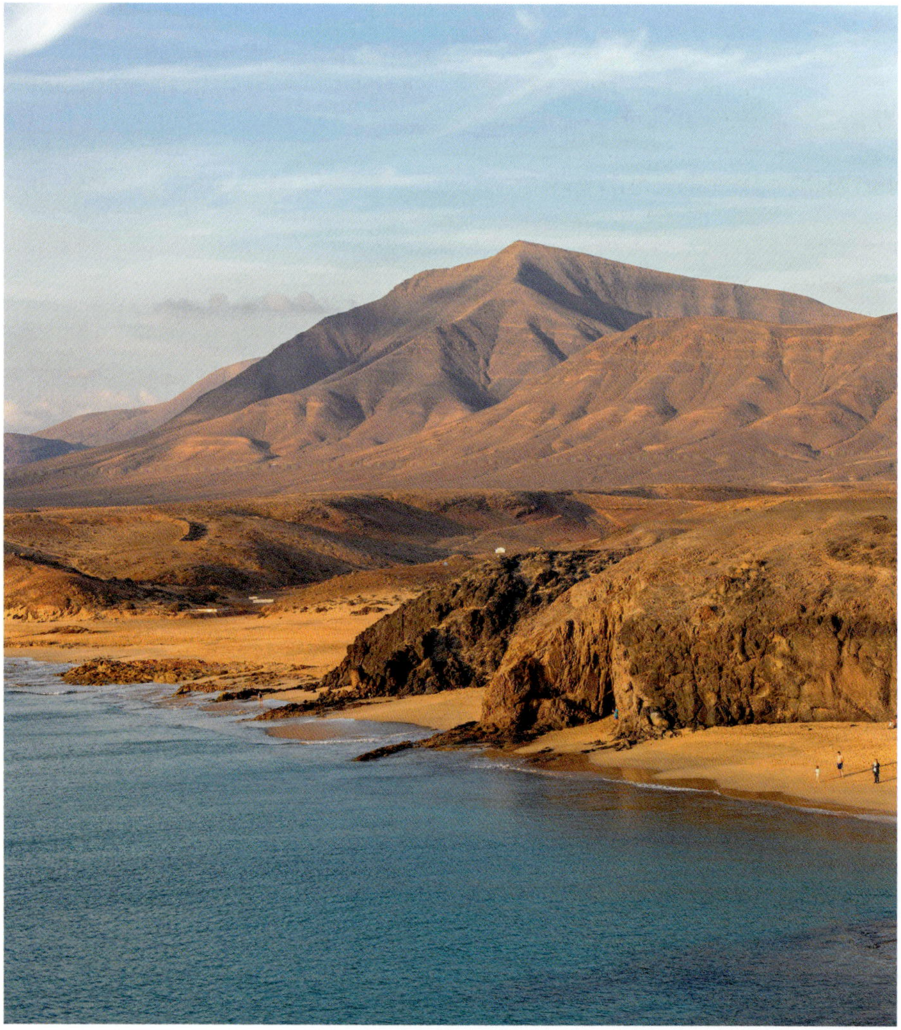

AUSTRALIEN, SYDNEY, BONDI BEACH

Das ist der perfekte Strand. Links brechen die Wellen klein und sanft für Anfänger, steigern sich dann nach rechts und bilden am anderen Ende der Bucht gewaltige Brecher mit Tube. Hier wird jeder Surfer glücklich. Und wer sich ausgepowert hat, erholt sich in einer der schönsten Städte unseres Planeten.

INDONESIEN, BALI

Bali ist ein absoluter Traum – die Paradiesinsel schlechthin. Im Norden kann man mit Delfinen paddeln, auf den vorgelagerten Inseln großartige Touren auf dem SUP unternehmen und im Südwesten, beispielsweise in Bingin wunderbare Wellen reiten, die wie an der Perlenschnur angerauscht kommen.

Natürlich kann man an fast allen Küsten großartig paddeln und surfen. In Kalifornien zum Beispiel unter der Golden Gate Bridge, in der Karibik, an der Elfenbeinküste, in China, Brasilien, Kolumbien – die Liste wäre unendlich lang. Überall wartet die Natur und will dir zeigen, wie schön sie ist.

MAROKKO, ESSAOUIRA

Surfen mit arabischem Flair direkt hinter der Wüste. Der Spot ist schon lange unter Surfern und Hippies bekannt, bietet großartige Unterkünfte, eine reiche Kultur und sagenhaft freundliche Menschen. Jeden Winter bildet sich hier eine kleine Surfgemeinde, die eng zusammenhält und ihre Liebe zum Land und zu den Wellen teilt.

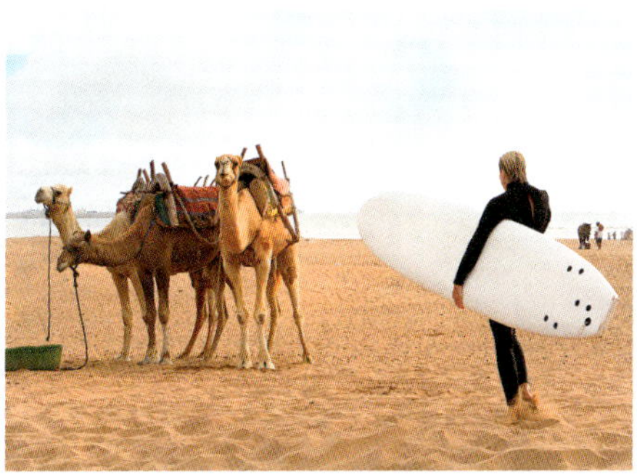

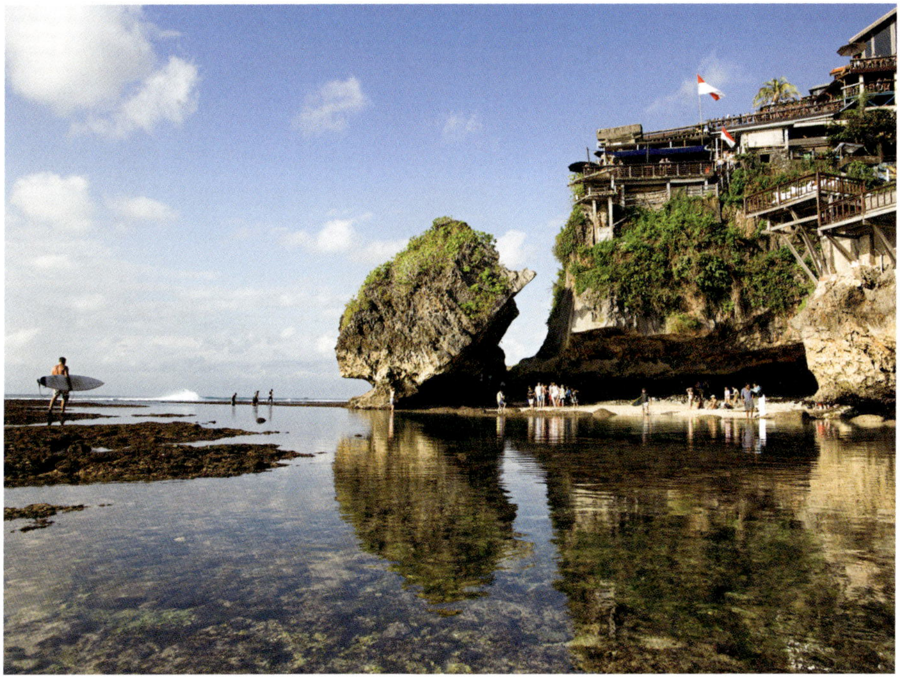

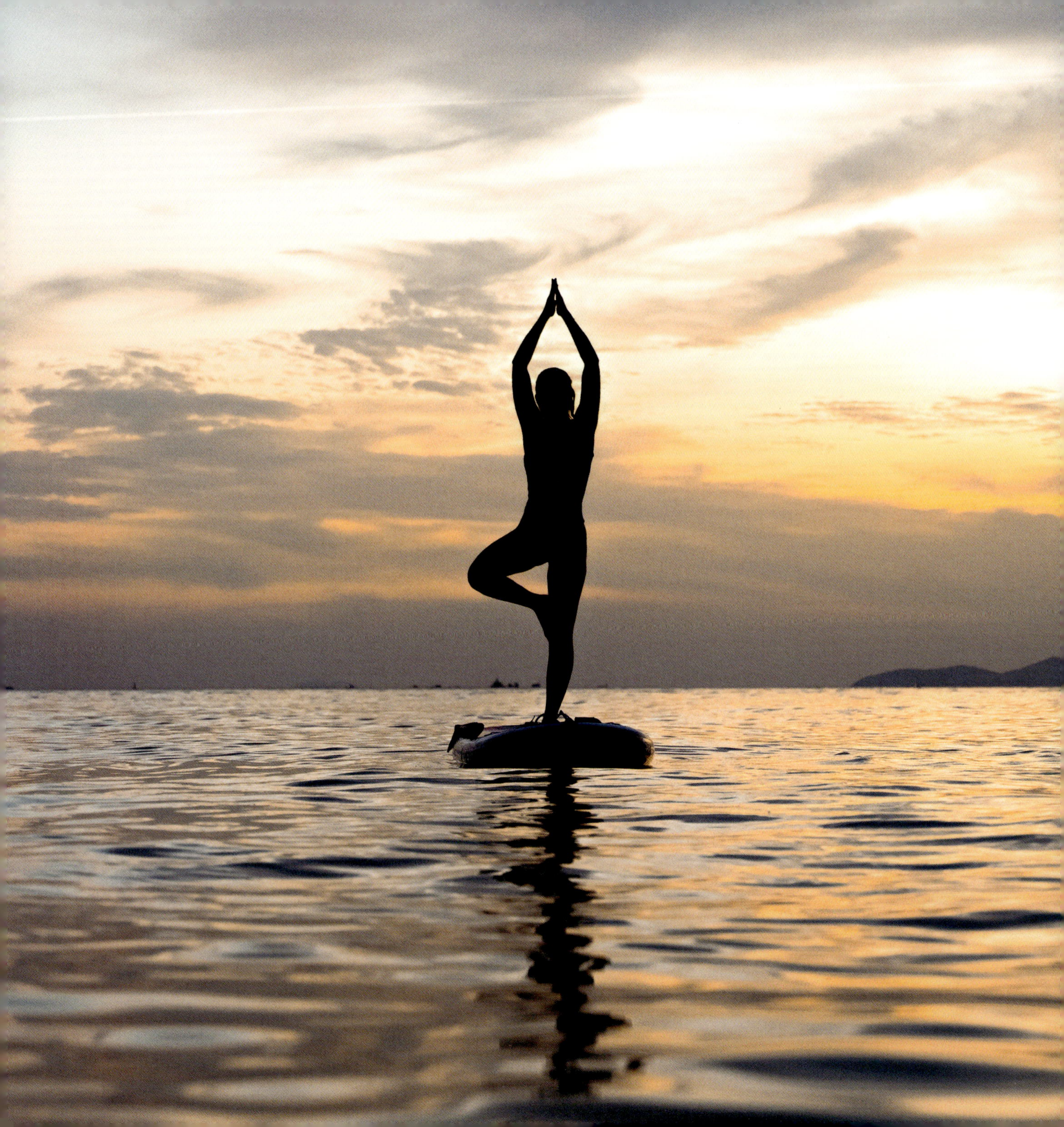

16
SUPEN ALS LIFESTYLE

SUP-YOGA

SUP-Yoga ist eine neue Auslegung des klassischen Yogas, die Tradition und Moderne verbinden möchte. Nicht nur unser Planet, sondern auch unser Körper besteht zu etwa 70 Prozent aus Wasser. Beim Yoga steht das Element Wasser für Weichheit, Verbindung und Anpassungsfähigkeit.

Yoga auf dem SUP verändert Yoga grundlegend, denn alle möglichen 84 Übungen finden jetzt auf wackeligem Grund statt. Diese instabile Basis fordert das Nervensystem intensiver heraus als herkömmliches Yoga. Wie man sich leicht vorstellen kann, sind einbeinige Assanas auf dem SUP sehr viel anspruchsvoller als an Land und verbrennen daher auch mehr Kalorien. SUP-Yoga ist anstrengender und vor allem für die Koordination herausfordernder. Kraft, Koordination, Atmungs- und Körperkontrolle steigern sich beim SUP-Yoga schneller als an Land und können natürlich sofort auf den SUP-Sport übertragen werden. Wer SUP-Yoga übt, fällt mit Sicherheit nicht mehr ins Wasser, wenn ihm eine Motorbootwelle entgegenkommt.

BUCHTIPP
Beate Egger, Philipp Moser:
Yoga auf dem SUP, Delius Klasing, 2021

Durch den permanenten Ausgleich auf unruhigem Grund, wird vor allem die Rumpfmuskulatur gestärkt. Auch die kleinen und tiefliegenden Muskeln arbeiten in höherer Frequenz, sodass es zu einem schnelleren Muskelaufbau kommt. Muskeln und Gelenke bekommen eine ganz andere Tiefensensibilität und zwingen die Yogis zu viel mehr Aufmerksamkeit und Körperkontrolle. Insgesamt steigert sich beim SUP-Yoga die Körperwahrnehmung schneller als auf der Matte.

FITNESS

SUPen ist ein perfektes ganzkörperliches Workout – ein Sport, bei dem man sich fast nicht verletzen kann und den man das ganze Jahr über betreiben kann. Beim langsamen SUPen, ist der Sport so anstrengend wie Wandern. Doch das SUPen lässt sich auch als Leistungssport betreiben – dann ist es anstrengender als Joggen.

SUPen gilt gerade in der Reha als eine der vielseitigsten Möglichkeiten überhaupt. Ausdauer, Beweglichkeit und Koordination lassen sich durchs SUPen steigern, denn SUPen beansprucht den gesamten Muskelapparat. Gerade nach Sehnen- und Muskelverletzungen ist das SUPen ideal, um behutsam zurück in Form zu kommen.

VERBÄNDE

Verbände stellen Regeln und Vorgaben auf, organisieren Wettkämpfe, legen Statuten fest und sind Ansprechpartner für Gemeinden, Sportler oder übergeordnete Stellen. Sie sind für die Entwicklung der Sportart und für die Ausbildung zuständig.

WWW.KANU.DE

größter deutscher Verband im Bereich Paddeln. Hier gibt es eine einflussreiche Unterabteilung fürs SUPen. Der Verband stellt auch sehr gute Literatur über Reviere zur Verfügung.

WWW.WELLENREITVERBAND.DE – DWV:

Deutscher Wellenreitverband. Da Wave-SUPer ebenfalls Wellenreiter sind, werden sie diesem Verband zugeordnet. Vielleicht findet sich eines Tages ein eigener Verband für die Wave-SUPer.

WWW.GSUPA.COM

German Stand Up Paddle Association, die in der Vergangenheit die German SUP League verantwortete. Der Verband fördert aktuell vor allem kommerzielle SUP Schulen.

In Österreich ist die ASF, die Austrian Stand Up Paddle Federation, zuständig *www.austriansupfederation.at* und in der Schweiz die Swiss Outdoor Association – *https://www.swissoutdoorassociation.ch*. Ebenfalls hilfreich: *www.swisscanoe.ch*.

DIE BESTEN WEBSITES

Hier findest du die besten Seiten im Netz, wenn es um Neuigkeiten aus der Welt des SUPens geht, um Techniken und Manöver, um Regeln und Gesetze in den verschiedenen Revieren.

www.sup-onlineacademy.com
www.sup-online.eu
www.supworldmag.com
www.supthemag.com
www.standupmagazin.com
www.stand-up-paddling.org
www.kanu.de
www.elwis.de
www.paddelsurfen.at
www.vdws.de

DER STAND UP PADDLING PODCAST

Die Online SUP Academy veröffentlicht alle 14 Tage eine neue Podcastfolge rund ums Stand Up Paddling. Zu hören sind spannende Folgen über Menschen, Tipps und Tricks zum Thema SUP: *www.sup-onlineacademy.com/podcast/.*

WIRD SUP OLYMPISCH?

Frankreichs Surf-Verband will SUP unbedingt bei den olympischen Spielen 2024 in Paris dabeihaben. Laut ISA, der International Surfing Association, stehen die Chancen gut, dass Longdistance-Rennen auf der Seine stattfinden werden. Es steht sogar die Idee im Raum, die olympischen Athleten vorn starten und dann ein Jedermann-Rennen folgen zu lassen. Ein SUP-Spektakel quer durch die französische Hauptstadt wäre sicherlich eines der Highlights der Spiele. Da die Franzosen viele herausragend gute SUPer haben, hoffen sie weiterhin, dass sich die Sportart für 2024 bei Olympia durchsetzt, weil das austragende olympische Komitee mehr Medaillen für Frankreich erzielen könnte.

MEHR INFOS
zu SUP und Olympia gibt es hier bei der ISA: www.isasurf.org/standup-paddle/.

TAUWERK UND KNOTEN

Auch wenn du beim SUPen weniger abhängig von Tauwerk und Knoten bist als beispielsweise Segler, ist es von großem Vorteil, sich in dieser Materie ein bisschen auszukennen und die drei wichtigsten Knoten wie im Schlaf zu beherrschen.

Zunächst einmal sprechen wir nicht von Strippen oder Seilen, sondern von Tauwerk, also von Leinen, Tampen und Enden. Sind diese dünn, heißen sie Bändsel, sind sie sehr dick Trossen. Beim Segeln gibt es noch Schoten und Fallen, die uns hier aber nicht weiter beschäftigen sollen.

Das Tauwerk besteht aus Natur- oder Kunstfaser. Beim Kauf solltest du, wenn möglich, darauf achten, dass es sich um Naturfaser handelt.

Segelknoten müssen schnell und einfach herzustellen sein, sie müssen unter Zug sicher halten und sich leicht und schnell wieder öffnen lassen. Zum SUPen ist das Beherrschen des Palsteks von großem Vorteil. Er bildet eine Schlaufe, die du zum Festmachen brauchst, um die du aber auch andere Leinen oder Bänder schlagen kannst. Außerdem ist der Slipstek von Vorteil, weil du damit dein Brett schnell anbinden kannst. Auch der Achtknoten hilft dir bei diesem Sport sehr, da er Leinen vor dem Ausrauschen stoppt und leichter zu öffnen ist als der klassische Hausfrauenknoten.

PROFITIPP

Seemannsknoten so lange üben, bis du sie spontan nachts sofort mit verbunden Augen um deinen Körper auf dem Rücken liegend hinkriegst. Bevor das nicht klappt, bist du noch kein Seemann.

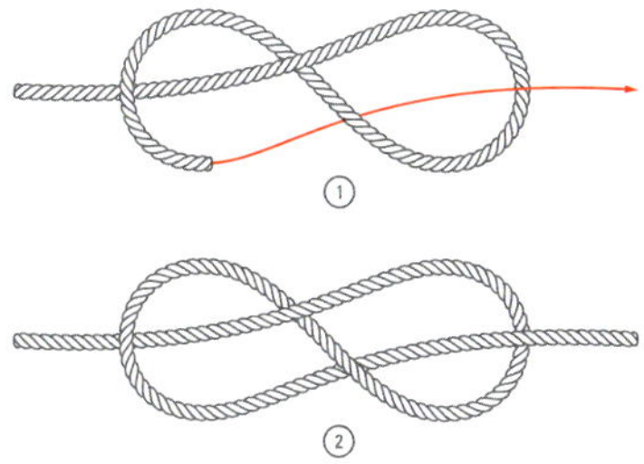

Achtknoten

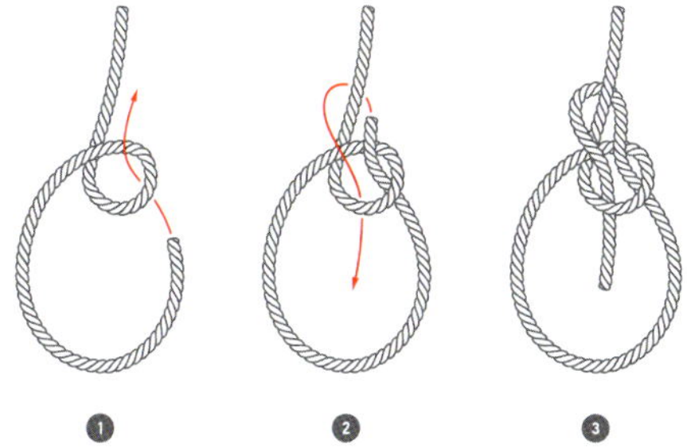

Palsteg

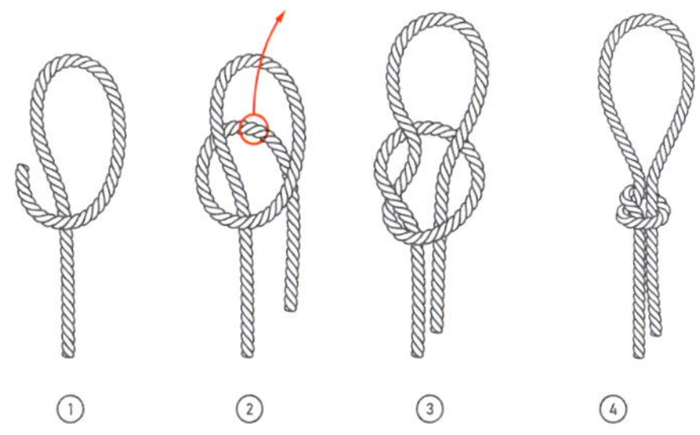

Slipsteg

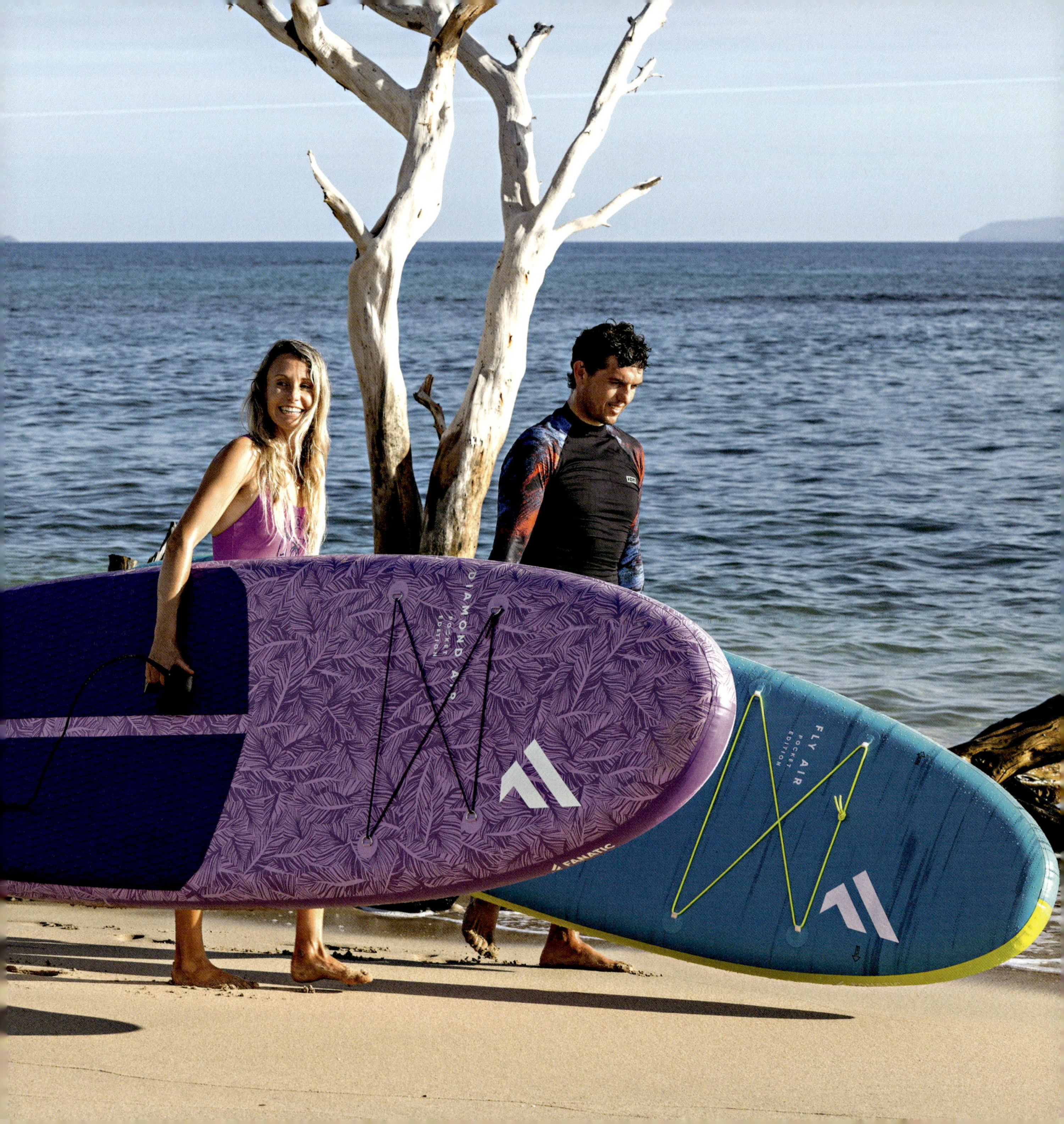
DIAMOND AIR
POCKET EDITION
FANATIC
FLY AIR
POCKET EDITION

17 ANHANG

GLOSSAR/INDEX

BASIS-SCHLAG
Paddeltechnik um Vorwärts zu fahren

BLADE
das Ende des Paddels, das ins Wasser sticht

BOARD BAG
Tasche oder Schutzhülle, in der das Brett transportiert werden kann

BOGENSCHLAG
Paddeltechnik zur Kurskorrektur

BRACING
englischer Name für Paddelstütze

BUG
(englisch nose) bezeichnet den vorderen Teil des Boards

BUNGEES
Gummibänder zur Befestigung von Gepäck auf dem Board

CATCH
Moment in dem das Paddel für einen Schlag ins Wasser eingetaucht wird

CROSS-BOW-TURN
Spezielles Wendemanöver

D-RING
Metallringe, an denen Gepäck oder Leinen am Brett angebracht werden.

DECKPAD
rutschfeste Oberfläche auf dem Brett

DING REPAIR
schnelle provisorische Reparatur

DOWNWINDER
SUP-Tour oder -Rennen mit Rückenwind

DRAW STROKE
englisch für Ziehschlag

DROP-STITCH
Verstrebungen, die aufblasbare Bretter in Form halten

DRY-BAG
wasserdichte Taschen

EXIT
Ausheben des Blades aus dem Wasser am Ende eines Paddelschlags

FCS
Populäres Finnensystem bei dem die Finne durch eine Madenschraube fixiert wird. Meistens bei SUP Surfboards zu finden

FEATHERING
spezielle Paddeltechnik zur Minimierung des Windwiederstands

FINNE
ermöglicht das Geradeausfahren und ist im Heck auf der Unterseite angebracht

FORWARD STROKE
englische Bezeichnung für Basisschlag

GRIFF
oberster Teil des Paddels

GROSSE FINNE
Spurtreue, gerade Fahrt und Speed

HANDLE
Tragegriff am Brett

HECK
(englisch Tail) ist das hintere Ende des Bretts. Je nach Einsatzgebiet können bis zu fünf Finnen am Brett montiert werden

IMPACT ZONE
Bereich, in dem Wellen brechen (Meer oder Fluss)

KANTE
anderes Wort für Rail

KICK-TURN
anderer Name für Pivot Turn

KICKPAD
erhöhtes Deckpad am Heck des Bretts

KLEINE FINNE
gute Wendigkeit bei Manövern (US-Finnenbox oder FCS-System)

LEASH
Leine, die SUPer und Board verbindet

NOSE
Bug des Bretts

OFFSIDE TURN
Turn bei dem der Bug vom Paddel weg dreht (wie beim Pivot Turn)

ONSIDE TURN
Turn bei dem der Bug zum Paddel hin dreht (wie bei der Ziehwende)

PADDELSTÜTZE
Paddeltechnik, die dynamischen Auftrieb und Oberflächenspannung des Wassers nutzt, um sich zu stabilisieren

PIVOT TURN
Wendemanöver, das bei Rennen genutzt wird, um eng am Bojen zu drehen

POWERPHASE
Moment der Kraftübertragung bei einem Paddelschlag

POWER- FACE
Druckseite des Blades

PSI
Pound per Square Inch, Maßeinheit für Luftdruck

RAIL
seitliche Ränder eines Bretts

RAILSAVER
spezielles Klebeband um die Kanten von Hardboards vor Beschädigung durch das Paddel zu schützen.

RAKE
Winkel der Anströmkante einer Finne

RECOVERY
Rückführung des Paddels zwischen Exit und Catch bei einem Paddelschlag

REVERSE STROKE
englische Bezeichnung für Stoppschlag

ROCKER
Biegung des Bretts vorn und hinten

SCHAFT
der Teil des Paddels, der Griff und Blatt miteinander verbindet

SEEGRASFINNE
Finne mit besonders viel Rake, an der Seegras abgleiten soll

SEX WAX
andere Bezeichnung für Surf Wax

SHAPE
Form des Bretts

STEP BACK TURN
anderer Name für Pivot Turn

STOPSCHLAG
Paddeltechnik zum Drehen und Stoppen

STÜTZSCHLAG
siehe Paddelstütze

SURF WAX
wird am Deck verwendet, um am Board einen guten Stand zu haben

SWEEP STROKE
englische Bezeichnung für Bogenschlag

TAIL
Heck

US-BOX
das meistverbreitetste Finnensystem

ZIEHSCHLAG
Paddeltechnik bei der das Board zum Körper hingezogen wird

RECHERCHE UND LITERATURVERZEICHNIS

Christian Barth
Stand Up Paddling
Delius Klasing, 2022

Dave Price
The Paddleboard Bible
Adlard Coles, 2021

SUP. Die große Freihei
Holiday, 2021

SUP-Online-Academy
www.sup-onlineacademy.com

Steve Chismar
Stand Up Paddling
Delius Klasing, 2013

Jan Meessen,
101 Dinge, die ein Stand Up Paddler wissen muss
Bruckmann, 2021

SUP – das Stand Up Paddling Bookazine
Delius Klasing, 2013

BILDNACHWEIS

ZEICHNUNGEN:
INCH3 Mediendesign Andrea Perkons, außer S. 20: Philipp Jordan; S. 58: Grafikbüro Hofgärtner, Dagmar Mecklenburg-Hofgärtner; S. 59: WSV, Joachim Niezgodka

FOTOS:
Coverbild: Fanatic
Backcoverbild: Jonas Krantz

Adobe Stock (S. 4/5, 51, 65, 110, 133, 144/145, 146/147, 147, 148/149, 149, 152, 153, 157, 159, 165);
agefotostock / IMAGO (S. 24/25);
Andrew Fox / Mauritius (S. 64);
Andy Klotz (S. 12, 17, 81, 82, 83, 96, 97);
Arnulf Hettrich / IMAGO (S. 150);
Bluegreen Pictures / IMAGO (S. 18);
Bob Riha Jr. / Getty Images (S. 23);
Fanatic (S. 6/7, 8/9, 28, 29, 30, 35, 40, 49, 52, 57, 60, 66/67, 68, 72, 74, 76, 77, 78, 86, 94, 98/99, 103, 116, 119, 121, 122/123, 125, 154, 166, 172/173, 174/175);
Flaminia Pelazzi / Getty Images (S. 142);
Gregor Theis (S.37);
IMAGO (S. 153);
Markus Tobisch / Getty Images (S. 158);
Martin Siepmann / Getty Images (S. 147);
Restube (S. 55);
Sabine Lotric (S.14);
Shutterstock (S. 138, 142, 145, 148);
Starboard (S.26, 32/33, 46, 81, 90/91, 115, 126/127, 128/129, 130, 160);
Sue Kimmich-Holländer (S. 14, 151);
SUP Club Starnberger See (S. 29);
SUP Online Academy (S.40, 41, 43, 44, 45, 55, 75, 79, 88, 89, 93, 100, 101, 102, 104, 106, 107, 108, 109);
Thorsten Kegler (S.22);
Timm Kruse (S. 132, 135, 143, 150);
Tripstix (S. 141)

MIX
Papier | Fördert gute Waldnutzung
FSC® C084279
FSC www.fsc.org

Bibliografische Information der Deutschen Nationalbibliothek
Die Deutsche Nationalbibliothek verzeichnet diese Publikation in der Deutschen Nationalbibliografie; detaillierte bibliografische Daten sind im Internet über http://dnb.dnb.de abrufbar.

1. Auflage
ISBN 978-3-667-12518-7

Lektorat: Julia Schaak
Einbandgestaltung und Layout:
Felix Kempf, www.fx68.de
Lithografie: Mohn Media, Gütersloh
Gesamtherstellung: Print Consult, München
Printed in Slovakia 2022

Delius Klasing Verlag, Siekerwall 21, D-33602 Bielefeld
Tel.: 0521/559-0, Fax: 0521/559-115
E-Mail: info@delius-klasing.de
www.delius-klasing.de

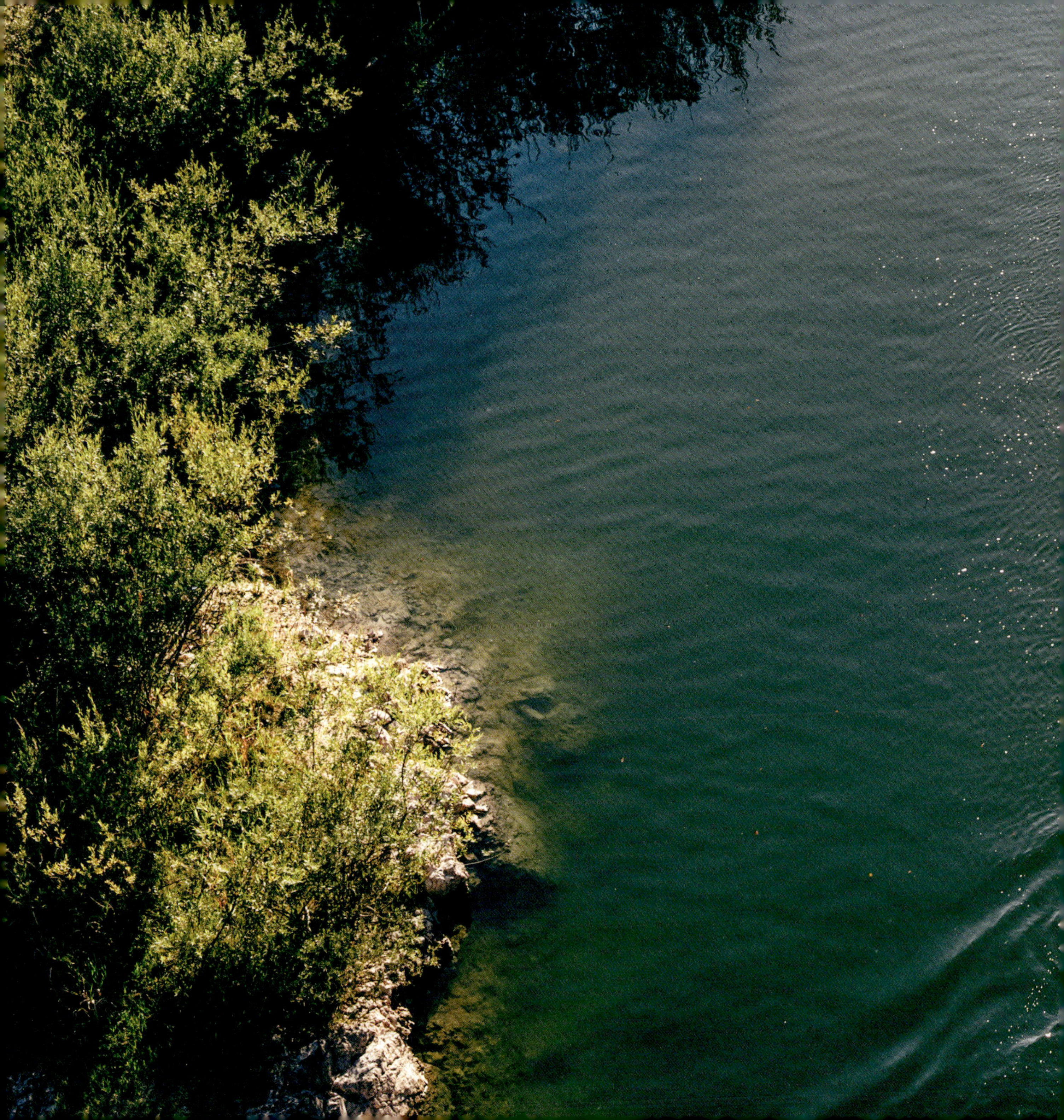

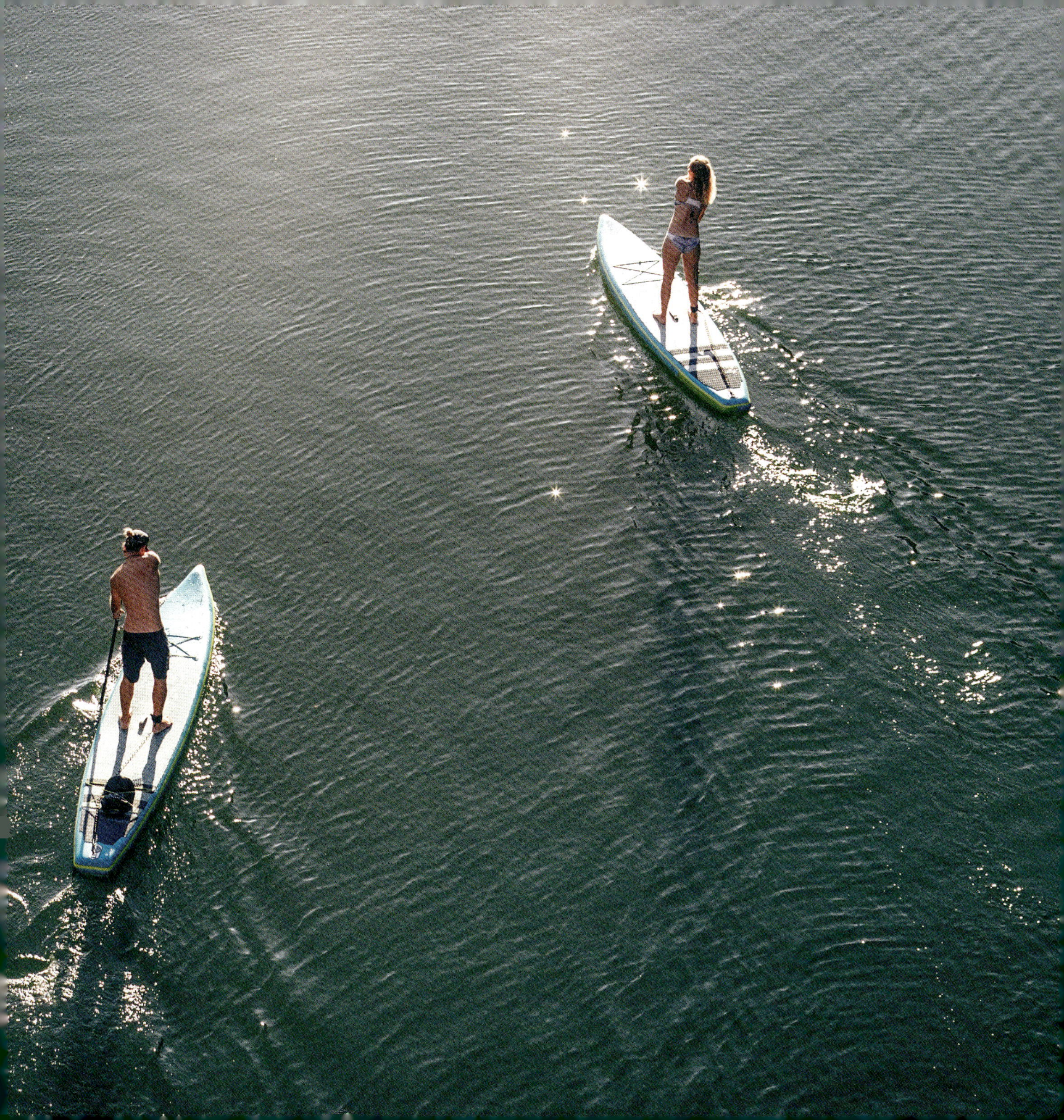

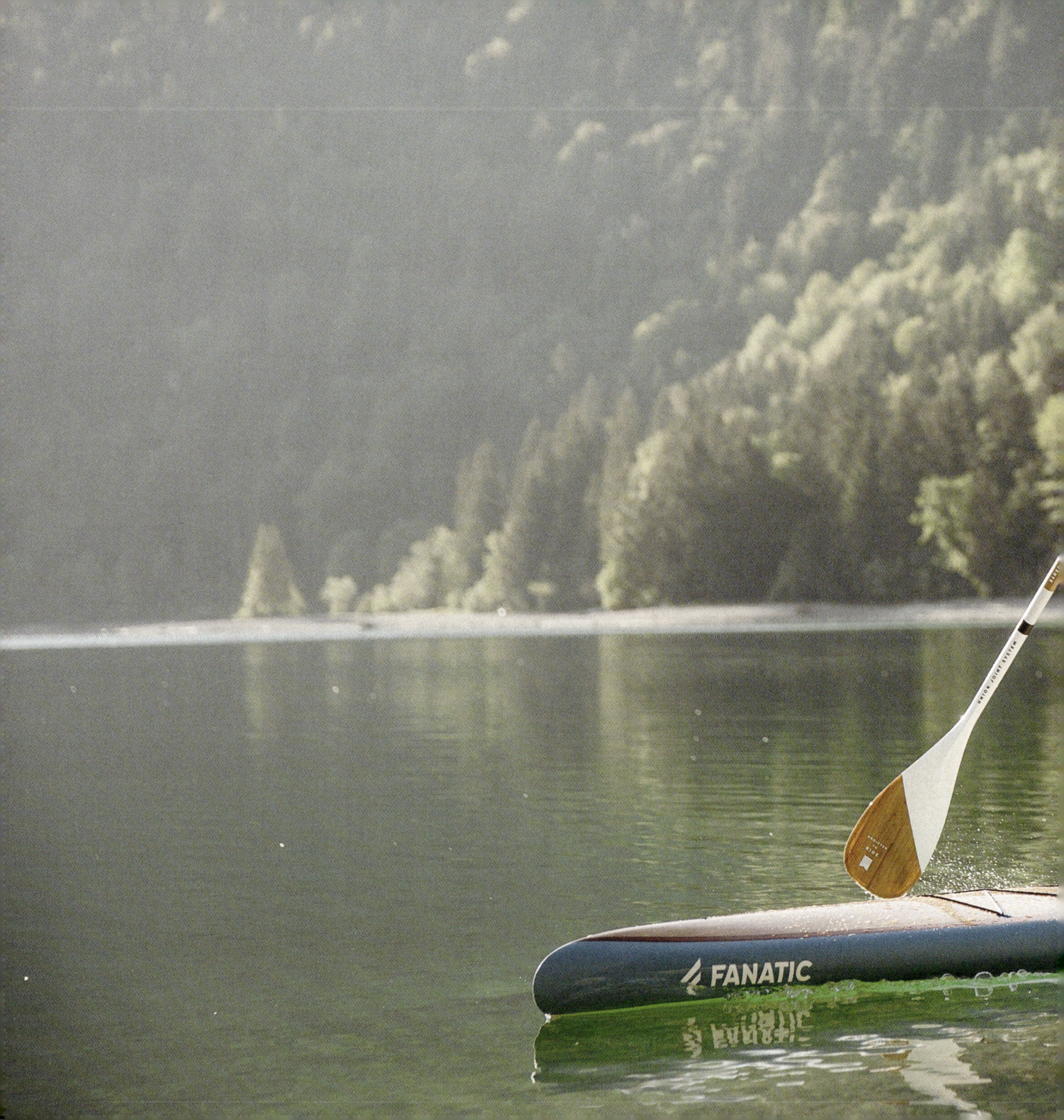
FANATIC

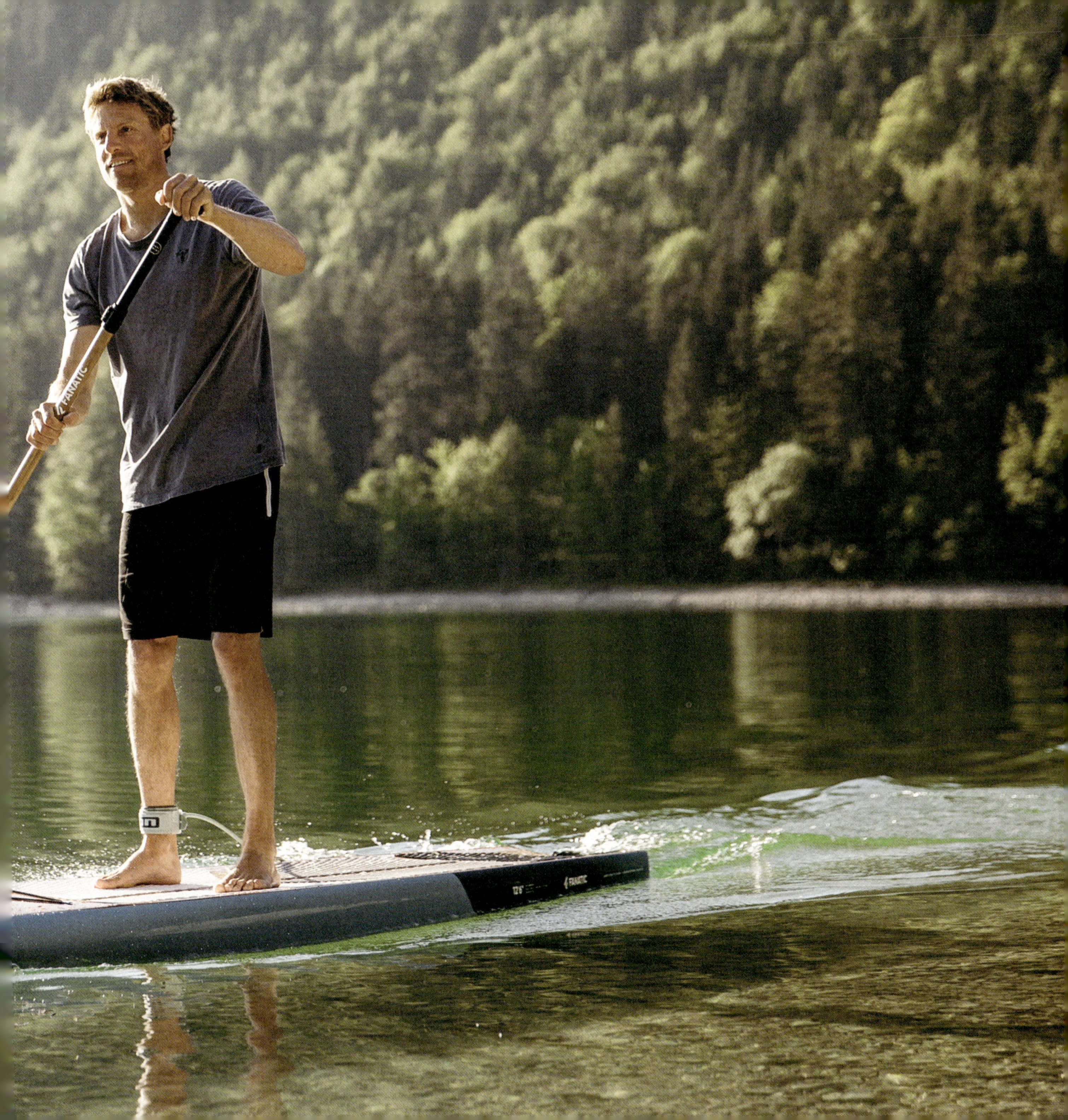

PILGERN IN ZEITEN VON CORONA

Es gibt sie doch noch: Echte Abenteuer mitten in Europa. Als erster Mensch pilgert der Abenteurer und Reporter Timm Kruse gemeinsam mit einem Freund den Jakobsweg auf einem Stand-up-Paddelboard – von der französischen Grenze bis zum spanischen Kap. 580 Kilometer durch die Biskaya, gegen Wind, Welle und Strömungen. Durch Höhlen, mit Delfinen und unter 100 Meter hohen Schluchten. Es soll das härteste Abenteuer seines Lebens werden, und es wird zum Sinnbild für die Faszination des Reisens: zu erkunden, was hinter dem Horizont liegt.

EINE GESCHICHTE ÜBER DEN SINN DES LEBENS, ÜBER FREUNDSCHAFT, ÜBER DIE EHRFURCHT VOR DER NATUR UND DEM TROTZEN DER CORONAKRISE.

LESEPROBE

208 S., Format 14,2 x 22,0 cm, kartoniert
Euro 19,90 (D)/20,50 (A), ISBN 978-3-667-11978-0
E-book: 15,99 Euro – www.delius-klasing.de

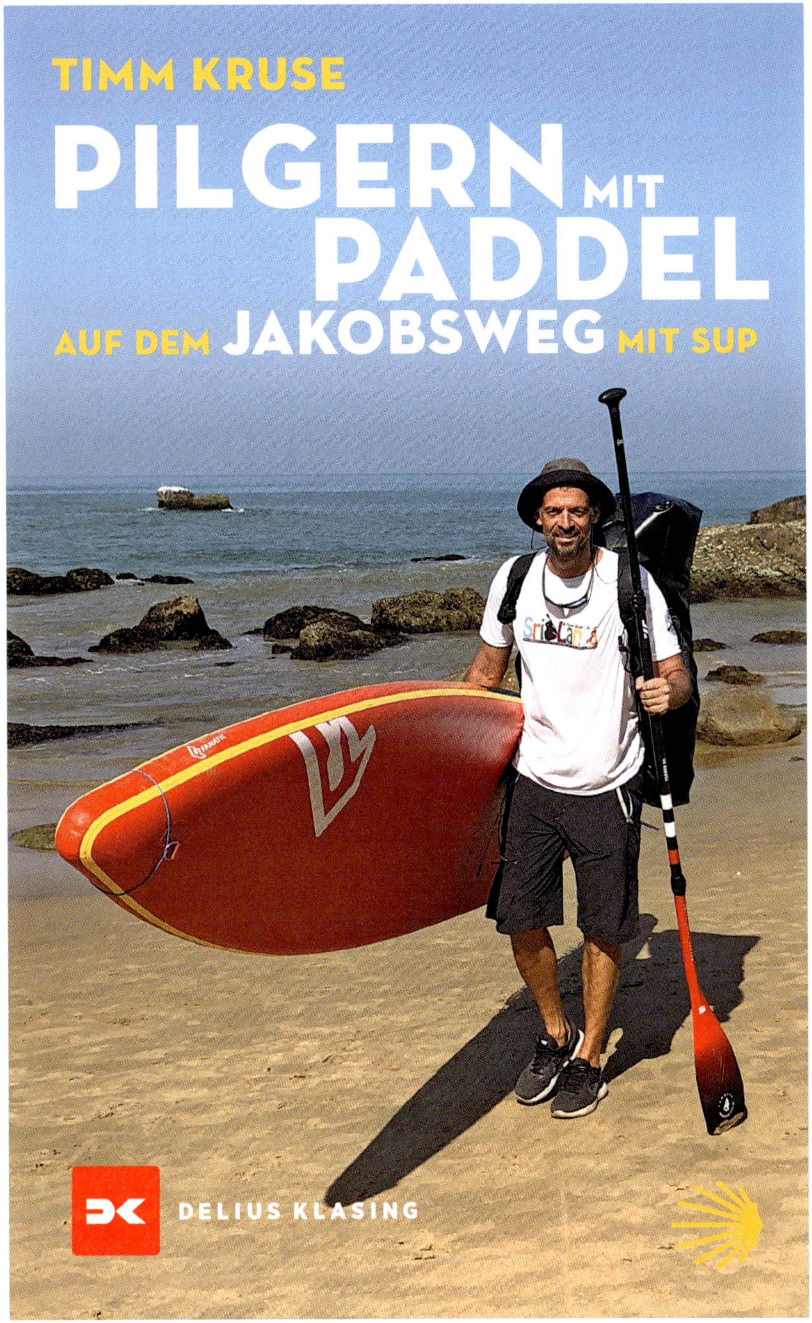
TIMM KRUSE
PILGERN MIT
PADDEL
AUF DEM JAKOBSWEG MIT SUP
DELIUS KLASING

LESEPROBE

ASTURIEN

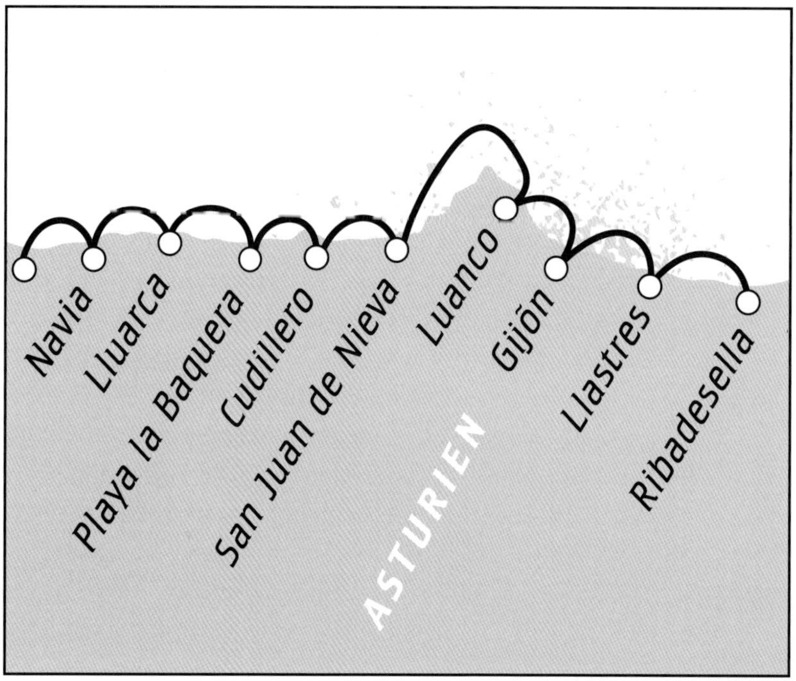

LESEPROBE

13. TAG: RIBADESELLA BIS LLASTRES

Der Weg sei das Ziel, sagen Menschen gern, wenn sie sich spirituell oder weise geben wollen. Dabei sind Floskeln der deutlichste Beweis fehlender Weisheit. Weisheit kommt von innen, hat sehr viel mit Lebenserfahrung zu tun und würde sich niemals mit fremdem Gedankengut oder geliehenen Floskeln schmücken.

Es mag der Plan dieser Pilgerreise sein, dass der Weg zum Ziel wird. Manchmal spüre ich den Weg in all seiner Präsenz. Bin bei jedem Paddelschlag voll da und freue mich über den gegenwärtigen, unendlich reichen Augenblick. Manchmal kommt es mir sogar so vor, als wäre es eine Ehre, diesen Moment so präsent erleben zu dürfen. Dann wiederum denke ich von Etappe zu Etappe. Wie weit schaffen wir es heute, was, wenn der Wind dreht, wenn unsere Kräfte nachlassen und wir mitten auf dem Meer sind? Was, wenn ein Brett platzt, wenn ein Paddel bricht? Dann ist der Weg nicht das Ziel, sondern ein zu bedenkender Abschnitt dieser Reise. Der Weg kann nicht immer das Ziel sein. Der Weg ist häufig ein Hindernis, eine Bürde, eine Hürde, manchmal ist er schrecklich, nicht zu bewältigen, er gibt sich höhnisch, zeigt seine Muskeln und hat selbst mit Sicherheit kein Ziel. Denn er ist der Weg.

Jenseits aller Floskeln stelle ich fest, dass heute Halbzeit ist. Zeitlich, wenn alles perfekt läuft, wobei wir noch ein paar Tage Puffer hätten. Und vor allem von der Distanz her. Auf *Google Maps* sind es 200 Seemeilen zu unserem Ausgangsort an der französischen Grenze und 200 nach Ribadeo, unserem letztmöglichen Wasserstopp, bevor wir zu Fuß landeinwärts nach Santiago gehen. Dass wir 150 Kilometer mit dem Rad zurückgelegt haben, wird am Ende dieses Abenteuers nicht entscheidend sein. Vor allem hält es jüngeren, ambitionierteren SUPern die Möglichkeit offen, tatsächlich als erste die gesamte spanische Nordküste zu paddeln. Wir ebnen den Weg, zukünftige Pilger mit Paddel dürfen aus unseren Erfahrungen lernen und eines Tages dieses Abenteuer in seinen immensen Ausmaßen meistern.

Ich pilgere nicht, um Rekorde aufzustellen oder ins *Guinness-Buch* zu kommen. Ich mache dies einzig und allein für mich, für die Erfahrung, für die Verwandlung auf diesem Weg – so sie denn einsetzt. Ich muss mich nicht mehr bemühen, diesen Weg möglichst im Hier und Jetzt zurückzulegen. Jetzt, nach fast zwei Wochen, bin ich so präsent auf diesem Weg, dass der hehre Wunsch, der Weg möge zum Ziel werden, zu einer Banalität geworden ist. Und Turtle scheint es genauso zu gehen. Auf dem Wasser hat er die schönsten Erkenntnisse: Manchmal kommt es ihm vor, als würde das Ziel vor uns wegschwimmen. Wir paddeln stundenlang auf ein Kap zu, und es will und will nicht näherkommen.

Heute habe ich ihn beobachtet, wie er ganz ruhig und perfekt paddelnd vorwärts glitt und in einer Art Trance zu sein schien. Bei einer Pause fragte er, wie lange wir meiner Meinung nach schon unterwegs wären. Eine Dreiviertelstunde, schätzte ich. Nein, rief er begeistert. Anderthalb Stunden und es wäre ihm wie zehn Minuten vorgekommen. Das bedeutet es, wenn wir sagen: »Der Weg ist das Ziel.« Ziele erreiche ich nur, wenn es wirklich mein Ziel ist – und nicht das Ziel der anderen. Ich liebe es, mir Ziele zu setzen. Auch wenn mein Umfeld denken mag, es wäre egoistisch oder verantwortungslos, fast jährlich auf Abenteuertour zu gehen. Aber ich lebe mein Leben nicht, um anderen Abenteurern nachzueifern, den Nachbarn zu gefallen oder meine Familie zu beschwichtigen.

Manchmal kommt die Idee für ein Abenteuer spontan hoch: In meinem Podcast *Meilen und Zeilen* interviewte ich den Ultraläufer Philipp Jordan. Während wir über vergangene und anstehende Abenteuer sprachen, kam uns die Idee, gemeinsam den Rhein zu erobern, er laufend, ich SUPend. Plötzlich stand die Idee, sie fühlte sich perfekt an, und die Entscheidung war in dem Moment getroffen. Jetzt mussten wir nur noch einen gemeinsamen Termin finden, die Logistik klären und unser Ziel verfolgen. Zum Glück haben wir nicht zuerst überlegt, ob wir das Ziel überhaupt schaffen können, denn dann wäre der Traum noch vor dem ersten Schritt, beziehungsweise Paddelschlag gestorben.

Vielleicht sind wir jetzt wirklich Pilger geworden – ohne dass wir uns Gott verschrieben hätten. Wir nutzen einfach die einmalige Gelegenheit, im Hochsommer so viel Zeit zu haben. Ohne Corona würden wir jetzt auf Festivals oder Surf- und Segelveranstaltungen arbeiten. Mit Corona haben wir mehr Zeit als je zuvor in einem norddeutschen Sommer. Seit dem ersten Paddelschlag haben wir uns von unseren weltlichen Problemen entfernt. Es gibt kein einfaches Zurück mehr, sondern nur noch den Blick geradeaus zum nächsten Kap. Schon zu Beginn der Reise haben wir festgestellt, dass der Blick zurück entsetzlich frustrierend ist. Es tut unserer Moral nicht gut, wenn wir rückblickend sehen, wie langsam wir uns fortbewegen. Da ist es besser, auf jeden Paddelschlag zu achten und das Ziel langsam auf sich zukommen zu lassen.

Manchmal kommt mir mein Paddel wie ein Pilgerstab vor. Es sticht so ruhig und regelmäßig ins Wasser, dass es mich an Bilder von echten Pilgern an Land erinnert. Das Paddel dient mir als Stütze bei unruhiger See, als Ausgleich, wenn mich eine Welle von der Seite oder von hinten erwischt. Es ist mein Motor, mein verlängerter Arm, mein Maßstab und mein Lenkrad. (BILD 33)

Beim SUPen tue ich nichts – nichts außer SUPen. Ich habe das Gefühl, alten Ballast abzuwerfen. Um zu SUPen und die Natur zu genießen, brauche ich keine Bildung, keine Erfahrung und keine Kompetenzen. SUPen kann jeder, man braucht nur ein bisschen Übung. Ich kann diese Tour nicht mit anderen Touren vergleichen, wie ich es bei meinen bisherigen Abenteuern auf der ganzen Welt tun konnte, denn dies ist meine erste große SUP-Reise auf dem Meer. Sie ist überwältigend in allen Belangen. Ich kann höchstens die Tage der Reise miteinander vergleichen, doch diese fließen ineinander und vermengen sich zu einem einzigen großen Rausch.

Dabei wird dieser Tag herausstechen. Schon beim Aufpumpen unserer Bretter spüre ich den Wind auffrischen. Als wir in See stechen, sehe ich die ersten Schaumkronen auf dem Meer. Mir ist ein bisschen schlecht vor Aufregung. Fast fühle ich mich wie in Hendaye bei unserem Tourstart. Trotzdem paddeln wir aus der Bucht von Ribadesella heraus und hoffen, dass es irgendwie gehen wird. Sobald wir um das Kap paddeln, pfeifen uns 15 Knoten ins Gesicht. Turtle schaut mich an und meint, dass wir ja bei solchen Bedingungen eigentlich nicht mehr paddeln wollten. Er hat recht, und trotzdem paddele ich weiter.

In meiner Verzweiflung flehe ich Gott an, den Wind wieder einschlafen zu lassen. Denn wenn ich schon pilgere und lernen soll, Gott zu fürchten, dann kann ich ihn auch um einen Gefallen bitten. Dabei weiß ich, dass sich Gott in allem offenbart – auch im Gegenwind. Was wäre er für ein Gott, wenn er sich mit den Schicksalen jedes Einzelnen abgeben würde.

Nach einer Stunde beschließen wir schließlich, umzudrehen, denn wir machen höchstens 1 km/h. Innerhalb von 15 Minuten hat uns der Rückenwind zurück an den Strand von Ribadesella gepustet. Wie jedes Mal fühlt sich der Abbruch wie eine Niederlage an, und ich ärgere mich über mich selbst, dass ich Gottes Entscheidungen immer noch nicht akzeptieren kann. Zwei Stunden später sind die

Schaumkronen am Horizont verschwunden. Turtle und ich schauen uns erneut fragend an und wissen ohne Worte, dass wir einen zweiten Versuch wagen müssen. Hinter dem Kap von Ribadesella weht es weiterhin aus Westen, aber nur noch halb so stark wie bei unserem ersten Versuch. Eine Stunde später ist der Wind ganz eingeschlafen. Hat Gott mich erhört? Nie hätte ich gedacht, eine solche Frage ernsthaft in einem Buch niederzuschreiben.

Vier Stunden lang haben wir Llastres im Blick und scheinen diesem Dörfchen dennoch nicht näher zu kommen. Entfernungen sind auf dem Wasser absolut nicht einzuschätzen. Hinzu kommt auch hier die gewaltige Kaimauer, die räumliche und zeitliche Dimensionen sprengt. Auf unseren SUPs fühlen wir uns heute von Anfang an zu Hause. Es ist die Art der Fortbewegung, die uns am meisten entspricht. So schön die Tage auf den Mountainbikes waren – wir gehören aufs Wasser. Unsere Wunden haben sich gut erholt, die Paddelmuskeln sind ausgeruht, und die Radtour hat unserer Gesamtkonstitution gutgetan. Heute finden wir endlich auch wieder Zeit, auf offener See zu baden, uns unter Wasser zu filmen, faul auf dem Brett zu liegen und eine herrliche Mittagspause einzulegen.

In der Bucht von Llastres ankert ein protziges Motorboot. Der Kapitän ruft uns zu sich und fragt, von wo wir hierher gepaddelt seien. Als wir ihm sagen, dass wir in Frankreich gestartet sind, will er es nicht glauben. Wir müssen ihm erst Fotos zeigen, bis er beeindruckt mit dem Kopf nickt und fragt, was für Landsleute wir seien. Deutsche, antworten wir, woraufhin er meint, dass das ja wohl klar wäre. Germans are crazy! Daraufhin bietet er uns Bier und Wasser an und fragt, was uns zu Pilgern gemacht hätte. Corona, erklärt Turtle. Wir hätten seit März keine Jobs und daher endlich mal Zeit, genau das zu tun, wonach uns der Sinn stünde. Pilgern als Notlösung, sagt der Bootsbesitzer. Auch eine Variante. Dann schmeißt er seine 500 PS an und donnert davon. Er wirkt stolz – und unzufrieden.

Wenn der Mann wüsste, was ihm entgeht. Wie unvergleichlich schön es ist, aus eigener Kraft in einen Hafen zu fahren, völlig erschöpft, aber glücklich und zufrieden zu sein. Nicht mit 500 PS von einer Bucht in die nächste zu ballern, sondern mit einer Menschenstärke plus Paddel in Schrittgeschwindigkeit über Stunden auf dem Meer zu sein und der Natur so nahe zu kommen, dass man spürt: Ich bin ein Teil von ihr. Die Menschen an Land sind von unseren Geschichten fasziniert, doch würden sie niemals ihr Luxusleben gegen unsere Freiheit eintauschen. Der Preis wäre viel zu hoch.

Aber würde ich mein Leben gegen ihres tauschen? Ja, ich hätte gern so viel Geld wie der Motorbootbesitzer. Aber ich wäre nicht bereit, soviel Lebenszeit in Arbeit zu investieren. Also haut der Tausch nicht hin. Ich habe auf dieser gesamten Reise bisher keine 1.000 Euro ausgegeben – umgerechnet eine Tankfüllung fürs Motorboot. Die meisten Menschen unterschätzen die Möglichkeiten, die sich bieten, wenn man low budget reist. Jeder kann es sich leisten, um die Welt zu reisen. Es ist lediglich eine Frage der Mittel, der Bedürfnisse und der Zeit.

Der kleine Strand von Llastres leert sich gegen 21 Uhr, und wir richten gerade am Fuß einer fünf Meter hohen Mauer unser Camp ein, als plötzlich die Straßenlaternen angehen. Wir haben alles so gut ausgeheckt, uns direkt hinter einen Mauervorsprung gequetscht, damit wir von der Straße aus kaum zu sehen sind. Und jetzt liegen wir auf dem Präsentierteller.

Als ich endlich eingeschlafen bin, ruft jemand von oben: »Hurensöhne. Das ist nicht euer Privatstrand. Ich rufe die Polizei.« Die halbe Nacht schlafe ich unruhig und warte darauf, dass uns jemand wegschickt.